▶ 季剑军 / 著

经济新常态下
中国服务业对外开放研究

JINGJI XINCHANGTAI XIA
ZHONGGUO FUWUYE DUIWAI KAIFANG YANJIU

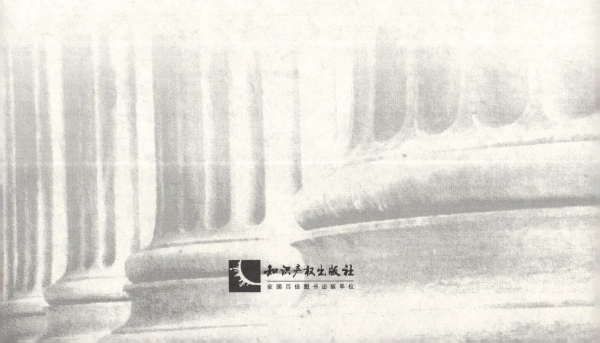

知识产权出版社
全国百佳图书出版单位

图书在版编目（CIP）数据

经济新常态下中国服务业对外开放研究/季剑军著. —北京：知识产权出版社，2016.9
ISBN 978 - 7 - 5130 - 4508 - 7

Ⅰ.①经… Ⅱ.①季… Ⅲ.①服务业—对外开放—研究—中国 Ⅳ.①F719

中国版本图书馆 CIP 数据核字（2016）第 235421 号

内容提要

中国经济进入新常态后，服务业也需要通过进一步改革和开放提升竞争力。本书建立了服务业开放与一国产业竞争力之间关系的理论和实证分析框架，借鉴国际经验探讨了服务业开放对中国产业竞争力的影响，并在总结中国国内四大自贸区服务业领域开放试点经验的基础上，进一步分析了新常态下中国服务业对外开放负面清单管理的优化方向以及服务业外资管理体制的改革趋势，并提出了政策建议。

责任编辑：江宜玲　　　　　　　　　　责任校对：谷　洋
封面设计：张　冀　　　　　　　　　　责任出版：卢运霞

经济新常态下中国服务业对外开放研究

季剑军◎著

出版发行：知识产权出版社 有限责任公司	网　址：http://www.ipph.cn
社　址：北京市海淀区西外太平庄 55 号	邮　编：100081
责编电话：010 - 82000860 转 8339	责编邮箱：jiangyiling@cnipr.com
发行电话：010 - 82000860 转 8101/8102	发行传真：010 - 82000893/82005070/82000270
印　刷：北京中献拓方科技发展有限公司	经　销：各大网上书店、新华书店及相关专业书店
开　本：787mm×1092mm　1/16	印　张：13
版　次：2016 年 9 月第 1 版	印　次：2016 年 9 月第 1 次印刷
字　数：219 千字	定　价：48.00 元

ISBN 978 - 7 - 5130 - 4508 - 7

目　录

第一章 导 论

一、问题的提出

随着经济开放程度的不断加深和产业结构升级步伐的不断加快，中国服务贸易快速增长。与此同时，服务贸易结构不平衡、逆差逐年上升等问题日益凸显。中国服务贸易出口主要集中在旅游、运输和其他商业服务等可以充分利用中国丰富劳动力资源和自然资源的传统服务项目上。中国服务贸易逆差则主要集中在以运输、保险为代表的技术密集型和资本密集型服务产品上。从内部区域结构来看，中国服务贸易主要集中在东部沿海发达地区，中西部和东北地区的服务贸易与东部地区相比有较大差距；从外部区域结构来看，世界服务贸易主要集中在美、日、欧、中国香港等发达国家和地区。中国服务业国际竞争力水平亟待进一步提升。

中国服务贸易发展不均衡需要从供求两方面来分析原因。从供给层面看，作为全球服务市场上的供给者之一，中国在附加值含量更高、对技术水平要求更高的服务业细分行业供给不足，国内服务业竞争力相对较低，国外市场的有效需求尚未形成，这制约了中国服务贸易出口。从需求层面看，中国内需潜力的极大释放、居民消费收入的稳步提升导致国内服务市场快速发展，在有效供给不足的情况下，大量国内服务需求转向国外，拉动服务贸易进口提升。

随着中国服务业开放程度的不断深化，服务贸易的长期非均衡发展显然对服务业进一步对外开放带来了较大的风险。

二、相关概念界定

从全球处于不同经济发展阶段的代表性国家的国民经济结构变化趋势看，

目前各国国民经济构成的发展趋势基本是以服务业为主，占比超过60%；工业其次，约占30%；农业最小，占比不到10%。这种状况说明，各国国民经济结构整体变化在向服务经济时代发展。服务经济发展具有阶段性特征，其初级阶段主要是以服务业的量的增长为主；经过一定时期量的积累，服务业逐渐成为国民经济的主导力量后，就进入以质取胜阶段。再经过一定时期的结构优化和发展水平的提升，服务业逐渐进入成熟阶段，其主要特征就是服务业对其他部门经济的渗透与融合、发展与提升。在这一阶段，服务业与工业、农业之间的界线日益模糊，形成你中有我、我中有你的态势，具体表现为生产性服务业的快速发展，居民生活日益服务化，最终形成以第三产业为主的服务型经济，并带动服务贸易的发展。

（一）服务业的定义

理论界对服务业的具体内涵还没有达成一致认识。目前比较通用的概念是：服务业是"生产和销售服务产品的生产部门和企业的集合"。2012年，中国在新颁布的《国民经济行业分类》（GB/T 4754—2011）对2003年《三次产业划分规定》进行了修订，首次明确第三产业为服务业，是除第一产业、第二产业以外的其他行业。第三产业包括："批发和零售业，交通运输、仓储和邮政业，住宿和餐饮业，信息传输、软件和信息技术服务业，金融业，房地产业，租赁和商务服务业，科学研究和技术服务业，水利、环境和公共设施管理业，居民服务、修理和其他服务业，教育，卫生和社会工作，文化、体育和娱乐业，公共管理、社会保障和社会组织，国际组织，以及农、林、牧、渔业中的农、林、牧、渔服务业，采矿业中的开采辅助活动，制造业中的金属制品、机械和设备修理业。"本书采用这一范围划分。

（二）服务贸易的定义

西方学者对服务贸易概念的探讨是从服务本身的概念开始的。早在1977年，霍尔（T. P. Hill）提出了理论界所公认的服务概念，指出："服务是指人或隶属于一定经济单位的物在事先合意的前提下由于其他单位的活动所发生的变化……服务的生产和消费同时进行，即消费者单位的变化和生产者单位的变化是同时发生，这种变化是同一的。服务一旦生产出来必须由消费者获得而不能储存，这与其物理特性无关，而只是逻辑上的不可能。"

20世纪80年代中期，巴格瓦蒂（J. N. Bhagwatti，1984）及桑普森和斯内普（G. Sampson，R. Snape，1985）相继扩展了霍尔的服务概念。他们把服务区分为两类：一类为需要物理上接近的服务，另一类为不需要物理上接近的服务。以此为基础，巴格瓦蒂将服务贸易的方式分为以下四种：①消费者和生产者都不移动的服务贸易；②消费者移动到生产者所在国进行的服务贸易；③生产者移动到消费者所在国进行的服务贸易；④消费者和生产者移动到第三国进行的服务贸易。

桑普森和斯内普（G. Sampson，R. Snape，1985）对服务贸易的分类与巴格瓦蒂（J. N. Bhagwatti，1984）基本相同，只是把服务消费者换成服务接收者，并且它既可以是人，也可以是物。与此相类似，1987 年，格鲁柏（H. G. Grubel）则直接把服务贸易定义为人或物的国际流动。

上述服务贸易的定义抓住了服务贸易的特征，即服务和贸易者的不可分，可以把服务贸易同传统的货物贸易清楚地区别开来。但是它仍然存在明显的缺陷，即无法把服务贸易同生产要素的国际流动区分开。为了克服这一缺陷，巴格瓦蒂等人把生产要素的国际流动区分为暂时流动和永久流动，认为生产要素的暂时国际流动为服务贸易，而生产要素的永久流动则不属于服务贸易——资本的永久性国际流动是外商直接投资，人力的永久国际流动则是国际移民。

1988 年的蒙特利尔会议既肯定服务贸易包括生产要素的国际流动，但同时又明确规定，只有"生产要素的流动目的明确、交易不连续和持续时间有限"，才能视为服务贸易。这就明确把外商直接投资和移民排除在服务贸易的范畴之外。最终，1994 年达成的《服务贸易总协定》（GATS）对服务业贸易的定义为以下四种模式：①从一缔约方境内向任何其他缔约方境内提供服务，简称跨境交付；②在一缔约方境内向任何其他缔约方消费者提供服务，简称境外消费；③一缔约方在其他任何缔约方境内提供服务的商业存在，简称商业存在；④一缔约方的自然人在其他任何缔约方境内提供服务，简称自然人流动。

（三）服务贸易商品结构的定义

服务贸易商品结构是指一定时期内各类服务产品在一国或地区服务贸易中的比重或地位。目前国际上对服务贸易的分类方式并不统一，如世界贸易组织（WTO）按照服务贸易的提供方式对服务贸易进行分类，认为政府服务不属于服务贸易；联合国贸易和发展会议（UNCTAD）则以国际收支平衡表（BOP表）为基础，将服务贸易划分为运输、旅游、通信、建筑、保险、金融、计算机和信息、专有权、个人、文化、娱乐及其他商业服务、政府服务 12 项；中国国家外汇管理局公布的历年《中国国际收支平衡表》中则将服务贸易划分为运输、旅游、通信、建筑、保险、金融、计算机和信息、专有权利、私人部门、文化和娱乐服务及其他商业服务 11 项。

（四）服务贸易方式的定义

服务贸易方式是指一国或地区同别国或地区进行服务贸易时所采用的各种具体做法；服务贸易方式结构是指各种贸易方式在一国服务贸易中所占的比重及其相互联系。根据世界贸易组织对服务贸易的分类，按照服务贸易提供方式的不同，可以分为境外消费、跨境交付、商业存在和自然人流动四种。本书采用这一定义及分类方式。

三、国外学者的相关研究

国外学者对服务贸易结构及其相关问题的研究主要包括以下三个方面：①通过构建数理模型从纯理论的角度研究服务贸易结构问题；②从经验分析的角度研究服务贸易结构的变化及其决定因素；③研究服务贸易对经济增长的影响。

（一）关于服务贸易结构理论分析

由于贸易结构主要是指"进口什么和出口什么"的格局，因此，贸易理论在很大程度上是用于理解贸易结构的。国际贸易理论认为，成本优势决定贸易模式，贸易模式决定贸易结构。因此，任何一种研究国际贸易是如何发生的经济理论均可视为研究国际贸易结构的相关理论。国际贸易结构理论可以分为静态和动态的贸易结构优化理论。静态贸易结构优化理论主要包括比较优势理论、要素禀赋理论、基于规模经济的新贸易理论等。动态贸易结构优化理论主要包括动态比较优势理论和竞争优势理论等。这些理论均从不同角度分析了国际贸易结构是如何生成的。由于国际贸易结构理论主要是针对货物贸易而言的，因此，国内外学者对于服务贸易结构理论的研究主要包括两个方面：一是从国际贸易纯理论的角度研究传统的比较优势理论对服务贸易的适用性问题，通过构建理论模型分析传统国际贸易理论在服务贸易领域的适用性问题；二是在产品异质性、规模报酬和不完全竞争市场结构下，基于新贸易理论构建适用于服务贸易的理论模型。

1. 传统贸易理论视角下的服务贸易理论

由于比较优势理论相对简单且具有普遍的有效性，因此，国际上对于服务贸易纯理论的研究首先是在传统贸易理论下利用比较优势理论构建适用于服务贸易的相关理论。

迪尔多夫（A. Deardoff, 1985）将服务贸易划分为作为商品贸易的一种补充、有关要素流动的服务贸易和含有稀缺要素的服务贸易三种情况，利用一般均衡分析和比较分析的方法，构建了新的服务贸易比较优势模型，揭示了比较优势模型在服务贸易中的适用性，为二者的联系提供了全新的研究思路。梅尔文（Melvin, 1989）在 H－O 模型和 Mundell 模型（1957）的基础上构建了关于货物贸易和服务贸易的一般均衡模型，即 Melvin 模型。他认为：服务贸易、货物贸易和要素流动之间存在完全的替代性，无论哪种贸易模式，其最终的效果是等价的；对贸易和投资所进行的任何干预，必定会产生难以预期的不确定结果。由于 Melvin 模型在对服务的认识上存在"泛服务化"的倾向，因此程大中（2007）认为 Melvin 模型并不是在传统贸易理论框架下讨论的国际服务贸易模型。琼斯和卢安（Jones, Ruane, 1990）通过构建一个在一国内可流动、但不能在国际流动的流动生产要素（劳动）和一个存在国际流动可能的特定生产要素的两种生产要素、两国、两个生产部门（服务部门和制成品部门）的 2×2×2 的特定生产要素模型，认为贸易格局不仅取决于各国技术的比较，还取决于相对要素禀赋。本国的要素禀赋（流动生产要素和特定生产要素）影响服务产品的需求与供给曲线的位置，从而验证了比较优势理论在服务贸易领域的适用性。伯吉斯（Burgess, 1995）通过对标准的 H－O 模型做简单修正，在完全竞争市场和规模报酬不变的假设下，建立了一个两国、两种生产要素（资本和劳动）、两种产品和一种服务的 Burgess 模型，其结论是：较低廉的服务价格意味着服务贸易部门相对其他部门的规模将会扩大，同时那些大量使用服务的生产部门的规模也将扩大；即使服务部门的产品是不可贸易交换的，服务技术的国际扩散也会对收入分配和贸易条件产生影响，从而证明了比较优势理论在服务贸易领域中的适用性。萨加里（Sagari, 1989）通过引入中性技术差异，对传统的 H－O－S 模型进行了扩展，认为一国资源禀赋和技术影响一国服务贸易的发展。巴格瓦蒂（Bhagwati, 1984）通过构造两要素、两国、三种产品的一般均衡模型研究了服务贸易价格差异产生的原因，认为要素禀赋的差异将导致服务贸易价格的国际差异，这也从一个侧面印证了比较优势理论在服务贸易上的适用性问题。

2. 新贸易理论视角下的服务贸易理论

由于服务贸易具有产品异质性、规模报酬和不完全竞争市场结构等特征，导致传统的比较理论用于解释服务贸易问题时遇到了相当大的困难，因此，部分学者试图利用新贸易理论构建基于产品异质性、规模报酬和不完全竞争市场结构等特征的服务贸易理论。

马库森（Markusen，1989）将服务产品的水平差异性引入模型，讨论了规模报酬递增条件下的服务贸易，认为服务贸易同样存在规模报酬现象，规模报酬会使率先进入市场的服务业厂商以较低的成本扩张生产规模，从而损害后来进入者的福利水平。因此，马库森主张政府通过提供补贴等方式鼓励本国服务生产者进入国际服务业市场。弗朗索瓦（Francois，1990）通过假定产品差异性和存在迪克斯特－斯蒂格利茨（Dixt－Stiglitz）多品种偏好，构建了一个包含一个部门、两个国家和一种差异性服务产品的垄断竞争模型，认为生产者服务可以实现由于生产过程日益复杂化导致的规模报酬递增；服务贸易进口国和出口国都将从生产者服务贸易自由化中获益。琼斯和基尔茨考斯基（Jones，Kierzkowski，1990）从生产区段和服务链的角度探讨了服务贸易产生的原因，认为随着生产过程逐渐分散到不同国家的不同生产区段，对国际服务链的需求明显提升，从而诱发服务贸易的发生。波特（M. Porter，1990）利用国际竞争优势理论，将服务贸易给予厂商或国家的竞争优势的基本要素分解为服务技术要素、服务资源要素、服务管理要素、服务市场要素、服务资本要素、服务产品要素和劳动力要素七个方面，并认为获得低成本优势和寻求产品差异性服务是提高厂商乃至国家竞争力的基础。

（二）服务贸易结构的变化及其决定因素

1. 对于比较优势理论适用的研究

服务贸易具有以下三个特点：①提供的是劳动与货币的交换，而不是货物与货币的交换；②服务的不可储存性；③国际服务贸易的统计在各国海关进出口统计上没有体现。因此，虽然从国际贸易纯理论的角度可以认为传统比较优势理论可以适用于服务贸易领域，但在现实条件下，比较优势理论是否适用于服务贸易领域仍是一个需要验证的问题。对于实证研究的结果，目前主要有以下三种不同的结论。

第一种结论认为，比较优势原则对国际服务贸易结构并没有决定性作用。费克特库蒂（G. Feketekuty, 1988）认为，由于服务贸易具有劳动与货币的交换（而非货物与货币的交换）、生产和消费同时发生、服务贸易体现在国际收支平衡表中（而不是海关统计中）的特点，传统的国际贸易原理无法适用于服务贸易。桑普森和斯内普（G. Sampson, R. Snape, 1985）也认为，由于服务贸易的生产与消费同时发生的特点违背了国际贸易理论中生产要素不能自由流动的假设，因此国际贸易理论无法适用于服务贸易领域。

第二种结论与之相反，部分学者通过实证检验，验证了比较优势理论在服务贸易领域的适用性。萨丕尔和鲁茨（A. Sapir, E. Lutz, 1981）认为，传统贸易理论不仅适用于货物贸易，同样也适用于服务贸易领域，要素禀赋在货物贸易和服务贸易模式的决定上都具有重要作用。拉奥（S. Lall, 1986）通过对发展中国家服务贸易相关数据的检验，也得到与萨丕尔和鲁茨类似的结论。兰哈默（R. Langhammer, 1979）在对美、日、德、法四国与发展中国家间的服务贸易数据进行实证分析后，同样得出了发达国家与发展中国家之间的服务贸易模式与各国的要素禀赋密切相关的结论，从而支持了传统国际贸易理论在决定服务贸易结构上完全适用的观点。福尔维和格默尔（Falvey, Gemmell, 1991; 1996）引入了部门要素生产率的国际差异，其研究结果表明国家之间在要素禀赋和要素生产率方面的差异都会对国家之间服务价格的差异起到显著作用。萨加里（Sagari, 1989）对金融服务贸易比较优势的决定因素进行了实证检验，认为技能性劳动力是金融服务贸易比较优势的决定性因素。

第三种结论介于前两者之间，认为虽然由于国际服务贸易具有不同于国际货物贸易的特殊性，使得比较优势在解释国际服务贸易方面存在缺陷，但经过改进的比较优势理论仍可适用于国际服务贸易。例如，塔克和桑德贝里（K. Tucker, M. Sundberg, 1988）指出，虽然存在一定的理论缺陷，但国际贸易理论、厂商理论和消费者理论经过一定改进后仍可适用于国际服务贸易研究。

2. 新贸易理论视角下的经验研究

弗朗索瓦（Francois, 1993）利用1986年美国和28个国家间的服务贸易进出口数据，分析了美国生产者服务贸易的贸易格局和决定因素，认为美国在生产者服务贸易上存在产业内贸易的特点。李和劳埃德（Lee，Lloyd，2002）利用产业内贸易指数（G－L指数）和边际产业内贸易指数（MIIT指数）分析了1992—1996年OECD国家服务业产业内贸易的发展水平，认为大多数国家的服务业的产业内贸易水平和边际产业内贸易水平较高，人均收入水平、市场规模、服务自由化程度、贸易平衡状况是影响服务业产业内贸易的主要因素。塞黑、哈默斯和坎费尔（Sichei，Harmes，Kanfer，2006）对南非与美国间的服务贸易情况进行了实证研究，认为人均收入水平、市场规模、经济自由化程度、外商直接投资是影响南非与美国之间服务业产业内贸易的主要因素。

（三）服务贸易对经济增长影响的研究

罗宾逊、王和马丁（Robinson，Wang，Martin，2002）将服务贸易等同于货物贸易，利用可计算的一般均衡模型（CGE）研究了服务贸易自由化对经济增长的影响。埃申巴赫（Eschenbach，2004）认为金融服务贸易自由化有助于提高本国的劳动生产率，从而带动本国经济的增长。埃申巴赫和霍克曼（Eschenbach，Hoekman，2005）通过对20个转型国家金融、电信、运输等服务贸易部门的研究，认为开放基础性服务部门有助于吸引外商直接投资（FDI），促进以商业存在方式开展的服务贸易，从而带动一国经济的发展。阿诺德和玛图（Arnold，Mattoo，2006）研究了服务贸易对捷克经济发展的影响，认为服务贸易通过扩大作为中间品的服务产品的进口提高了捷克制造业的劳动生产率，从而促进了捷克经济的发展。阿米迪和科宁（Amiti，Koning，2007）认为服务贸易的进口，特别是生产者服务贸易的进口促进了相关产业的全要素生产率（TFP）的提高，进而带动了一国经济的增长。马库森、图瑟夫和塔尔（Markusen，Tutherford，Tarr，2005）研究了以商业存在形式开展的服务贸易对经济增长的影响，认为服务贸易开放是一国经济增长的重要源泉。霍克曼（Hokeman，2006）通过对印度金融、电信、运输等行业商业存在发展情况的研究，认为这些部门的开放大幅度压缩了下游生产部门的成本，提高了货物贸易出口的国际竞争力。

关于国外学者对于传统国际贸易理论适用性问题的研究，本书认为：无论是传统比较优势理论、新贸易理论，还是竞争优势理论，在服务贸易中的应用主要还是集中于如何建立服务贸易的比较优势和建立这种优势的意义。应该将这几种理论视为同一理论的不同组成部分，是在不同方面对同一问题的阐述，而不应将它们割裂开来视为不同的理论。从这个意义上讲，国际货物贸易的比较优势理论还是适用于国际服务贸易的，只是在此基础上，应用一种基于动态的而非静态的眼光来看待服务贸易中的比较优势。本书认为，国外学者中的第三种观点，即经过改进的国际贸易结构理论是完全可以适用于对国际服务贸易结构问题的分析的。在试图构建关于服务贸易的理论模型的研究中，学者们是在前人的基础之上，通过构建一般均衡模型来分析服务贸易产生的原因及对各国福利的影响。由于服务贸易所具有的特殊性，虽然学者们均认为比较优势理念仍然是指导服务贸易发展的基石，但由于前提假设和构建的模型有所不同，所得到的结论也并不完全相同。因此，构建适用于服务贸易的理论模型仍将是未来服务贸易研究中的一个主要研究方向。

四、国内学者的相关研究

（一）关于中国服务贸易结构问题的研究

1. 关于中国服务贸易商品结构及其相关问题的研究

李怀政（2002）通过将中国服务贸易结构与竞争力进行国际比较后认为，由于高级服务要素相对贫乏、技术水平比较落后等原因，中国服务贸易的国家竞争优势十分微弱。因此，从长期而言，审时度势，不断优化中国服务贸易结构、提高整体国际竞争力，是中国必然的战略选择。[1] 程南洋、杨红强、聂影（2006）分析了 1999—2003 年中国服务贸易出口结构的变动情况，认为中国服务贸易出口结构变动缓慢，劳动密集型和资源依赖型的服务出口仍占有绝对优势，中国服务贸易出口结构虽在优化，但优化幅度很小。[2] 刘海云、余道先（2008）认为中国服务贸易发展的现状是总量增长与结构失衡并存，在结构失衡上主要体现为服务出口主要依赖于旅游、运输和其他商业服务，新兴服务业出口比例较小；在服务进口上则表现为传统服务进口变化不大，新兴服务

---

[1] 李怀政. 我国服务贸易国际竞争力现状及国家竞争优势战略 [J]. 国际贸易问题，2011（12）.

[2] 程南洋，杨红强，聂影. 中国服务贸易出口结构变动的实证分析 [J]. 国际贸易问题，2006（8）.

进口迅速发展。❶ 李杨、蔡春林（2008）分析了影响中国服务贸易结构的因素，认为国内服务业发展水平、货物贸易发展水平是影响中国服务贸易发展的主要因素。❷

2. 关于中国服务贸易商品结构与经济增长之间关系的研究

国内学者主要是通过计量分析的方法，分析服务贸易总体及各项类服务贸易进出口额与中国经济发展之间的关系。危旭芳、郑志国（2004）利用1985—2001年的相关数据，分析了中国服务贸易进出口额与中国经济增长之间的关系，认为从总体上看，服务贸易促进中国经济增长，但服务贸易进口对经济增长的促进作用大于出口。❸ 庄丽娟（2007）对1985—2004年中国服务贸易的进出口额与中国经济增长之间的关系进行了实证检验，认为服务贸易总额、服务贸易进口额和出口额以及服务业 FDI 是中国经济增长的"格兰杰原因"；中国服务贸易主要通过就业效应、物质资本效应、制度效应、人力资本效应和技术效应五个方面影响中国经济的发展。❹ 韩振国、王玲利（2009）基于1985—2006年的时间序列，在将服务贸易细分为旅游、运输和其他商业服务三大项类的基础上，利用最小二乘估计法（OLS）分析了中国服务贸易出口与经济增长之间的关系，认为虽然服务贸易出口是经济增长的主要原因，但三大项类服务贸易对中国经济增长的促进作用有所不同，其他商业服务贸易对经济增长的促进作用最大，旅游次之，运输最小。❺ 董有德、马力（2009）基于1982—2006年的数据，在将服务贸易细分为旅游、运输和其他商业服务的基础上，利用 ARMA 模型，采用逐步回归法分析了中国不同服务部门进出口对经济增长的影响，得出结论：旅游服务贸易对人均产出的拉动最明显，其他部门的进口对人均产业的增长也有促进作用，运输服务贸易进口与人均产出呈负相关关系。❻

---

❶ 刘海云，余道先. 中国服务贸易：总量增长与结构失衡 [J]. 国际贸易，2008（2）.
❷ 李杨，蔡春林. 中国服务贸易发展影响因素的实证分析 [J]. 国际贸易问题，2008（5）.
❸ 危旭芳，郑志国. 服务贸易对我国 GDP 增长贡献的实证研究 [J]. 财贸经济，2004（3）.
❹ 庄丽娟. 中国服务贸易比较优势的实证分析 [J]. 华南农业大学学报，2007（2）.
❺ 韩振国，王玲利. 我国服务贸易出口对经济增长的影响研究——基于1985—2006年时序数据的实证分析 [J]. 国际贸易问题，2009（3）.
❻ 董有德，马力. 我国不同部门服务贸易对经济增长的影响机制研究——基于1982—2006年数据的实证分析 [J]. 世界经济研究，2009（2）.

（二）关于中国服务贸易方式结构问题的研究

由于中国尚未建立起较为全面的针对服务贸易提供方式的相关统计，因此，目前关于中国服务贸易方式结构的研究相对较少。张曙霄等（2009）根据历年中国服务贸易发展报告，分析了2001年以来中国商业存在服务贸易的发展情况，认为中国境内商业存在主要集中在房地产服务业、租赁和商务服务业等相关行业，境外中国商业存在主要是批发和零售业、交通运输业等部门。张曙霄等（2009）还分析了2001年以来中国以对外劳务合作为代表的、以自然人流动为提供方式的服务贸易的发展情况，认为：中国在以自然人流动为提供方式的服务贸易中，出口主要集中在对外承包工程和对外劳务合作等以传统比较优势为基础的传统服务行业，即出口中国相对丰富的劳动力资源，而新兴的对外设计咨询服务所占比重相对较小。这也从一个侧面反映了目前中国服务贸易的发展仍然是以比较优势为基础，其优势项目主要集中在传统的服务领域。❶

目前，关于对中国服务贸易模式结构的研究主要集中在2005年以后。曾国平、胡新华、王晋（2005）利用格鲁贝尔－劳埃德产业内贸易指数（Grubel-Lloyd指数）和边际产业内贸易指数（MIIT）以及横向产业内贸易指数（HIIT）分析了中国服务业产业内贸易的变化情况，认为中国服务业产业内贸易最明显和具有持续性的行业集中在旅游、运输、计算机和信息等服务行业上，技术含量较高的通信、金融、保险等行业则以产业间贸易为主。❷李伍荣、余慧（2006）将产业内贸易和国际竞争力联系起来，同时利用格鲁贝尔－劳埃德产业内贸易指数和贸易竞争力指数（TC指数）分析了1997—2004年中国服务业产业内贸易和国际竞争力的变化情况，认为：这一时期中国在旅游和其他商业服务上主要以产业内贸易为主，且国际竞争力较高；通信服务贸易主要以产业间贸易为主，但国际竞争力较高；保险、专有权使用费和特许费上表现出较强的产业间贸易和较弱的国际竞争力；咨询服务贸易的产业内贸易指数

❶ 张曙霄. 中国服务贸易商品结构分析［J］. 东北师大学报，2009（4）.
❷ 曾国平，胡新华，王晋. 对我国服务业产业内贸易状况的测算与分析［J］. 统计与决策，2005（22）.

较高，但国际竞争力较低。❶ 蔡宏波（2007）利用产业内贸易指数对中国与东盟主要五国服务业产业内贸易情况进行比较，认为中国整体服务业产业内贸易发展水平略高于东盟五国，但东盟国家在产业内贸易的行业覆盖范围上略高于中国；中国服务业的产业内贸易更多地体现在服务产品的质量差异上，东盟国家的产业内贸易则多体现在类别相同、范围不同的服务产品进出口上。❷ 崔日明、陈付愉（2008）分析了中日服务业产业内贸易的变化情况，认为：从总体上看，中日服务业贸易模式以产业内贸易为主，在运输和通信服务上的产业内贸易程度较高，在建筑、保险、金融以及其他商业服务等项目上具有一定的产业内贸易水平，在旅游、计算机和信息、专有权利使用费和特许费以及私人部门、文化和娱乐服务上主要以产业间贸易为主。

随着研究的深入，部分学者已由单纯地研究中国服务业产业内贸易的变化问题发展到研究服务业产业内贸易的影响因素及其与经济发展的关系上来。姜颖（2007）认为服务业的规模和服务贸易的自由度是影响中国服务业产业内贸易的主要因素。❸ 胡颖、韩立岩（2008）认为人均收入差异程度、市场集中度、外商直接投资、两国直线距离、旅游资源差异程度是影响中国旅游服务业产业内贸易的主要因素。刘渝琳、彭吉伟（2010）则研究了服务业产业内贸易和城乡居民收入差异间的关系，认为服务业产业内贸易的发展限制了城乡居民收入差距的进一步扩大。❹

（三）关于中国服务贸易竞争力及其相关问题的研究

近年来，随着中国服务贸易的快速发展，国内学者对中国服务贸易竞争力这一问题的研究也日益丰富。由于关于中国服务贸易竞争力的研究主要是针对各项类服务贸易竞争力的研究，因此，这一领域的研究也可以视为对广义的中国服务贸易商品结构问题研究的一部分，主要包括以下三个方面：①对中国服务贸易竞争力的研究；②对中国服务贸易竞争力影响因素的研究；③对某一特定服务行业国际竞争力的研究。在分析方法上，在对服务贸易竞争力的研究

❶ 李伍荣，余慧. 服务业产业内贸易与中国服务贸易的国际竞争力初探［J］. 现代财经，2006（1）.

❷ 蔡宏波. 服务业产业内贸易研究：中国和东盟国家的比较［J］. 财贸经济，2007（1）.

❸ 姜颖. 我国服务业产业内贸易影响因素的实证分析［J］. 国际商务，2007（5）.

❹ 刘渝琳，彭吉伟. 服务业产业内贸易对城乡居民收入差距的影响［J］. 经济问题探索，2010（4）.

中，主要利用贸易竞争力指数、RCA 指数、进出口增长率、进出口市场占有率、各服务行业劳动生产率等相关指标进行分析。在对影响中国服务贸易竞争力因素的分析中，主要是运用计量经济学中的最小二乘法（OLS）、自回归分布滞后模型（ADL）、向量自回归模型（VAR）、误差修正模型（ECM）以及格兰杰因果关系检验（Granger causality test）等方法建立各影响因素与中国服务贸易竞争力之间的计量模型，通过检验各影响因素对中国服务贸易的影响是否显著，来验证各因素是否影响中国服务贸易竞争力发展。

1. 对中国服务贸易竞争力的研究

谭晶荣（2006）利用 TC 指数分析了 2001—2003 年中、日、韩三国各项类服务贸易 TC 指数的变化情况，认为这一时期中国在旅游、建筑、通信、计算机与信息服务和其他商业等项类服务贸易的竞争力与日、韩两国相比略显优势，但在金融和保险、专有权利使用费和特许费以及个人部门、文化和休闲服务等项类服务贸易的竞争力上与日、韩两国尚有较大的差距。❶ 刘莉、黄建忠（2006）从净出口、世界市场占有率、RCA 指数三个方面对 2001—2004 年中国与日本、韩国、中国香港、新加坡、印度、中国台北、泰国、马来西亚的服务贸易竞争力进行比较研究，认为中国与中国香港、新加坡、日本等国家和地区在服务贸易的发展上尚有较大差距。❷ 殷凤（2007）从服务贸易增长率、服务贸易开放度、国际市场占有率、服务出口占贸易出口总额的比重、TC 指数、RCA 指数、服务贸易出口结构等方面对中国和世界主要服务贸易国家进行了比较，认为：中国服务贸易出口结构低级化，服务贸易优势部门主要集中在传统的劳动或资源密集型行业，知识、技术密集型服务的比重严重偏低，RCA 指数不仅低于发达国家，与印度、韩国等国相比也有较大差距，显示出极弱的竞争力。❸

2. 对中国服务贸易竞争力影响因素的研究

伍再华（2006）利用波特（M. Porter）的钻石模型，从生产要素、需求要素、相关支撑产业、企业战略结构和竞争状态、政府和机遇六个方面研究了中

---

❶ 谭晶荣. 中日韩三国服务贸易的比较研究 [J]. 国际贸易问题, 2006 (7).
❷ 刘莉, 黄建忠. 亚洲地区服务贸易的发展及竞争力研究 [J]. 国际贸易问题, 2006 (6).
❸ 殷凤. 国际服务贸易影响因素与我国服务贸易国际竞争力研究 [J]. 国际贸易问题, 2009 (2).

国服务贸易竞争力的问题，并从微观和宏观两方面分析了中国服务贸易竞争力较低的原因。陈宪、殷凤❶（2008）在首先分析了中国服务贸易国际竞争力情况的基础上利用自回归分布滞后模型（ADL）对影响中国服务贸易发展的因素进行实证分析，认为服务业增加值、服务业外商投资额、货物进出口额是影响中国服务贸易发展的主要因素。庄惠明、黄建忠、陈洁（2009）利用波特的"钻石模型"对中国服务贸易竞争力的影响因素进行了实证检验，认为人口结构素质、货物贸易出口总额、服务业劳动生产率、城市化水平和农业劳动生产率对当前中国服务贸易竞争力有较大的影响。❷

3. 对某一特定服务行业国际竞争力的研究

在对运输服务贸易国际竞争力的研究中，孙江明、苏琴（2006）基于1999—2003 年的数据，利用国际市场占有率、RCA 指数、TC 指数等指标对这一时期中国和世界主要发达国家运输服务贸易国际竞争力的变化情况进行比较，得出上述时期中国运输服务贸易的国际竞争力还很弱，与发达国家尚有较大差距，中国虽是运输服务贸易大国，却还不是运输服务贸易强国的结论，并从政府、企业和人才培养三个方面提出了提升中国运输服务贸易国际竞争力的政策建议。对这一问题进行过类似研究的还有贾大山（2006），何伟、何忠伟（2008）等，其结论与孙江明、苏琴（2006）的基本相同。

在对旅游服务贸易国际竞争力的研究中，金雯飞、刁化功（2001）研究了 2000 年以前中国旅游服务贸易的发展情况；高静、梁昭（2006）通过对比加入 WTO 前后中国旅游服务贸易的发展情况，分析了中国旅游服务贸易国际竞争力的变化情况。李彦勇、郭欣昌（2006）的研究也得出了与上述学者类似的结论。

在对旅游服务贸易竞争力的评价方法上，姜义茂、刘慧芳、李俊（2006）认为：目前，以一国旅游收入占该国 GDP 和对外贸易额的比重（或占世界旅游收入的比重）来衡量一国旅游服务贸易竞争力的评价标准，难以准确反映旅游服务贸易在世界上的竞争力。他们进而建立了从旅游资源、旅游成本、旅

---

❶ 陈宪，殷凤. 服务贸易：国际特征与中国竞争力 [J]. 财贸经济，2008（10）.

❷ 庄惠明，黄建忠，陈洁. 基于"钻石模型"的中国服务贸易竞争力实证分析 [J]. 财贸经济，2009（3）.

行社竞争力、相关配套服务及设施、政策环境等方面，通过加权平均的方式评价一国旅游服务贸易竞争力的方法。❶

在旅游服务贸易的影响因素上，周经、吕计跃（2008）利用最小二乘法（OLS）对中国旅游服务贸易竞争力的影响因素进行了实证检验，认为：中国旅行社的数量对提高旅游服务贸易竞争力有促进作用，旅游交通对中国旅游服务贸易出口有显著影响，中国旅游人力资源状况对旅游服务贸易竞争力的影响不显著。❷

综上所述，理论界在对中国服务贸易竞争力的分析上，主要是采用服务业产值占一国 GDP 的比重、服务业从业人员占一国 GDP 的比重、服务贸易进出口市场占有率、服务贸易进出口在世界的排名、TC 指数、RCA 指数、服务贸易开放度等指标衡量中国服务贸易竞争力的强弱。虽然这些方法对衡量中国服务贸易竞争力有一定的合理性，但这些衡量方法都只是对中国服务贸易竞争力间接、静态的衡量，只是根据过去所发生的服务贸易的相关数据而进行的衡量。本书认为，在利用各种静态指标对中国服务贸易竞争力进行测度时，应辅助以相应的定性分析和定量分析，才能更准确地对中国服务贸易竞争力水平进行测度。

（四）服务业开放与产业竞争力关系文献综述

当前，全球经济正在向服务型经济转型，服务业成为世界经济发展的制高点，也成为新形势下各国竞争的焦点。然而，服务业开放是否符合一国经济利益和维护产业安全的需要仍是颇具争议的话题。中国自加入 WTO 以来逐步履行关于服务业开放方面的承诺，服务业市场开放程度不断扩大，但与发达国家和一些发展中国家相比仍有差距。此外，学界对于服务业开放是否有利于优化产业结构并提升产业竞争力，并通过产业整体效率的提升和更多竞争的引入进而提升企业竞争力的问题仍未有定论。服务业开放对经济增长的贡献体现在哪儿，服务业开放与产业竞争力之间的关系如何，服务业开放是否有利于提升企业竞争力，未来中国服务业进一步开放的方向如何设计等问题就成为当下中国

---

❶ 姜义茂，刘慧芳，李俊. 以新的评价指标认识我国旅游服务贸易的竞争力 [J]. 国际贸易，2006 (11).

❷ 周经，吕计跃. 中国旅游服务贸易竞争力影响因素的实证分析 [J]. 国际贸易问题，2008 (4).

服务业政策领域亟待研究和梳理的问题。

从现有研究看，直接对服务业市场开放与产业竞争力关系进行分析的文献较少，对两者关系的研究一般从服务业对产业结构变动的作用、服务业与制造业之间的关系、服务业开放对东道国技术效率的影响等问题入手，间接分析服务业市场开放对产业竞争力的作用和影响机制。

1. 服务业开放与经济增长

在经济增长过程中服务业到底扮演了什么角色，这一直是经济学家所关注的。传统的经济发展理论认为，经济增长过程本身是一个结构转换的过程，随着人均 GDP 的增加，服务业在 GDP 中的比重逐步上升。联合国贸易与发展会议（UNCTAD，1984）认为，在经济发展过程中，服务业所扮演的角色比其在 GDP 中的份额更为重要。由于服务业与其他许多经济活动相关，因此服务业对整个国家的经济表现有着深远的影响。传统的观点认为，服务部门的增长是随着 GDP 的增长而自动出现的。里德尔（Riddle，1986）认为，服务业在经济发展中并不是一个被动的角色，从经济史的角度来看，商业革命是工业的前奏和先驱，而服务业的创新则是工业革命的支撑因素之一。例如，职业研究活动的出现、教育系统的改进、运输方式的改善、金融创新的出现等，都为工业革命提供了良好的基础。因此，里德尔提出：服务业份额的上升不是经济增长的结果，而是经济增长的原因。戈德史密斯（Goldsmith，1969）的研究指出，一国经济的增长状况和本国服务业的开放程度与发展水平是正相关的。迪和汉斯洛（Dee，Hanslow，2000）的研究表明，服务贸易自由化提高了全球的产出水平与福利水平。马图奥塔尔（Mattooetal，2001）采用 CGE 模型，通过计算分析得出，发展中国家通过开放电信与金融服务业使其经济增长了千分之十五。班戈和戈达尔（Banga，Goldar，2004）从实证角度分析了 20 世纪 90 年代印度服务业利用外商直接投资对其产业产生的作用，结果表明：服务贸易自由化对服务业的发展有积极的影响，提高了工业产出水平，且促进了生产率的提高。韩玉军（2006）系统分析了服务贸易自由化对国内经济影响，认为服务业开放可以通过以下途径促进中国经济效率的提高：①由于外国服务提供者的进入，中国企业可以有更多机会选择价廉质优的服务，提高企业的经济效率；②中国能够进口经济发展急需而本国又不能满足需求的生产性服务，从而有利于解决生产发展与服务业落后的矛盾；③外国企业的竞争将迫使中国的服务业企业向国际先进水平看齐，吸收国外先进服务经验与技术，降低成本，走向国际市场；④有利于中国发展自己具有优势的服务业，进口不具有相对优势的服务，从而促进资源的有效配置。❶

2. 服务业市场开放对促进产业结构变动的影响

一般而言，国内学者关于服务业开放对产业竞争力带来的影响的研究大致集中在两大领域，一是服务业市场开放对产业结构变动和升级的带动；二是服务业开放是否可以通过技术效率的提升进而提高产业竞争力。

裴长洪（2006）认为外商直接投资带来的先进技术、现代化管理知识以及产生的溢出效应，直接推动了产业结构的优化升级，从而在很大程度上影响着中国产业结构转型升级。❷ 刘庆林和廉凯（2006）分析了服务业外包对承接国产业结构的影响，指出：承接服务业外包能够有助于承接国的产业结构升级，但对于提高承接国外包行业质量的促进作用则有限。此外，国内学者注意到服务业市场开放在不同地域的产业结构优化作用程度不同，认为鉴于中国各省经济发展的差异，服务业外资对各省经济发展及产业结构的影响不会完全一致。刘庆林和廉凯（2009）在分析服务业国际转移经济效应中，认为服务业国际转移推动国民经济运行质量提高的一个重要途径就是促进产业结构升级，并采用地区比较分析法测算了服务业国际转移对中国经济运行质量的影响。❸ 结果显示，服务业国际转移通过优化产业结构推动国民经济质量提升的这种效应，因东、中、西三大地区而各不相同。在东部地区，服务业 FDI 会带来服务业比重的提高，但是，产业结构对国民经济运行质量的影响却是负向的。因此，通过服务业国际转移促进产业结构升级这个路径对经济运行质量的影响也是负向的，他们指出这可能与当前中国东部地区经济主要依靠第二产业的拉动有关。在中部地区，服务业国际转移对产业结构有着明显的正向作用，进而对中部地区经济运行质量产生正向的促进作用。

弗朗索瓦（Francois，1990）从分工和专业化的角度分析服务业 FDI 有助

---

❶ 韩玉军. 世界服务业和服务贸易发展趋势——兼评中国服务业的开放与对策 [J]. 国际贸易，2006（10）.

❷ 裴长洪. 吸收外商直接投资与产业结构优化升级——"十一五"时期利用外资政策目标的思考 [J]. 中国工业经济，2006（1）.

❸ 刘庆林，廉凯. 服务业国际转移经济效应分析：中国数据的验证 [J]. 产业经济评论，2009（3）.

于促进东道国分工，提高制造业的劳动生产率。马库森（Markusen，1989；1990）运用比较静态模型研究发现：服务业 FDI 自由化提高了利用其作为中间投入的最终产品部门的生产力，有利于增加东道国的福利。江静、刘志彪和于明超（2007）分析了服务业促进制造业效率提升的机理。在实证研究方面，经合组织的研究报告（OECD，2006）表明服务市场开放所引起的技术转移和扩散效应能促进所有经济部门的生产率。扎瓦凯克（Javorcik，2006）认为服务业 FDI 会促进企业效率的提升。庄丽娟（2007）认为，服务贸易可通过物质资本积累效应等途径影响一国的技术进步。江锦凡（2004）、陈景华（2010）、施永（2011）等学者实证分析了中国服务业利用外资与经济增长存在显著的正相关关系。此外，沈坤荣、耿强（2001）研究了服务业国际转移对劳动生产率的促进作用，这些实证分析都充分证明了服务业开放对经济增长及制造业效率的促进作用。

3. 服务业与制造业融合发展

在探讨服务业增长、发展的历史过程及原因的基础上，国内外学者还分析和验证了服务业与制造业之间相互依赖、相互作用、良性互动的关系，以及当前世界经济发展过程中出现的服务业与制造业的融合趋势等。尤其是 20 世纪 70 年代以来，在制造业增加值比重和就业比重不断下降的同时，生产者服务业部门增加值和就业比重呈现逐年上升趋势。生产者服务业的迅速发展引起了经济学家的广泛关注，开始重新思考服务业在国民经济中的地位以及服务业与制造业的关系问题。服务业与制造业的关系一直是争论的焦点，总结起来，主要存在以下四种观点。

第一种观点认为制造业是服务业发展的前提和基础，服务业则是制造业的补充。这方面的主要文献有科恩和齐斯曼（Cohen，Zysman，1987 ）、克洛特（Klodt，2000）、格里瑞里（Guerrieri，2003）。例如，科恩和齐斯曼强调，许多服务业部门的发展必须依靠制造业的发展，因为制造业是服务业产出的重要需求部门，没有制造业，社会就几乎没有对这些服务的需求。

第二种观点认为服务业尤其是生产者服务业是制造业生产率得以提高的前提和基础，没有发达的生产者服务业，就不可能形成具有较强竞争力的制造业部门。这方面的主要文献有帕帕斯和希恩（Pappas，Sheehan，1998）、埃斯瓦兰和考特瓦尔，马芮威耶克（Van Marrewijk，1997）、马库森（Markusen，

2005）、杨小凯和张永生（2000）等。例如，埃斯瓦兰和考特瓦尔指出，服务业部门的扩张有两条途径可以使制造业部门收益：一是能够引起进一步的专业化和劳动分工；二是降低了投入到制造业部门的中间服务的成本。杨小凯和张永生（2000）认为，专业化水平的不断提高正是促进劳动生产率提高的驱动力。马芮威耶克、马库森认为，作为制造业的中间投入，生产者服务所内含的知识资本、技术资本和人力资本可以降低交易成本、深化专业化分工，从而可以大幅度提升制造业效率。

第三种观点认为服务业和制造业部门表现为相互作用、相互依赖、共同发展的互补性关系。这方面的文献主要有帕克（Park，1989）、巴塔拉（Bathla，2003）等。他们认为，随着经济规模特别是制造业部门的扩大，对服务业的需求（如贸易、宾馆、金融、交通、社会服务以及教育、医疗服务等）会迅速增加，同时也提高了制造业部门的生产率；反之，服务业部门的增长依靠制造业部门中间投入的增加。而且，随着经济发展程度的提高，服务业与制造业之间彼此依赖的程度会加深。

第四种观点是近年来出现的更新颖的观点。一些学者认为，随着信息通信技术的发展和广泛应用，传统意义上的服务业与制造业之间的边界越来越模糊，两者出现了融合趋势。这方面的代表性文献有伦德瓦尔和博拉斯（Lundvall，Borras，1998）、植草益（2001）、周振华（2003）。

（五）国内自由贸易试验区背景下的外资管理体制改革相关研究

国内自由贸易试验区（以下简称自贸区）是个新生事物，相关实践刚刚开始，相关研究也刚刚起步。

自贸区原指两个国家借助相互签订一些自由贸易协定的方式，相互给予对方一定的贸易优惠条件，如取消相应的关税或者降低非关税壁垒。通过降低相关的市场准入限制，促进要素的自由流通，使得技术、资本和人员等生产要素在两国或者两个地区间互通有无，从而达到优势互补，促进了他们共同的发展。狭义来讲，有时它也用来形容一个国家或地区中的一片区域，这里相比园区外对外商投资干预得较少，且关税以及贸易壁垒较低。自贸区的实质是自由，也就是园区内货物自由、来回运货的船舶自由，同时园区内也取消原有的进出口配额管理制度，使得贸易达到一种自由化的程度。与出口加工区和保税港区一脉相承，自贸区也是为了更好地吸引外商投资而设定的一块具有特殊外商管理制度的区域。只是伴随着经济的快速发展，自贸区相比之前的出口加工区和保税港区有了更大的自由度，各国可以在此区域内自由地开展加工贸易以及转加工贸易。

在上海建立的自贸区和原有的两国或者两个地区间划定的自贸区有一定的区别，这是一个境内关外的概念。上海自贸区是根据中国相关法律法规，在中国的上海成立了一个境内关外的特殊的开放园区。相比于原来的出口加工区和保税港区，上海自贸区在外商投资管理方面有了巨大的改革，对外商的管理由原有事先审批转为事中、事后监管，对外商投资准入实施负面清单和准入前国民待遇管理模式。中国希望通过设立自由贸易园区来改变不适应中国经济发展的园区投资模式，和国际接轨大力发展服务贸易，促进国内各项改革，促进中国经济发展，最终带动中国产业结构的升级。2016 年 4 月，国务院批复了商务部提出的《服务贸易创新发展试点方案》（以下简称《方案》），同意在天津、上海、海南、深圳、杭州、武汉、广州、成都、苏州、威海和哈尔滨新区、江北新区、两江新区、贵安新区、西咸新区等省市（区域）开展服务贸易创新发展试点，推进服务贸易领域的供给侧结构性改革，健全服务贸易促进体系，探索适应服务贸易创新发展的体制机制和政策措施，着力构建法治化、国际化、便利化营商环境，打造服务贸易制度创新高地。依照《方案》的要求，各地政府在坚持深化简政放权、放管结合、优化服务等改革领域将围绕培育主体、探索新模式、提升服务贸易便利化水平、优化政策支持等方面积极开展相关试点（见表 1 – 1）。

表 1 – 1　《服务贸易创新发展试点方案》的核心内容

重点任务	试点内容
完善服务贸易管理体制	建立与国际服务贸易通行规则相衔接的促进、服务和监管体系，探索适应服务贸易创新发展的体制机制。开展服务贸易领域地方性法规立法探索，构建法治化、国际化、便利化营商环境。加强统筹协调，建立服务贸易跨部门协调机制，促进产业政策、贸易政策、投资政策的有效衔接、良性互动。健全政府、协会、企业协同配合的服务贸易促进和服务体系，建立服务贸易重点企业联系制度
探索扩大服务业双向开放力度	结合本地区产业特色，稳步推进金融、教育、文化、医疗、育幼养老、建筑设计、会计审计、商贸物流等行业对外开放。支持本地区旅游、研发设计、会计咨询、资产评估、信用评级、法律服务、商贸物流等领域企业开展跨国经营，支持企业深度开拓国际市场

续表

重点任务	试点内容
探索培育服务贸易市场主体	加强部门协作，整合公共资源，加大对服务出口重点领域企业的支持力度，推动扩大服务出口。依托服务贸易重点领域的大企业，探索建立一批项目对接平台、国际市场推广平台、共性技术支撑平台等公共服务平台，为行业内中小企业提供公共服务，支持有特色、善创新的中小企业发展，引导中小企业融入全球价值链
探索创新服务贸易发展模式	积极探索信息化背景下服务贸易发展新模式，依托大数据、物联网、移动互联网、云计算等新技术推动服务贸易模式创新，打造服务贸易新型网络平台。促进技术贸易、金融、中医药服务贸易领域加快发展。积极承接离岸服务外包，提升服务跨境交付能力
探索提升服务贸易便利化水平	创新通关监管机制和模式，为服务贸易企业进出口货物提供通关便利。探索便利跨境电子商务、供应链管理等新型服务模式发展的监管方式。依托海关特殊监管区域，发展特色服务出口产业。推动境内外专业人才和专业服务流动，为外籍高端人才在华工作居留等提供便利
探索优化服务贸易支持政策	发挥财政资金引导作用，加大对服务贸易发展的支持力度，优化资金安排结构，完善和创新支持方式，引导更多社会资金投入服务贸易，支持服务贸易企业加强创新能力建设。探索设立服务贸易创新发展引导基金，拓宽融资渠道，扶持服务贸易企业发展壮大。鼓励金融机构积极创新金融产品和服务，按照风险可控、商业可持续原则，积极为"轻资产"服务贸易企业提供融资便利
探索健全服务贸易统计体系	建立统计监测、运行和分析体系，拓展基础数据来源，整合各部门服务贸易统计信息，实现共用共享。创新统计方法，完善重点企业数据直报工作，创新数据采集方式，扩大统计覆盖面，实现应统尽统。探索建立对服务贸易四种模式（跨境提供、境外消费、商业存在和自然人移动）的全口径统计
探索创新事中、事后监管举措	进一步简政放权、放管结合，寓管理于服务之中。完善技术、文化等领域进出口监测，探索创新事中、事后监管举措，形成各部门信息共享、协同监管和社会公众参与监督的监管体系，确保政治经济文化安全。建立服务贸易市场主体信用记录，纳入信用信息共享平台，探索对严重失信主体实施跨部门联合惩戒，对诚实守信主体实施联合奖励。实施"互联网+监管"，探索运用大数据技术，依据信用记录和信用评价，对相关主体实行差别化分类监管。将服务贸易创新发展试点情况纳入地方政府考核评价指标体系，完善考核机制

资料来源：上海自贸区官网。

通过对上海自贸区已出台的自由化改革方案的初步分析可见：上海自贸区的重点在于"自由"与"实验"；上海自贸区的金融自由化改革要与自贸区各项改革协同推进。武剑（2013）对利率市场化、资本项目可兑换、金融监管与风险防范等方面问题进行了分析。市场利率化首先要在上海自贸区率先实施，因为上海自贸区将是一个高度开放的经济贸易区域，并且自贸区最主要的功能就是与国际市场充分融合（焦武，2013）。利用自贸区做试验点，可以防范一定的风险。资本项目开放需要特别谨慎，就全国而言，最好安排在利率和汇率市场化之后。就上海自贸区而言，资本项目在一线开放没有任何障碍，但在二线开放则要看准时机，把握好进度。对于自贸区的金融监管，可以考虑实行条线式监管，设立一个独立的"金融监管局"，这样便于更好地发挥监管作用，为自贸区的运营带来便利。建立离岸金融，有助于促进国内保税港区向自贸区转型和发展（闻增，2013）。

五、研究方法和创新点

（一）研究方法

在遵循理论分析、实证分析、政策建议的逻辑的基础上，联系中国企业的实际状况分析，本书采用的研究方法主要有以下三种。

1. 逻辑分析与历史分析相结合的方法

本书从服务业对外开放和服务业竞争力相互影响的角度出发，分析服务业引进外资以及服务贸易对中国服务业竞争力的促进的具体作用和传导机制，并在此基础上探讨微观经济主体在市场开放过程中行为决策的变化和最终的影响，运用制度的分析对微观经济主体的行为给出一致性的、有逻辑性的解释。此外，本书还从中国外资管理相关体制演进的角度出发，对制度变迁过程中制度因素对服务业外资发展及中国服务业竞争力的影响进行定性分析，分析中国服务贸易非均衡的原因和未来演变趋势，并结合负面清单管理模式相关改革的推进，分析中国服务业未来发展面临的新机遇和挑战，对构建中国服务业开放政策体系框架提出建议。

2. 定性分析与定量分析相结合的方法

在分析有关中国服务提供者竞争力的问题时，本书一方面从服务业外资和相关开放政策、服务贸易等方面给出了理论解释和实证分析，分析现象产生的根源；另一方面，通过运用大量的行业层面数据构建模型进行定量分析，检验结果显示出中国服务业企业竞争力与市场开放之间的关系，为定性分析提供了验证。

3. 国际经验对比分析的方法

在分析中国服务业负面清单管理模式下外资管理体制的改革路径和趋势方面，本书大量借鉴已经采用负面清单管理模式的国家的相关改革经验和做法，尤其是与中国具有可比性的转型国家和发展中国家的经验思路，分析其外资管理体制改革的核心要点和成功经验，为中国下一步相关改革提供借鉴。

（二）创新点和难点

首先，国内学术界对于服务业竞争力与服务业对外开放之间的关系已有大量研究。在定性分析方面，学术界对于两者间的作用和传导机制的探讨已经比较成熟，基本形成定论，即肯定了服务业开放对中国服务业竞争力的拉动作用，对于具体作用机制和路径也有不同的表述。在定量分析方面，囿于研究方法和指标体系限制，相关定量分析的最终解释程度仍有待商榷。尤其是中国服务业细分行业与国际服务业细分行业的标准尚不统一，在进行相关指标的国际比较时会遇到较大困难。本书通过对相关细分行业进行归纳和合并，在一定程度上解决了这个问题。在论证服务业竞争力与服务业对外开放的实证分析方面，本书采用 VEC 模型分别对两者间的长期均衡关系和短期偏离机制等进行了分析，在一定程度上为相关理论论证提供了实证基础，但在指标选取和数据处理方面仍需进一步改进。

其次，本书从国际比较的视角出发，对美国、韩国、日本、菲律宾、印度、印度尼西亚、澳大利亚等国负面清单中涉及服务业的部分进行了比较分析，并与中国近年来出台的负面清单进行了对比；尤其是对行业领域和相应的不符措施分别进行了对照研究，指出中国负面清单可以改进的方向，为可以进一步开放的领域和开放程度的相关研究提供了可以参考的资料和观点。

最后，本书对各国外资管理体制的探讨从三大核心问题——外资定义、负面清单覆盖范围和不符措施、外资具体审批程序入手，在一定程度上提供了更为清晰的关于服务业外资体制机制研究的思路。从最核心的问题入手，可以更加清晰地对服务业外资管理方面的改革路径做出预判，并进一步完善相应的程序和措施，这体现了本书在研究该领域外资管理方面的一点创新。

第二章 进入经济新常态的中国 服务业发展总体态势

从产业结构转型升级的角度看，中国经济新常态的核心在于转变经济发展方式，从工业大国走向服务业大国，国民经济结构也相应地从工业主导走向服务业主导。服务业增长和结构升级是经济新常态的显著特征。因此，大力发展现代服务业，使经济发展动力转向创新驱动，逐步增强战略性新兴产业和服务业的支撑作用，着力推动传统产业向中高端迈进，是"十三五"时期中国经济发展的战略重点和必然要求。

第一节 经济新常态下中国服务业的发展现状和趋势

一、中国经济新常态概念的提出

新常态一词的最早运用要追溯到 2009 年在美国举行的"探讨危机后美国各个经济领域复苏和发展新模式"的论坛上，美国太平洋基金管理公司总裁埃里安（El-Erian，2009）在发言中用"new normal"（新常态）来归纳全球金融危机爆发后经济可能经历的缓慢而痛苦的恢复过程。新常态概念的提出是针对后危机时代不同领域的表现特征而进行的初步总结：在金融领域，新常态代表着与危机前相比更低的杠杆率以及更多的政府干预和严格监管；在商业领域，后危机时代的消费观也经历着"去杠杆化"，由此带来商业经营环境的根本性颠覆，全球企业面临着前所未有的挑战；在宏观经济领域，新常态代表着发达经济体在后危机时代漫长的经济复苏历程。随后，新常态概念又得到进一步诠释。2010 年，埃里安（El-Erian，2010）在题为《驾驭工业化国家的新常态》的报告中，正式用新常态概念来诠释危机后世界经济的新特征。自那以后，这一概念迅速传播开来，大量国外媒体和知名学者开始在危机之后全球须进行长期深度调整的意义上使用这一概念。在提出新常态概念之后，埃里安（El-Erian，2014）又对新常态做了进一步阐释。他指出，新常态主要是指西方发达经济体在危机过后将陷入长期疲弱、失业率高企的泥沼的状况。造成这一状况的直接原因是超高的杠杆比率、过度负债、不负责任地承担高风险和信贷扩张等因素，发达经济体要消化这些负面冲击需要较长时期，而且，决策当局因循旧制的经济政策也会使得此新常态长期化。

在中国，新常态一词则与中国经济转型升级的新发展阶段密切相关。2014 年 5 月，习近平在河南考察时首次使用了新常态概念，提出："我国发展仍处于重要战略机遇期，我们要增强信心，从当前我国经济发展的阶段性特征出发，适应新常态，保持战略上的平常心态。在战术上要高度重视和防范各种风险……尽可能减少其负面影响。"2014 年 7 月 29 日，在中南海召开的党外人士座谈会上，习近平又一次用新常态来概括当前经济形势，提出："要正确认识我国经济发展的阶段性特征，进一步增强信心，适应新常态，共同推动经济持续健康发展。"2014 年 11 月 10 日，在北京召开的APEC 工商领导人峰会上，习近平集中阐述了中国经济发展新常态下速度变化、结构优化、动力转化的三大特点，并集中表达了新常态将给中国带来新机遇的乐观预期。2014 年 12 月 9 日的中央经济工作会议上，习近平从九个方面详尽分析了中国经济新常态的表现、成因及发展方向，明确指出："中国经济发展进入新常态是中国经济发展阶段性特征的必然反映，是不以人的意志为转移的。认识新常态、适应新常态、引领新常态是当前和今后一个时期中国经济发展的大逻辑。"

新常态经济意味着经济学范式转换、经济发展模式转轨、经济增长方式转变，是与 GDP 导向的旧经济形态与经济发展模式不同的新的经济形态与经济发展模式。新常态经济用发展促进增长、用社会全面发展扬弃 GDP 增长，用价值机制取代价格机制作为市场的核心机制，把改革开放的目标定位于可持续发展的社会主义市场经济而不是不可持续增长的资本主义市场经济。新常态经济就是社会主义市场经济，新常态经济学就是社会主义市场经济学。以新常态经济为经济形态的社会主义市场经济、以新常态经济学为理论形态的社会主义市场经济学，是中国社会主义理论与实践发展的必然结果，是中国社会发展的自然历史过程。

尽管国内外对于新常态概念的描述和用词有一定的相似，但中国和国外的新常态概念又有本质的区别。在国外，新常态提出的背景是 20 世纪 80 年代以来的全球经济增长的长周期的阶段转换，是发达经济体应对经济周期下行趋势和"去杠杆化"的被动调整。而中国提出的新常态是经济发展迈向高级阶段背景下，主动适应经济转型的动力调整，并非周期性经济增速下降，而是结构性调整和转变经济发展方式的需要。它不仅涵盖了中国经济转型面临的国外条件变化和必要性，而且明确指出了中国经济转型的方向和模式，同时也指出了转型的动力支撑结构。

二、中国经济新常态的特征和趋势

2014 年 11 月在 APEC 工商领导人峰会开幕式上，习近平指出："中国经济呈现出新常态，有几个主要特点。一是从高速增长转为中高速增长。二是经济结构不断优化升级，第三产业、消费需求逐步成为主体，城乡区域差距逐步缩小，居民收入占比上升，发展成果惠及更广大民众。三是从要素驱动、投资驱动转向创新驱动。"增速、结构、动力这三项核心要素发生基础性变化，反映经济将进入一个新的增长阶段。这个阶段就是近两年得到广泛讨论的中高速增长阶段。用"新常态"对其概括，包含了比增速变化含义更丰富的结构优化和动力转换。总体来看，在经济发展进入新常态的背景下，国民经济正在发生一系列全局性、长期性的新现象、新变化，经济发展将走上新轨道，依赖新动力。具体而言，中国经济新常态具有以下九个基本特征。

1. 经济增速持续回落

改革开放 30 多年来，中国 GDP 年均增长率保持了接近两位数的超高速和高速增长。受国际金融危机影响，2008 年中国 GDP 增长速度有所放缓，而 2012 年和 2013 年的 GDP 增速进一步回落到 7.7%。2015 年，GDP 增速回落至 6.9%，跌破 7%，经济从高速增长转向中高速增长，逐渐转向以提高经济发展质量和效益为中心的轨道上来（见表 2 - 1）。

表 2-1 2005—2015 年中国 GDP 和三次产业增加值同比增速

单位:%

年份	GDP 增速	第一产业增加值增速	第二产业增加值增速	第三产业增加值增速
2005	11.3	5.2	11.4	9.6
2006	12.7	5.0	12.5	10.3
2007	14.2	3.7	13.4	11.4
2008	9.6	5.5	9.3	9.5
2009	9.2	4.2	9.5	8.9
2010	10.5	4.3	12.2	9.5
2011	9.5	4.5	10.6	8.9
2012	7.7	4.5	8.1	8.1
2013	7.7	4.0	7.8	8.3
2014	7.3	4.1	7.3	8.1
2015	6.9	3.9	6.0	8.3

资料来源：国家统计局。

对比其他国家经济增长历程来看，特别是从日本、韩国、新加坡、德国等一些经济赶超型国家的工业化进程可以看出，经济增速的适度回落是一个国家或地区达到中等收入水平之后的普遍规律。这些国家在经历了 20 世纪六七十年代的持续高速增长之后，均出现了经济增速回落甚至是负增长的情形。日本在战后 20 世纪五六十年代实现经济高速增长。1973 年石油危机爆发，世界经济陷入低迷，而日本原油几乎全部依赖进口，经济受到很大冲击，制造业成本大幅上升。1970 年，日本 GDP 同比增速从上一年的 12.48% 骤降至 -1.02%。在这种情况下，日本开始调整能源结构，在推动可再生能源及新能源开发的同时，促进产业结构从资本密集型向耗能少的知识密集型产业转型，以提升制造业的竞争力。经过一段调整后，日本率先走出危机，但从此经济增速明显放缓。1975—1990 年，日本实际 GDP 年均增长率为 4.5%。韩国在 20 世纪 60 年代以政府信用担保刺激投资规模迅速增长并带动外向型经济发展，由此经济持续地高速增长。但与此同时，投资规模快速扩张导致边际效益递减，债务扩张的利息支出侵蚀了企业盈利。企业的高债务率和低盈利能力导致企业偿债能力不断减弱，金融风险不断攀升，引发了高通胀。1970 年韩国 CPI 同比升至

15.5%，韩国政府不得不将 1969 年的 45% 的信贷增速紧缩至 1970 年的 11%。加之石油危机引发全球经济衰退，国内信贷紧缩导致企业偿债能力大幅下滑，尽管韩国政府通过债务重组、债权转股权和债务减免的方式避免了企业倒闭潮的发生，但 20 世纪 70 年代后期开始，许多后发国家也在发展与韩国相似的轻工业，激烈的出口竞争使得外向型经济对韩国经济的拉动减弱，国内重工业发展受挫，产业转型升级步履维艰，经济陷入中高速增长，并伴随大幅波动。1980年，韩国 GDP 同比增速一度骤降至 -1.89%（见表 2-2）。

表 2-2　1961—1990 年日本、韩国、新加坡、德国的 GDP 增速

单位:%

年份	日本	韩国	新加坡	德国
1961	12.04	4.94	8.14	—
1962	8.91	2.46	7.12	—
1963	8.47	9.53	9.98	—
1964	11.68	7.56	-3.68	—
1965	5.82	5.19	7.60	—
1966	10.64	12.70	10.87	—
1967	11.08	6.10	12.28	—
1968	12.88	11.70	13.62	—
1969	12.48	14.10	13.72	—
1970	-1.02	12.87	13.89	—
1971	4.70	10.44	12.08	3.13
1972	8.41	6.51	13.53	4.30
1973	8.03	14.79	11.13	4.78
1974	-1.23	9.38	6.47	0.89
1975	3.09	7.34	4.61	-0.87
1976	3.97	13.46	7.44	4.95
1977	4.39	11.82	7.49	3.35
1978	5.27	10.30	8.70	3.01
1979	5.48	8.39	9.42	4.15
1980	2.82	-1.89	10.03	1.41
1981	4.18	7.40	10.68	0.53
1982	3.38	8.29	7.17	-0.39

续表

年份	日本	韩国	新加坡	德国
1983	3.06	12.18	8.54	1.57
1984	4.46	9.86	8.80	2.82
1985	6.33	7.47	-0.69	2.33
1986	2.83	12.24	1.33	2.29
1987	4.11	12.27	10.76	1.40
1988	7.15	11.66	11.12	3.71
1989	5.37	6.75	10.18	3.90
1990	5.57	9.30	10.04	5.26

资料来源:世界银行数据库。

从中国经济增长面临的国内外环境的变化趋势来看:一方面,自2008年的国际金融危机以来,全球经济呈现出"总量需求缓慢增长、经济结构深度调整"的明显特征,尤其是发达国家的经济增长普遍乏力,使得中国的外部需求出现持续下滑;另一方面,中国经历了30多年高强度大规模开发建设后,能源、资源、环境的制约影响越来越明显,过度依靠要素驱动和投资驱动的经济高速增长模式已难以为继,经济发展面临瓶颈,转型升级迫在眉睫。因此,由于中国经济潜在增长率的变化,经济增速放缓是趋势性的,但这并不意味着经济质量和效益的降低。由于经济结构性生产力尚未完全释放,城镇化水平仍有进一步提升的空间,未来中国经济实现"调速不减势、量增质更优"仍然面临大量机遇,经济增长将进入中高速增长期。

2. 结构转型效果明显

从中国国民经济三次产业增长的结构性变化来看,2015年第一产业增加值比重稳定回落至9.0%;第二产业增加值比重则从2005年的46.9%下降至2015年的40.5%,过剩行业去产能取得一定成效;第三产业增加值比重有了明显上升,从2005年的41.4%上升至2015年的50.5%。这在很大程度上表明,中国工业化正在进入中后期,中国经济从过去的两位数增长步入中高速阶段特征将更加明显。随着供给侧结构性改革的推进,过剩产能逐步退出,2016年工业增速有望继续放慢,同时工业以及整个第二产业(包括工业和建筑业)经济占比会继续下降,中国服务业比重会继续提升(见表2-3)。

表 2-3　中国三次产业增加值比重变化趋势

单位:%

年　份	第一产业增加值比重	第二产业增加值比重	第三产业增加值比重
2005	11.7	46.9	41.4
2006	10.7	47.4	41.9
2007	10.4	46.7	42.9
2008	10.3	46.8	42.9
2009	9.9	45.7	44.4
2010	9.6	46.2	44.2
2011	9.5	46.1	44.3
2012	9.5	45.0	45.5
2013	9.4	43.7	46.9
2014	9.2	42.7	48.1
2015	9.0	40.5	50.5

资料来源: 国家统计局。

3. 内需拉动的消费主导型经济逐步形成

从三大需求变化趋势看, 中国正在逐步构建内需拉动的消费主导型经济。从消费需求看, 2015 年, 消费品市场保持较快增长, 全年实现全社会消费品零售总额 300931 亿元, 突破 30 万亿元大关, 同比实际增长 10.7% (见图 2-1), 最终消费支出对 GDP 增长贡献率增长至 66.4%, 比上年同期提高 15.4 个百分

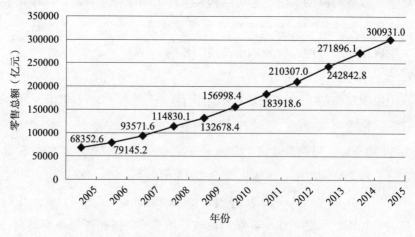

图 2-1　中国社会消费品零售总额变化趋势

资料来源: 国家统计局。

点，成为拉动经济增长的绝对主力。这主要是由于城乡居民收入持续保持较快增长（见表 2 - 4）为消费增长奠定了基础，消费方式不断创新激活了部分消费潜力，消费结构升级和消费环境不断改善等也是促进消费增长的重要因素。投资增速下降和出口的负增长也使得最终消费对经济增长的相对贡献提升。

表 2 - 4　2005—2014 年中国城镇家庭人均可支配收入

年　份	城镇居民家庭人均可支配收入（元）	城镇居民家庭人均可支配收入指数（1978 年 = 100）
2005	10493.0	607.4
2006	11759.5	670.7
2007	13785.8	752.5
2008	15780.8	815.7
2009	17174.7	895.4
2010	19109.4	965.2
2011	21809.8	1046.3
2012	24564.7	1146.7
2013	26955.0	1227.0
2014	28844.0	1301.9

资料来源：国家统计局。

从投资需求看，中国社会固定资产投资稳定增长，2015 年全社会固定资产投资（不含农户）551590 亿元（见表 2 - 5）。但值得注意的是，全社会固定资产投资同比增速有了明显的下降（见图 2 - 2）。2006—2009 年，该指标一直稳定维持在 20% ~30% 的水平；2009 年，全社会固定资产投资同比增长高达 30%；2014 年，该指标则下降至 14.7%，主要原因在于第二产业投资增速下降明显；2015 年，第一、第二、第三产业固定资产投资分别同比增长 31.8%、8% 和 10.6%。值得注意的是，投资一直是拉动中国国民经济增长的重要组成部分，中国经济由高速转向中高速的新常态下，经济增长的新动力虽在加快孕育，但总体体量较小，短期内难以弥补传统动力消退带来的影响。当新的动力没有完全形成时，传统动力还需要发挥其应有的作用，因此投资的作用不能轻易被否定。

表2-5 中国社会固定资产投资变化趋势

单位：亿元

年 份	全社会固定资产投资	城镇固定资产投资
2005	88773.61	75095.10
2006	109998.16	93368.68
2007	137323.94	117464.47
2008	172828.40	148738.30
2009	224598.77	193920.39
2010	251683.77	243797.79
2011	311485.13	302396.06
2012	374694.74	364854.15
2013	446294.09	435747.43
2014	512020.65	501264.87
2015	551590.00	

资料来源：国家统计局。

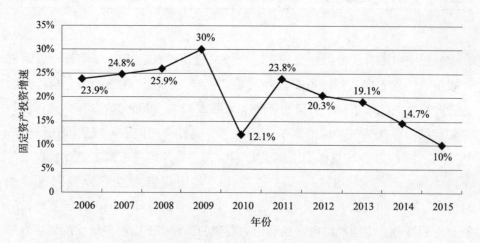

图2-2 2006—2015年中国全社会固定资产投资同比增速变化情况

资料来源：国家统计局。

从出口和国际收支看，受世界经济增长放缓、国际市场需求萎缩、大宗商品价格下跌以及国内因结构调整而导致的投资需求放缓等多重因素影响，近年来中国对外贸易发展遇到较大困难，出口下行压力增大。2015 年，中国进出口总值 3.96 万亿美元，下降 8%。其中，出口 2.28 万亿美元，下降 2.7%；进口 1.68 万亿美元，下降 14.3%。出口出现下降是由于国内外需求环境、国内要素成本和竞争优势出现变化等一系列因素共同造成的。从国外需求环境的变化趋势看，世界经济复苏势头趋缓，特别是美国增长率不如预期强劲，新兴市场和发展中经济体连续五年增速放缓，导致国际市场需求疲弱，对中国出口形成较大冲击。从国内各项因素的变化看，要素成本上升、外贸进出口环节成本居高不下，传统竞争优势进一步削弱，加上前期人民币实际有效汇率升值，导致出口的增长进一步受到抑制。

在进口和出口平衡方面，由于进口下降幅度相对更大，中国贸易顺差逐年大幅提升。2015 年，贸易顺差同比上升了 56%。当前中国经常项目下的顺差占 GDP 的比重已回落至国际公认的合理水平 4% 以下，达到数量上的平衡水平。在经济新常态下，下一步对外贸易转型升级要追求进出口质量。出口方面，要继续维持出口大国的地位，加速出口结构转型升级，从低端劳动力制造向质量、技术、品牌升级，再创国际竞争新优势。进口方面，要进口更多的先进技术设备，促进国内经济转型，进口更多优质商品，满足国内消费升级的需要。

总体来看，当前中国三大需求出现了新的结构性变化（见表 2-6），消费对 GDP 的贡献率超过投资，对国民经济的贡献率超出一半，但消费对经济增长的拉动力度还有待进一步提升；投资对国民经济的贡献大幅下滑，预计未来随着供给侧结构性改革以及"去产能"的进一步推进，投资对经济增长的贡献率还会进一步下滑；随着出口额由增转降，出口对经济增长的贡献作用也日益下降。在经济新常态下，外需对中国经济的拉动作用必然会逐步降低。与此同时，发达国家再制造业化、新兴经济体普遍推行出口导向战略等，挤压着中国国际市场份额；国内生产要素价格提升也在削弱中国国际竞争力，中国将更多依靠内需拉动经济增长。随着与前沿国家逐步接近，技术进步速度放缓对资本边际效益递减的对冲能力降低，投资收益下降，投资增速必将进一步放缓，消费在内需增长中的相对地位将上升。不断扩大的中产阶级群体以及消费升级也将对经济增长贡献更大力量。

表2-6　2005—2014年三大需求对中国GDP增长的拉动和贡献率

单位:%

指　标		年　份									
		2005	2006	2007	2008	2009	2010	2011	2012	2013	2014
最终消费支出	对GDP增长贡献率	55.0	42.4	45.8	45	56.8	46.3	62.8	56.5	48.2	51.6
	对GDP增长拉动	6.2	5.4	6.5	4.3	5.2	4.9	6.0	4.3	3.7	3.8
资本形成总额	对GDP增长贡献率	32.3	42.3	43.4	52.3	86.0	65.2	45.4	41.8	54.2	46.7
	对GDP增长拉动	3.7	5.4	6.2	5.0	7.9	6.9	4.2	3.2	4.2	3.4
货物和服务净出口	对GDP增长贡献率	12.6	15.2	10.8	2.7	-42.8	-11.5	-8.2	1.7	-2.4	1.7
	对GDP增长拉动	1.4	1.9	1.5	0.3	-3.9	-1.2	-0.8	0.1	-0.2	0.1

资料来源:国家统计局。

通过对经济新常态各方面出现的新趋势和特征进行分析,预计未来中国经济发展会面临新的矛盾和问题,宏观政策的基本取向和目标也会出现新的变化,经济发展的逻辑出现实质性转变。新常态下中国经济增长摆脱中等收入陷阱、迈上经济发展新台阶等目标亟须正确的宏观经济政策框架体系的引领,这包括打造创新驱动引擎、在调结构中发挥市场的决定性作用、构筑全面对外开放新格局等。中国经济新的阶段性特征也决定了未来此一轮新常态需要在更深层次上推进生产组织方式、技术创新、要素相对优势、市场竞争特点、资源环境约束、经济风险、宏观调控等全面性改革。

4. 从生产能力和组织方式来看,中国经济正在向形态更高级、分工更复杂、结构更合理的阶段演化

在供给层面,中国企业需要进行深层次的供给创新,通过新的供给产品来创造需求、引领需求。根据汤森路透的研究报告,2012年,以专利为主要指标的全球创新企业百强排名中,中国企业无一上榜;以知名商标为主要指标的

世界品牌100强当中，中国仅有4个。根据崔也光、王银（2015）以2009—2013年沪深两市A股上市公司为样本进行的测算，对比不同股票交易市场、板块、行业和区域的无形资产结构进行研究，结果发现：中国不同股票交易市场、不同板块无形资产结构存在显著差异（见表2-7）。在行业分布上，中国上市公司无形资产结构行业差距明显，制造业自主创新能力较弱，同时由于中国区域经济发展水平存在较大差异，技术性无形资产水平"东高西低"，区域发展不均衡。

表2-7　2009—2013年中国不同股票市场无形资产结构状况

单位:%

股票市场	年份	专利权比重	商标权比重	软件比重
沪市	2009	3.45	0.94	7.69
	2010	3.61	0.95	8.66
	2011	3.53	0.96	8.05
	2012	3.17	0.88	9.29
	2013	3.64	0.77	8.06
深市	2009	3.78	0.91	9.29
	2010	4.01	0.77	11.28
	2011	4.72	0.79	10.88
	2012	5.02	0.76	12.21
	2013	5.55	1.09	12.37

资料来源：崔也光，王银. 中国上市公司无形资产结构研究［J］. 首都经济贸易大学学报，2016（1）：92-93.

根据2016年发布的《中国创业板上市公司无形资产蓝皮书》数据显示，企业无形资产综合竞争力亟待提升，蓝皮书基于创业板上市公司无形资产数据库和综合评价理论，从无形资产账面价值、规模能力、持续能力和竞争能力四个维度构建了创业板上市公司无形资产质量指数（2013），并基于行业差异进行了比较分析。从整体情况看，2013年创业板上市公司无形资产质量指数得分均值较低，仅为29.92分。其中，超过八成以上的样本公司得分在20~40分，得分在50分以上的企业占比仅为1%，显示出创业板上市公司的无形资产整体质量不高，且缺乏无形资产综合竞争力较强的领先企业。国家知识产权局对25家具有代表性的创新型企业统计显示，其无形资产占企业总资产比例平均仅为 0.65%。其中，知识产权资产占无形资产的比例仅有 16.98%，与发达国家的平均水平差距显著。此外，制成品出口创造的国内增加值占出口额的比重也在一定程度上反映了各国之间的技术水平差异。根据经合组织对全球价值链（GVC）最新测算结果，中国出口创造的国内增加值比例只有 67%，而美国、德国和日本则分别为 89%、85% 和 73%。这也从一个侧面反映了中国与发达国家之间的技术差距，创新能力不足问题凸显。

5. 从组织方式来看，生产小型化、智能化、专业化将成为产业组织的新特征

新常态下拉动有效内需的关键在于相应的生产组织方式是否能与个性化需求的发展趋势相匹配，以往的规模化、粗放式生产显然无法与需求的快速、个性化变化趋势相适应。在这种情况下，传统产业供给能力大幅超出需求，产业结构必须优化升级，新兴产业、服务业、小微企业作用更加凸显，生产小型化、智能化、专业化将成为产业组织的新特征。可以预见，创新型中小企业将成为推动结构调整的重要动力。

6. 从生产要素相对优势动态变化来看，要素价格持续上升，传统竞争优势不再凸显

（1）劳动力成本的持续上升削弱了中国低成本出口的竞争优势。据海关总署调查，有 61.8% 的企业认为劳动力成本同比上升。从各国劳动力工资水平看，中国劳动力工资水平高于周边大多数发展中国家，如印度、越南、泰国、老挝、印度尼西亚、菲律宾（见表 2-8）。根据中国社科院工业经济研究所发布的《中国工业发展报告 2014》数据，中国工资水平在过去 10 余年大幅增长，制造业平均工资超过大多数东南亚国家和南亚国家。该报告援引日本贸易振兴机构在 2013 年 12 月至 2014 年 1 月所做的调查数据指出，上海普通工人的月基本工资为 495 美元，分别是吉隆坡、雅加达、马尼拉、曼谷、河内、金边、仰光、达卡、新德里、孟买、卡拉奇、科隆坡的 1.15 倍、2.05 倍、1.88 倍、1.35 倍、3.19 倍、4.9 倍、6.97 倍、5.76 倍、2.2 倍、2.38 倍、3.21 倍、3.8 倍。

表 2 - 8　2008—2014 年各国劳动力工资水平（以平均名义月收入统计）

单位：美元

国家与地区	年份						
	2008	2009	2010	2011	2012	2013	2014
中　　国	379.0	418.0	473.0	542.0	606.0	667.0	—
印　　度	—	—	80.0	—	112.0	—	—
越　　南	—	119.8	126.0	155.3	187.9	—	—
泰　　国	267.4	260.8	277.9	298.1	333.0	360.1	—
老　　挝	—	—	—	—	81	—	—
印度尼西亚	115.8	132.2	141.1	152.9	163.0	190.9	—
菲 律 宾	163.0	169.9	179.1	185.5	195.0	204.0	—
马来西亚	580.5	584.1	617.6	662.5	698.5	751.2	524.0
韩　　国	2112.0	2168.0	2228.0	2332.0	2398.0	2493.0	2588.0
日　　本	2969.0	2415.0	2429.0	2434.0	2441.0	2425.0	—

资料来源：国际劳工组织。

根据中国社科院 2014 年《产业蓝皮书》的数据，2003—2010 年中国劳动力报酬增长了 266.7%，不仅高于工业化国家 50% 以下的增速，也高于印度（100%）和巴西（182.2%）；印度尼西亚 2000—2010 年劳动报酬的涨幅为 214.3%，也低于中国。

（2）人民币升值进一步加剧了传统竞争优势的弱化。对于中国具有传统竞争优势的出口企业而言，尤其是劳动密集型企业，其价格优势被削弱，市场竞争力下降，企业出口量下滑，出口创汇收入及利润水平下降，同时还增加了汇率波动的风险。自 2014 年第四季度以来，人民币兑美元汇率出现暴涨暴跌现象。根据一项针对珠三角一千多家中小外贸企业所做的调研报告显示，2014 年 1 月至 2015 年 6 月，人民币实际有效汇率上升 9.5%，给外贸出口造成了一定压力，有 20% 的企业存在因为汇率波动而推掉订单的现象。

（3）企业税负依然较重。通过对中国与周边国家宏观税负的比较可以看出，中国税收占 GDP 比重在周边发展中国家以及日韩等国中最高（见表 2 - 9），企业总体税负仍有下降的空间。从贸易税收看，除印度、菲律宾外，中国外贸企业税负较其他周边国家均没有明显优势，且显著高于巴西、印度尼西亚、马来西亚、日本、韩国，企业在进出口环节各项税负仍较重（见表 2 - 10）。

表 2 – 9   2008—2013 年中国及周边国家税收收入占 GDP 的比重

单位:%

国 家	年 份					
	2008	2009	2010	2011	2012	2013
中 国	17. 30	17. 50	19. 30	20. 20	21. 30	21. 10
印 度	10. 75	9. 64	10. 19	8. 98	10. 79	10. 75
巴 西	15. 52	14. 40	14. 19	14. 90	15. 52	—
泰 国	16. 45	15. 16	15. 97	17. 55	16. 50	16. 45
老 挝	12. 10	12. 76	12. 93	13. 68	14. 83	12. 10
印度尼西亚	13. 30	11. 10	—	—	—	—
菲律宾	13. 59	12. 23	12. 15	12. 38	12. 88	13. 59
马来西亚	14. 66	14. 94	13. 74	15. 24	16. 10	14. 66
韩 国	15. 15	14. 29	14. 05	14. 44	—	—
日 本	9. 28	8. 70	9. 14	9. 76	10. 09	9. 28

资料来源：世界银行数据。

表 2 – 10   2008—2012 年中国及周边国家国际贸易税❶占总税收比例

单位:%

国 家	年 份				
	2008	2009	2010	2011	2012
中 国	4. 84	3. 71	4. 44	4. 72	—
印 度	14. 14	11. 41	13. 46	13. 46	14. 87
巴 西	2. 24	2. 20	2. 23	2. 69	2. 72
泰 国	5. 28	4. 56	4. 52	4. 43	4. 97
印度尼西亚	2. 36	2. 10	—	—	—
菲律宾	22. 19	19. 62	21. 46	19. 50	18. 99
马来西亚	3. 39	2. 06	2. 37	2. 21	2. 04
韩 国	3. 56	3. 74	4. 01	3. 82	—
日 本	1. 33	1. 32	1. 42	1. 61	1. 65

资料来源：世界银行数据。

---

❶ 包括进口税、出口税、出口或进口专营利润、汇兑利润和汇兑税。

（4）融资成本上升。由于信贷成本上升、新批贷款额度减少、贷款审批周期长，外贸企业普遍面临流动资金紧缺的问题。以广东为例，该省部分原本能通过银行融得资金的中型企业，新批贷款额度大多只是往年的50%～70%，审批周期也从原来的1～2个月延长到目前的3～4个月，甚至更长。对中小出口型企业而言，融资成本上升也很快。来自中国人民银行广州分行的调查结果显示，中小企业贷款利率为基准利率的1.3～1.5倍的企业从8.6%上升到26.7%，中小企业贷款利益为基准利率的1.5～2倍的企业从2.6%上升至10.6%。加上担保的费用、银行收取的咨询费、财务顾问费等，融资成本最低都在10%以上。此外，融资渠道狭窄进一步增加了外贸企业的信贷成本。

7. 从市场竞争特点来看，未来竞争将以差异化、质量型为主

传统市场竞争模式发生转变，新型违法竞争行为呈现多样化。过去，经营主体间的市场竞争多以数量扩张、价格竞争为主；现在，由于国内外对产品质量标准的提高、对知识产权保护力度的加大，经营主体根据市场需求逐渐将竞争方式转变为质量型竞争、差异化竞争、服务型竞争。有别于技术竞争、管理竞争、产品质量竞争、价格竞争、广告竞争、促销竞争等，经济新常态背景下的市场竞争将不再是某一个层次、某一领域的竞争，而是竞争环节中企业综合实力的体现。

8. 从资源环境约束来看，新常态是生态减压、增量提质的新契机，亟待破解资源环境约束，而最佳路径就是绿色发展、循环发展、低碳发展

改革开放以来推行的以经济建设为中心的发展战略，在一定程度上使我们忽视了对环境生态的保护。正如习近平总书记指出的："我们在生态环境方面欠账太多了，如果不从现在起就把这项工作紧紧抓起来，将来会付出更大的代价。"中国是一个有十三亿多人口的大国，现代化建设始终面临能源资源相对不足、生态环境承载能力不强的缺陷。中国经济总量目前已位居世界第二，但与此同时，许多地区和领域却没有处理好经济发展与生态环境的关系，以无节制消耗资源、环境为代价换取经济发展，导致能源资源、生态环境问题日益突出。发达国家一两百年逐步出现的环境问题，在中国30多年的快速发展过程中集中显现。中国仍处于工业化、城镇化的加速发展阶段，尽管技术进步使单位产出资源消耗减少，但大量基础设施建设导致资源消耗的总体规模仍在扩大。资源支撑经济发展的能力十分有限。以矿产资源为例，国内矿产资源储量

总体偏低，铁、铝、铜、镍等金属一半依赖进口，煤炭深井开采成本也大幅提高。与此同时，环境承载力也已达上限，环境污染的存量和增量都将持续，环境质量进一步恶化的趋势还未得到根本扭转。资源环境约束已经成为阻滞中国经济快速增长的硬约束。随着越来越多的新兴经济体工业化水平的提高，这一约束将越收越紧。

9. 从经济风险积累和化解来看，伴随经济风险下调，各类隐形风险逐步显性化，对宏观调控提出了更高的要求

中国经济增速已落入中高速的范围，结构也正发生积极变化，但经济运行仍处于向新阶段转换的时期，确保向新常态顺利过渡是现阶段宏观调控的重点任务。新常态下中国经济发展面临多重风险和挑战，也面临着新的机遇。一是出口回落，出口拉动行业的投资和增加值增速下降幅度相对较小。二是消费增长会面临一定瓶颈，随着经济增长放缓和劳动生产率增长减速，未来收入增长将有所放缓，住房、汽车带动的消费增长效应逐步减弱。三是制造业增长面临困难，近年来受终端需求不振、产能过剩、成本上升和利润偏低等因素影响，制造业投资，尤其是重化工业投资进一步收缩，制造业投资呈台阶式下降。四是基础设施投资后劲不足，受地方政府财政压力和控制债务水平影响，基础设施投资增速有所放缓。同时，具有良好投资回报的项目日渐减少，投资效益主要表现为社会效益，资金主要来源于财政收入。因此，基础设施投资增速持续高于财政收入增幅，将增加中央和地方政府债务，累积财政风险。五是房地产投资将逐渐与居民收入水平增长以及城镇化水平相匹配，对经济增长的带动作用将明显下降。未来中国经济发展将出现以上诸多调整，并由此带来新的风险和矛盾。宏观政策取向和经济社会的承受能力将遭遇重大考验，向新常态的转变和过渡可以为未来经济增长奠定有利的基础，促进后发优势在更高水平上发挥；但也伴随着巨大的财政金融风险，可能对新的经济增长动力产生干扰，甚至中断追赶进程，落入中等收入陷阱。在新增长平台确立之前，宏观政策要继续坚守底线，坚持速度服从质量、改革释放活力的原则，避免经济大起大落，确保经济运行如期平稳转入新常态。一方面，应保持宏观政策的连续性、稳定性，既不人为拉高增速、积累泡沫，又要防止增速过快回落导致财政金融风险集中爆发；另一方面，应着力推进重点领域改革，加快培育新增长点，稳定市场预期，构筑经济新常态的动力基础。按照"保就业、稳效益、控风险、促

转型"的思路，继续实施稳健的货币政策，保持社会融资总量的合理增长和利率水平的相对稳定，在防止局部风险扩散的同时，为企业提供相对宽松的资金环境；实施积极的财政政策，适度扩大财政赤字，进一步发挥经济稳定器和促进结构改革的作用，并对投资可能出现的超预期下滑做好相关预案；加快重点领域改革，在增速回落中积极培育经济增长的新动力。

三、全球服务业发展总体态势

近年来，受世界经济复苏缓慢、增长低迷的影响，全球服务业平稳低速增长，发展水平极度不平衡。但是，与整个世界经济相比，服务业仍有较好的表现，跨国投资稳中略降，仍保持主体地位；全球服务贸易保持稳健中低增速，仍好于世界贸易增长；全球服务业跨国直接投资、服务贸易的增速均高于全球跨国直接投资和世界贸易增速。各国经济发展阶段的巨大差异导致不同经济体之间服务业发展极度不平衡，发达国家仍保持绝对优势，同时发展中国家也具有较大增长空间和潜力。跨境电商、物联网、互联网金融、众包、大数据、共享经济等新兴服务业、新的服务模式蓬勃发展，成为拉动全球服务业增长的主要引擎。新业态的不断涌现推动了各国服务业政策的不断创新。政策创新加速，互联网新业态成为主要发力点。物联网发展推动全球服务业持续创新，互联网金融为金融业发展提供新动力与新模式，众包模式成为服务外包业增长的新引擎，互联网智能制造成为制造服务化的新趋势，共享经济成为服务发展的新模式，大数据及电子商务等新兴业态经济成分保持强劲增长态势。2015—2016 年，全球服务业增长仍处于平缓、低速阶段，增长率将保持在 3.2% ~ 3.5%，占 GDP 比重仍将保持在 70% 左右。

（一）全球服务业保持低速稳定增长

根据世界银行 WDI 数据，2000—2014 年，全球服务业年平均增长率为 2.6%，与同期全球 GDP 年平均增长率持平。2012—2014 年，全球服务业年增长率分别为 2%、3%、4%（见表 2 - 11），与同期的全球生产总值增长（2%、3%、2%）大体相当，是 20 世纪 90 年代以来第二个低增长时期，仅高于 2008—2009 年的增速。根据世界银行《世界发展指数 2014》最新数据显示，2014 年，全球服务业增加值占全球 GDP 的比重已经达到 71%，近 10 年提高了 4 个百分点左右（2000 年该指标为 67%）。服务业仍然是全球经济增长的第一大部门和主要驱动力，说明以服务经济为主的产业结构仍然没有改变。世界产业结构进一步由工业经济向服务经济迈进，价值链由低端向高端攀升，现代服务业已成为经济发展的支柱产业，成为跨国贸易和投资的主体。

表 2 – 11　全球服务业增长情况

年　份	全球服务业增加值（亿美元）	服务业增长率（%）
2000	256133.6	
2006	307248.0	
2007	319072.0	3.8
2008	324872.6	1.8
2009	321634.0	− 1.0
2010	331008.0	2.9
2011	339864.0	2.7
2012	347848.0	2.0
2013	355808.0	3.0
2014	545081.0	4.0

资料来源：世界银行数据库；2014 年数据为可变价。

（二）不同经济体服务业发展水平差异较大

通过对比分析不同收入水平的经济体的服务业增加值占 GDP 比重可以看出，不同经济体发展阶段和收入水平的差异同样也体现在其服务业发展水平上。从不同收入水平国家来看，2014 年高收入国家服务业增加值占 GDP 的比重达到 74%，低收入水平国家则从 2000 年的 45% 上升至 2014 年的 47%。总体来看，由于高收入国家服务业占比保持了稳定，也使全球服务业占比保持稳定状态。相对而言，中等收入和中低收入水平国家服务业增加值占 GDP 的比重上升幅度较大，并且呈现持续上升态势，特别是中等收入国家从 2000 年的 51% 上升到了 2014 年的 57%。

本书选取了美国、德国、欧元区、印度、巴西、印度尼西亚、日本、韩国等服务业发展较快的发达经济体和代表性发展中经济体以及新兴经济体等来考察其服务业发展水平。2014 年，美国服务业增加值占 GDP 比重最高（达到78%），其次是欧元区（为 74%），印度尼西亚该指标水平最低（为 42%）

（见表 2 - 12）。进一步比较发现，自 2000 年以来，发达经济体服务业增加值占 GDP 比重的变化幅度相对较小，发展中国家服务业所占比重上升较快，说明随着发展中经济体经济发展水平的上升以及政策刺激的作用，服务业得到了较快的发展，在其国民经济中所占比重上升也较快，尤其是中低收入和中等收入水平国家。相对于低收入水平国家，这些经济体具备一定的服务业腾飞的经济实力和基础，服务业在国民经济中的地位提升较快。中国"十二五"时期服务业增加值占比快速上升，服务业增加值占 GDP 比重从 2000 年的 40% 升至 2014 年的 48%，缩小了差距。总体来看，全球服务业发展已经进入平稳时期。高收入国家由于后工业化时期以服务业为主的产业结构长期保持稳定，金融危机后大力倡导"制造业回归"等侧重于实体经济发展的战略，服务业占比已经基本稳定在高水平上。未来全球服务业在 GDP 中的占比将持续增加，其增加主要依赖于低收入国家群体和中等收入国家群体。尤其是中低收入经济体在全球服务业总量中所占比重较低，具有较大增长空间，将成为未来全球服务业持续上升的拉动力量。

表 2 - 12 不同收入国家和代表性国家服务业增加值在国民经济中所占比重

单位:%

国家和地区	2000 年	2014 年
世　界	67	71
低收入水平国家	45	47
中等收入水平国家	51	57
中低收入水平国家	50	55
高收入水平国家	70	74
东亚和太平洋地区	41	48
欧洲和中亚地区	55	63
拉美地区	64	65
中东和北非地区	49	52
南部非洲地区	51	53
撒哈拉以南非洲地区	49	58
欧元区	70	74
美　国	76	78
印　度	51	52

续表

国家和地区	2000 年	2014 年
巴　西	68	71
英　国	72	78
德　国	68	69
中　国	40	48
印度尼西亚	38	42
韩　国	58	59
日　本	67	73

资料来源：世界银行数据库。

进一步分析各国和地区服务业增长水平可以看出，2000—2014 年低收入水平国家服务业年平均增长率上升幅度也较大，1990—2000 年低收入国家服务业年均增长率为 2.3%，2000—2014 年该指标上升至 6.9%，提升了近 5 个百分点。分国别来看，中国服务业年均增长率最高，1990 年至今均在 10% 以上，且 20 多年来一直保持较高增速。欧元区、德国、日本的服务业年均增长率则有所下降，进入 21 世纪后，其年均增长率均显著低于 20 世纪 90 年代的水平（见表 2 - 13）。

表 2 - 13　不同收入国家和代表性国家服务业年平均增长率

单位:%

国家和地区	1990—2000 年	2000—2014 年
世　界	—	2.6
低收入水平国家	2.3	6.9
中等收入水平国家	4.5	6.6
中低收入水平国家	4.4	6.6
高收入水平国家	—	1.8
东亚和太平洋地区	8.1	9.7
欧洲和中亚地区	1.3	5.2
拉美地区	3.1	3.5
中东和北非地区	3.7	5.1
南部非洲地区	7.0	8.4
撒哈拉以南非洲地区	2.4	5.6

续表

国家和地区	1990—2000 年	2000—2014 年
欧元区	2.6	1.3
美　国	—	1.8
印　度	7.8	9.1
巴　西	2.9	3.3
英　国	3.7	2.1
德　国	2.7	1.2
中　国	10.3	10.9
印度尼西亚	4.0	7.4
韩　国	5.6	3.7
日　本	2.0	0.7

资料来源：世界银行数据库。

（三）全球服务贸易增长动力依然较强

2012—2014 年，全球服务贸易增速好于货物贸易和整体贸易增长水平。2014 年，全球服务贸易进出口总额 98006.9 亿美元，同比增长 4.4%，高于全球贸易 3.2%的增长水平。其中，服务贸易出口额 49404 亿美元，增长 4.2%；服务贸易进口额 48602.9 亿美元，增长 4.7%。2010—2014 年，全球服务贸易占 GDP 比重基本保持在 11% ~ 12%，分别为 11.66%、11.79%、11.94%、12.37%、11.46%。其中，美国、中国、德国、英国、法国、日本等居于全球服务贸易前六位的国家，占全球服务贸易份额的近一半。据世界贸易组织最新统计，2014 年中国服务贸易出口额与进口额的全球占比分别为 4.6%和 8.1%，居全球第五位和第二位。

全球服务贸易增长的主要动力源于服务外包的持续快速增长。互联网的广泛应用以及大数据、物联网、移动互联网、云计算等新一代信息技术的快速发展，带动了全球服务外包的市场需求、技术创新和服务模式创新，服务外包产业保持良好的增长势头。2012—2014 年，全球服务外包市场规模分别达到 11529.2 亿美元、11993.1 亿美元、12597.5 亿美元；全球离岸外包市场规模分别达到 1429.4 亿美元、1684.9 亿美元、1978.2 亿美元，预计未来五年复合增长率保持 16%，远远高于全球整体服务外包市场。美国、欧洲、日本仍然为主要发包国家和地区。其中,美国的离岸发包份额仍居全球首位,占全球市场的 60% 左右;欧洲为全球第二大离岸服务外包市场,占比 18%;日本列第三位,占比 10%。印度、中国仍是最大的两个接包国,二者在全球市场份额达到 80%;爱尔兰、菲律宾、俄罗斯等国家也形成了各具特色的优势。未来几年中,受到经济发展放缓的影响,全球服务外包市场增速也将有所放缓。

分国别看,2014 年美国服务贸易进出口额规模最高,其次是德国、中国、日本,并且美国、印度、日本保持服务贸易顺差地位。从增长速度看,金融危机后,各国服务贸易增速总体呈下滑态势,中国、印度等新兴经济体服务贸易增速相对较高,日本在 2014 年服务贸易进出口增速出现显著上升。从服务贸易所占份额看,美国依然占据最大的服务贸易市场份额,自 2000 年以来,中国服务贸易进口所占份额有明显提升,巴西、印度尼西亚、印度等新兴经济体所占份额虽然较小,但呈稳步提升态势,反映了新兴经济体在服务贸易市场中地位趋于稳固。

(四)全球服务业外商直接投资仍具有较大增长潜力

服务领域外商直接投资的发展与国际服务贸易的发展趋势是一致的。20 世纪 70 年代初,服务业只占世界外商直接投资总量的 1/4。这之前,外商直接投资主要集中在原材料、其他初级产品以及以资源为基础的制造业领域。20 世纪 80 年代以后,服务业的外商直接投资不断升温,逐渐成为服务业国际竞争的一种主要形式,在全球跨国投资总额中所占份额日益增多。联合国跨国公司中心《1993 年世界投资报告》显示:1970 年,发达国家的外商直接投资中,第二产业占首要地位,其份额达 45.2%,第三产业(服务业)只占 31.4%;1985 年,服务产业领域的外商直接投资已达 42.8%,超过第二产业的 38.7%;到 1990 年,服务产业的外商直接投资超过了第一、第二产业的总和,达 50.1%。发达国家服务产业所接受的外商直接投资,1970 年仅为 23.7%,1990 年达到了 48.4%。相比较来说,流入发展中国家的外商直接投资主要集中在第二产业。1970—1990 年服务产业领域的投资只从 23.5% 增加到 29.5%,说明发展中国家由于经济发展阶段的局限,服务产业的对外开放和国际化过程明显慢于发达国家。进入 20 世纪 90 年代以后,服务领域的外商直接投资在全球直接投资总额中一直呈占据半壁江山以上的格局。

根据联合国贸发会议发布的《2015 年世界投资报告》,2012 年是有数据可查的最近的一年。在这一年，服务业占全球外商直接投资存量的 63%，是制造业占比（26%）的 2.4 倍，是第一产业占比（7%）的 9 倍。这一比例是从 2001 年的 58% 涨上来的，持续了全球外商直接投资向服务业较长期的相对转变。由于服务业占全球附加值的 70%，因此原则上服务业外商直接投资在全球外商直接投资中的比例可能会进一步上升。2012—2014 年，全球服务业吸引外商直接投资好于整体外商直接投资水平，发展中国家吸引外商直接投资好于发达国家水平。2012 年、2013 年全球服务业外商直接投资分别为 5930 亿美元、6780 亿美元。2014 年，服务业外商直接投资达到 6700 亿美元，占全球外商直接投资的 54.5%，说明外商直接投资向服务业领域转移的趋势较为明显。同时，在全球外商直接投资大幅度下降的形势下，服务业外商直接投资下降仅为 1%，从 6780 亿美元下降到 6700 亿美元，说明服务业仍是全球投资意愿较强的主要领域（见表 2 – 14）。

表 2 – 25　全球服务业外商直接投资情况

单位：亿美元

外商直接投资	2012 年	2013 年	2014 年
全球服务业外商直接投资	5930	6780	6700
全球外商直接投资（内流）	14029	14672	12283
发展中国家服务业外商直接投资	3560	4520	4480
发达国家服务业外商直接投资	2370	2260	2220

资料来源：王晓红，李勇坚. 全球服务业形势分析与展望 [J]. 全球化，2016 (1)：63.

从长期来看，全球外商直接投资向服务业加快流动的趋势更为明显。从 1990 年开始，服务业外商直接投资占全球外商直接投资存量的比重提升了 14 个百分点，而制造业外商直接投资占比则从 41% 下降到 26%。由于服务贸易自由化和全球价值链增长，跨国投资越来越针对服务业。除了世界经济结构的长期趋势以外，在服务业外商直接投资额和比例增加的背后还有一些其他因素，其中包括：东道国服务部门自由化程度提高；使服务更易于交易的信息和通信技术的发展；全球价值链的兴起推动了制造业方面的服务国际化。

服务业对外投资模块化趋势明显。信息和通信技术的发展使得信息处理成本大大降低，效率大大提高。信息处理的国际化大大降低了服务跨国交易和转移的成本，增强了服务的可贸易性，进而推动服务业国际转移向纵深发展。信息和通信技术的发展还推动了服务业企业组织管理成本降低和规模经济边界拓展，导致服务业企业跨国投资方式变革，服务业企业的组织形式日益由金字塔形结构向扁平化动态网络结构发展，从而为服务业企业的国际化扩张提供了重要保障。这些都为服务型跨国公司全球模块化和服务业国际转移提供了便利条件和重要的发展机遇。随着经济全球化发展，越来越多的服务业企业通过混业经营、服务离岸生产和外商直接投资日益国际化和全球化，从而成长为服务型跨国公司。

（五）全球服务业态变革与创新

1. 制造服务化趋势带动了服务业的业态创新

制造企业为了追求价值增值，寻求从微笑曲线最底部的生产加工迈向两端的咨询服务、市场研究、研发设计、供应链管理、物流等高附加值服务，促进了全球产业结构的深度调整和价值链在全球范围内的重构。企业通过重构价值链、变革产业组织方式，形成上下游全产业链发展的格局，制造服务一体化、捆绑化、外包化等商业模式促进了服务业的业态创新。例如，IBM 公司起初生产硬件产品，现在已经成功地由制造业转型为信息技术和 IT 服务咨询提供商，其经营范围不仅包括传统的制造电器、工业设备，而且包括为消费者提供一揽子服务，如消费者金融、医疗、商务融资、交通运输、保险等，并且一半以上的经营收入均来自服务业。

2. 全球产业链和价值链重构促进了服务外包产业发展

在全球产业结构调整和价值链重构中，全球产业链、价值链将加速分解，从而大量释放外包业务，企业非核心价值模块从服务型跨国公司内部不断向外部转移。在这一趋势带动下，服务项目外包在全球兴起，并进一步助推服务业国际转移。服务项目外包是指生产经营者将非核心辅助型服务流程以商业形式发包给本企业以外的服务提供者的经济活动。服务项目外包的本质是企业以价值链管理为基础，将其非核心业务通过合同方式发包、分包、转包给本企业之外的服务提供者，以提高生产要素和资源配置效率的跨国生产组织模式。随着"全球化 3.0 时代"的到来，以个体为单位参与全球合作与竞争的"众包"模式出现了。众包的兴起改变了传统的 B2B 模式。如宝洁公司不仅利用内部的研发人员，而且还利用全球数以万计的工程师和科学家为其研发产品，源源不断地提供新技术服务；苹果的软件数量有 90 多万个，其中 70 多万个是众包，内部仅开发20多万个。在服务外包的推动下，全球服务业国际转移已经形成了三大对接板块：美国对接印度、加拿大、以色列等国，西欧对接爱尔兰、捷克等国，日本对接中国、马来西亚等国。

第二节　中国服务业和服务贸易发展现状及结构特征

一、中国服务业总体发展态势

1. 服务业总体规模增长较快

2014年，中国服务业实现增加值30.6万亿元，相当于"十一五"末（2010年）的1.7倍。继2012年服务业增加值占GDP比重（45.5%）首次超过第二产业、形成"三二一"的产业结构后，2014年进一步上升到48.11%，比"十一五"末提高了3.91个百分点。2015年，服务业增加值占GDP比重首次超过一半，达到50.5%（见表2-15）。截至2014年年底，中国服务业就业规模已超过3.1亿人，比2010年增加5032万人，大大高于整个"十一五"时期的服务业就业增量。在2011年服务业就业人数占总就业人数的比重（35.7%）首次超过第一产业、成为吸纳就业主渠道的基础上，2014年又上升至40.6%，比"十一五"末增加6个百分点。

表2-15　中国服务业增加值及占比变化趋势

单位:%

年　份	GDP年增长率	服务业增加值年增长率	服务业增加值占GDP的比例
1980	7.81	6.12	22.23
1981	5.17	9.62	22.64
1982	9.02	12.76	22.52
1983	10.75	14.64	23.13
1984	15.21	19.49	25.48
1985	13.55	18.22	29.33
1986	8.93	12.36	29.83
1987	11.72	14.77	30.35

年 份	GDP 年增长率	服务业增加值年增长率	服务业增加值占 GDP 的比例
1988	11.30	13.27	31.23
1989	4.21	5.86	32.89
1990	3.93	2.65	32.38
1991	9.27	9.22	34.49
1992	14.28	12.64	35.57
1993	13.94	12.21	34.52
1994	13.08	11.44	34.37
1995	10.99	10.10	33.66
1996	9.92	9.21	33.57
1997	9.23	10.43	35.01
1998	7.85	8.40	37.06
1999	7.62	9.22	38.60
2000	8.43	9.73	39.82
2001	8.30	10.23	41.27
2002	9.09	10.46	42.30
2003	10.02	9.53	42.09
2004	10.08	10.09	41.24
2005	11.35	12.32	41.40
2006	12.69	14.12	41.89
2007	14.19	16.06	42.94
2008	9.62	10.46	42.91
2009	9.23	9.47	44.45
2010	10.63	9.68	44.20
2011	9.48	9.51	44.32
2012	7.75	7.96	45.50
2013	7.68	8.26	46.92
2014	7.27	7.85	48.11
2015	6.90	8.30	50.50

资料来源：国研网统计数据库—世界银行数据库。

2. 服务创新持续加快，新兴行业和业态大量涌现

在物联网、云计算、大数据等现代信息技术的推动下，中国服务业的

技术、管理、商业模式创新层出不穷。越来越多传统产业的企业开始线上线下互动融合，一些甚至转型成为供应链集成服务平台，整合标准化的服务要素和资源，形成了丰富多样的"互联网＋"跨界合作模式。各类即时通信应用也成为众多行业企业广泛使用的新平台，增强了消费者的体验和参与度。

同时，随着产业转型升级和居民消费升级步伐的加快，许多新的服务供给应运而生，推动了网购、快递、节能环保、健康服务等新兴行业以及地理信息、互联网金融等新兴业态的兴起和快速成长。以网购为例，2010 年中国网上零售交易额仅有 5131 亿元，2013 年突破 1.8 万亿元，超过美国成为全球最大的网络零售市场，2014 年进一步升至 2.8 万亿元，相当于 2010 年的 5.46 倍。网购的持续高速增长在创造消费新高的同时还带动了快递业的飞速发展。2014 年，中国快递业务量完成 139.6 亿件，是 2010 年的近 6 倍，也一跃成为世界第一。

二、中国服务贸易发展现状和问题

（一）服务贸易规模不断扩大，逆差持续增大

中国服务贸易总额保持较快增长，服务贸易增速快于货物贸易。2015 年，中国服务进出口总额达 7130 亿美元（见表 2 - 16），服务贸易逆差缩减至 1366.2 亿美元（见表 2 - 17）。2015 年，中国服务贸易占对外贸易总额（货物和服务进出口之和）的比重达 15.3%，比 2014 年提高 3 个百分点；其中，服务出口占总出口（货物和服务出口之和）的比重为 11.2%，服务进口占总进口（货物和服务进口之和）的比重为 20.2%，均比 2014 年有所提升。

表 2 - 16　2000—2014 年中国服务贸易进出口情况

年　份	中国服务贸易出口占世界比重（%）	中国服务贸易进口占世界比重（%）	中国服务贸易进出口总额（亿美元）	中国服务贸易进出口总额占世界比重（%）
2000	2.0	2.5	660	2.2
2001	2.2	2.6	719	2.4
2002	2.5	3.0	855	2.7
2003	2.5	3.1	1013	2.8
2004	2.8	3.4	1337	3.1
2005	3.0	3.5	1571	3.2

年 份	中国服务贸易出口占世界比重（%）	中国服务贸易进口占世界比重（%）	中国服务贸易进出口总额（亿美元）	中国服务贸易进出口总额占世界比重（%）
2006	3.2	3.8	1917	3.5
2007	3.6	4.1	2509	3.9
2008	3.9	4.5	3045	4.1
2009	3.9	5.1	2867	4.5
2010	4.6	5.5	3624	5.1
2011	4.4	6.1	4191	5.2
2012	4.4	6.5	4706	5.6
2013	4.5	7.6	5396	6.0
2014	4.6	8.1	6043	6.2
2015	4.9	9.6	7130	7.7

数据来源：WTO 国际贸易统计数据库（International Trade Statistics Database）。

表 2-17   2000—2015 年中国服务贸易差额

单位：亿美元

年 份	出口额	进口额	出口-进口
2000	301	359	-58
2001	329	390	-61
2002	394	461	-67
2003	464	549	-85
2004	621	716	-95
2005	739	832	-93
2006	914	1003	-89
2007	1217	1293	-76
2008	1464	1580	-116
2009	1286	1581	-295
2010	1702	1922	-220
2011	1821	2370	-549
2012	1905	2801	-896
2013	2105.9	3290.5	-1184.6
2014	2222.1	3821.3	-1599.2
2015	2881.9	4248.1	-1366.2

数据来源：WTO 国际贸易统计数据库（International Trade Statistics Database）。

服务贸易逆差持续增大。自 1992 年以来,中国服务贸易除了在 1994 年为顺差外,其余年份都为逆差,并且近年来逆差规模不断加大。2011—2013 年,服务贸易逆差年均增长率高达 46.9%。2015 年,中国服务贸易逆差 1366.2 亿美元,同比下降 14.6%。2015 年旅行贸易逆差仍是中国服务贸易逆差的最主要来源,达 1237.4 亿美元,占服务贸易逆差总额的 90.6%。2015 年服务贸易逆差第二大来源为运输服务,逆差额 488 亿美元,同比下降 15.7%。知识产权使用费逆差额 209.1 亿美元,与 2014 年基本持平。保险服务逆差由 2014 年的 179.4 亿美元大幅缩窄至 30 亿美元,金融服务逆差也由 2014 年的 9 亿美元下降至 4 亿美元。

2015 年,中国加工服务顺差为 181.9 亿美元,是顺差最大的服务贸易项目。其次是电信、计算机和信息服务,顺差为 155.9 亿美元,其中计算机服务顺差占 98.1%。专业管理和咨询服务顺差为 151.8 亿美元,其中管理咨询和公共关系服务顺差占 78.8%。建筑服务顺差由 2014 年的 166 亿美元降至 62 亿美元,文化服务顺差为 29.6 亿美元。

从中国服务贸易出口、进口、逆差的同比增速看,在金融危机前,除了在 2004 年和 2005 年进口增速出现较大的波幅外,进口和出口增速相差并不大;金融危机爆发以来,服务贸易出口增速在 2009 年出现大幅下滑,随后有所反弹,但又逐渐降至 2012 年的 4.6%。总体来看,金融危机后服务贸易出口增速显著低于进口增速,导致服务贸易逆差自金融危机以来增长迅猛。

(二)服务贸易逆差结构

从服务贸易逆差行业结构来看,中国服务贸易出口结构中以金融服务、计算机和信息服务、咨询、广告宣传等为代表的新兴服务增长明显。另外,传统服务(如运输、旅游)的进出口额在服务贸易进出口总额中比重仍持续上升。2008—2013 年,运输服务连年逆差,并且逆差额不断增大,占服务贸易逆差总额的比重高达 64.44%。由此可见,运输服务是中国服务贸易逆差的第一大来源。受金融危机以及欧债危机的影响,中国旅游服务出口急剧减少而进口不断增加,导致旅游服务自 2009 年首次出现逆差后,逆差额保持不断上升的态势。2012 年,旅游服务逆差额开始超过运输服务,成为服务贸易逆差的第二大来源。同期,保险服务、专有权利使用费和特许费分别累计实现逆差 871.77 亿美元、833.42 亿美元,构成服务贸易逆差的第三大、第四大来源。

传统服务进出口占比缩小。2015 年,三大传统行业(旅游、运输服务和建筑服务)服务进出口合计 3703.5 亿美元,占服务贸易总额的 51.9%,份额比 2014 年下降 10.7 个百分点。三大传统服务出口合计 1534.5 亿美元,占服务出口总额的 53.2%,份额比 2014 年提高 2.8 个百分点。其中,旅游出口增长 7.8%,占服务出口总额的比重为 34.2%,仍居各类服务之首;运输服务出口同比微增 0.5%,占比降至 13.4%,位居第二;建筑服务出口增长 5.7%,占比降至 5.7%,位居全部服务出口的第六位。境外游持续升温,旅游进口额同比大增 44.5%;建筑服务进口同比增长 14.1%,运输服务进口则同比下降 9.3%。

新兴服务进出口表现不一。2015 年,三大传统服务以外的各类新兴服务有升有降。电信、计算机和信息服务进出口同比增长 22.1%,文化服务进出口同比增长 25.6%,专业管理和咨询服务进出口同比增长 9.3%,技术服务进出口同比微增 0.6%。出口方面,知识产权使用费和文化服务出口分别大增 64.9% 和 37.2%,电信、计算机和信息服务出口增长 25.1%,专业管理和咨询服务出口增长 13.6%,金融服务和技术服务出口则分别下降 52.2% 和 4.5%。进口方面,电信、计算机和信息服务以及文化服务进口增长较快,分别达到 15.6% 和 14.1%,保险服务、金融服务进口则大幅下降 64.4% 和 52.7%。

三、未来中国服务贸易发展面临的环境和趋势

1. 全球服务市场形势错综复杂,机遇与挑战并存

从挑战的一面看,全球服务需求呈现收缩趋势。2015 年以来,世界经济复苏动力依旧不足,货物贸易持续低速增长,全球航运业深陷低迷,金融市场风险有所上升,新兴市场与发展中国家和地区普遍面临经济不景气的冲击,对服务业的开放持审慎态度。受此影响,全球服务需求明显下滑,根据世界贸易组织最新公布的数据,2015 年全球服务出口与进口分别下滑 6.4% 和 5.4%。发达经济体中,除美国服务贸易略有增长外,欧盟与日本均出现较大程度的下降;除中国以外的发展中国家服务贸易下滑明显,其中巴西服务出口下降 15.5%,韩国服务出口下降 12.7%,俄罗斯服务出口大幅下降 24.5%,全球服务市场陷入萎缩的风险加大。从机遇的一面看,与服务业相关的跨国投资仍

保持快速增长。据联合国贸发会议统计，2015 年全球外商直接投资同比增长 36%（至 1.7 万亿美元），其中跨境并购净交易额同比大幅增长 61%（至 6440 亿美元），两项数据均创下 2007 年以来新高。分行业看，金融服务跨境并购放缓，房地产和交通服务跨境并购表现强劲。传统服务业依然是今后一个时期跨境投资的主要领域，根据联合国贸发会议《2015 年世界投资报告》的调查，未来发达国家对外资最具吸引力的行业前五位中传统服务业占据四席，流向发展中国家的外商直接投资也将集中于建筑、宾馆饭店业、交通运输与仓储等传统服务行业。随着人工智能与通信技术的不断突破，信息技术与计算机服务、通信、咨询等新兴服务业跨境交易将持续活跃。

2. 中国服务贸易环境不断优化，发展潜力巨大

（1）服务业快速增长为服务贸易发展奠定良好基础。当前中国正处于经济结构转型升级的关键阶段，服务贸易发展的产业基础不断壮大，以互联网信息技术为依托的新业态和商业模式不断涌现，离岸服务外包业务和跨境电子商务发展迅猛。2015 年，中国服务业增加值占国内生产总值的比重首次超过 50%，达 50.5%，比 2014 年提高 2.39 个百分点。2016 年一季度，服务业增加值同比增长 7.6%，占国内生产总值的比重达 56.9%。

（2）相关政策体系逐步完善，为服务贸易发展提供有力支撑。中央和地方政府不断探索出台促进服务贸易发展、扩大服务业开放的新举措。2015 年 5 月，北京市出台《服务业扩大开放综合试点总体方案》；2016 年 2 月，国务院决定在上海、海南、深圳等十个省市和五个国家级新区开展为期两年的服务贸易创新发展试点。相关政策的落实推进将进一步完善中国服务贸易管理体制，扩大服务贸易开放程度，提升服务贸易便利化水平，推动服务贸易规模与质量双双提升。

（3）"一带一路"建设助推服务贸易发展。随着"一带一路"建设向纵深推进，相关国家在中国服务外包市场占比不断提升。与此同时，中国深入推进与相关国家的国际产能和装备制造合作，将有力促进工程承包、研发设计、运营维护等与制造业密切相关的服务贸易发展，并推动第三方咨询与认证、金融保险、物流采购等服务型企业走出去。

总体来看，虽然外部环境存在一些困难和挑战，但中国服务进出口正处于快速发展的黄金时期，产业基础持续改善、政策支持力度加大、国际市场更趋

多元，为服务进出口快速增长创造了良好环境，推动服务贸易发展潜能持续释放，在中国对外贸易中的重要性将持续提升。预计 2016 年中国服务贸易仍将保持较快增长，总额将突破 7500 亿美元。

四、中国服务业发展的新背景和新要求

（一）经济增长新动力有待形成

主动适应和引领新常态，是"十三五"乃至更长时期中国经济发展的大逻辑。经济发展新常态首先表现为经济增长速度的放缓，其本质则在于经济发展方式、发展动力、经济结构上的转型。也就是说，经济发展方式要从规模速度型的粗放增长转向质量效率型的集约增长，经济发展的新增长点有待形成，经济结构要从增量扩能为主转向调整存量、做优增量并存的深度调整，从而实现速度下台阶的同时质量上台阶。

根据预测，"十三五"时期中国人均 GDP 将由目前的 11000 国际元❶提高到 15000 国际元左右，服务业发展将会迎来加速发展期。可见，"十三五"时期加快服务业发展，有利于为经济增长提供新的动力来源，进而推动新常态下经济持续稳定发展。

（二）以服务型经济引领经济转型

"十三五"时期，中国将加快向工业化后期过渡，基本完成工业化的历史任务。在这一过程中，实现工业由量的扩张到质的提升转变，推动"中国制造 2025"战略，迫切需要提高制造业的附加值和竞争力，争夺全球产业链高端位置，而这一切都离不开服务业（特别是生产性服务业）的强有力支撑。

首先，随着工业内部不断分化，劳动密集型制造业、资源密集型重化工业的比重会持续下降，资本和技术密集型制造业比重将明显上升。这将对服务业需求结构产生重要影响，更加依赖商务服务、金融保险、技术研发等知识密集型生产性服务业。同时，小批量、多批次、差异化生产的趋势更为显著，也会对生产性服务业提出新的、更专业化的中间需求，从而推动形成以服务业为引领、服务业与制造业深度融合的发展新格局。

其次，在中国制造业低成本比较优势趋于弱化的情况下，必须尽快提升要

---

❶ 资料来源：《中国经济时报》2016 年 4 月 28 日。

素禀赋结构，形成新的更高层次的比较优势。这就需要大力发展研发、教育、金融、信息等服务业，依靠高水平的创新要素，为制造业转型升级、产业结构迈向中高端提供不竭动力。

另外，面对环境污染加重的严峻形势以及节能减排的国际承诺，还必须加快推动制造业绿色转型。而提高能源利用效率、建立绿色循环低碳生产方式，都迫切需要进一步加快高技术、节能环保等服务业的发展。

（三）人口结构变化带来新机遇

"十三五"时期，中国人口在继续保持低位增长的同时，结构性变化将更为显著。一方面，劳动年龄人口占比缓慢下降，老年人口比重加快上升。根据联合国的预测，到 2020 年，中国 15～64 岁年龄段人口仍有 10 亿以上，占总人口的 70.1%，不过与目前相比将净减少 1056 万，占比也将下降 2.3 个百分点。与此同时，65 岁以上的老龄人口将接近 1.7 亿，占总人口的比重达到11.7%，比现在上升 2.2 个百分点，届时全球平均不到 4 个老年人中就有 1 个是中国人。另一方面，劳动力素质进一步提高。预计到 2020 年，中国主要劳动年龄人口和新增劳动力的平均受教育年限分别达 11.2 年、13.5 年，比目前提高 1.6 年、0.8 年；高等教育毛入学率达 40%，具有高等教育文化程度人口为 2 亿左右，这一数量相当于现在巴西的总人口。

人口的结构性变化将从需求和供给两个方面对中国服务业发展产生重大影响。首先，老龄化进程的加快，并伴随空巢家庭的增多，居民将更加重视生命和生活质量，从而对现有的服务内容及提供方式提出新的要求，有利于催生新的社会化服务需求，带动服务业结构的调整升级。其次，在人口大国向人力资源大国转变的过程中，未来将更加注重人力资本投资，有利于扩大中高端人力资源的规模，从而为中国服务业发展提供持续的智力支持。

（四）新型城镇化为服务业发展提供广阔市场空间

继 2011 年中国城镇化率突破 50% 之后，2014 年中国城镇化率接近54.8%，比改革开放之初上升了近 37 个百分点。但是，中国城镇化发展质量不高，户籍人口城镇化率刚过 36%，不仅远低于发达国家 80% 的平均水平，也低于人均收入与中国相近的发展中国家 60% 的平均水平，城镇化发展由速度型向质量型转变势在必行。为此，需要推进以人为核心的新型城镇化建设，改变以往片面追求城市规模扩大和空间扩张的局面，更加重视公平共享、四化同步、集约高效、绿色低碳以及文化传承。

可以预见，到 2020 年，中国常住人口城镇化率将达到 60% 左右，户籍人口城镇化率为 45% 左右，约有 1 亿农业转移人口和其他常住人口落户城镇。这一方面将会增加城市基础设施、住宅、公共服务设施等大量投资需求，并加快创新要素集聚和知识传播扩散，对于发展流通性、生产性以及社会服务业将起到重要作用；另一方面也将创造更多就业机会和扩大中等收入群体，促进消费结构升级和消费潜力释放，从而有利于个人服务业的发展。另外，随着未来五年"两横三纵"为主体的城镇化战略格局的形成，城市群集聚经济、人口的能力将明显增强，城市规模结构更趋完善，大中小城市和小城镇将实现合理分工、协调发展。这些都有利于增强大城市生产性、流通性服务业的发展能级，并充分借助城市群内城市之间的经济联系，促进服务业的网络化发展。

（五）新一轮科技革命浪潮将为服务业创新发展奠定技术基础

随着新一轮科技革命的深入开展，科技创新呈现出学科交叉融合、边界日趋模糊、领域不断延伸的新趋势，原创成果转化及产业化应用的周期明显缩短、效率大幅提升。目前来看，无论是科技成果本身还是所影响的生产生活，都在发生着一场未知远大于已知的变革。

一方面，新一轮科技革命将成为包括服务业在内的整个经济转型升级的驱动力量。新技术替代旧技术、智能型技术替代劳动密集型技术的趋势明显，特别是移动互联网、云计算、大数据、物联网等信息技术的广泛普及和深度应用，将成为推动经济社会发展的基础架构和标配。这些新的信息技术以近乎零边际成本的方式生产并共享着商品和服务，不仅前所未有地重塑消费领域，还将颠覆传统产业的发展方式。在产业内部，互联网产业链将会进行更广泛的垂直整合；而在产业外部，互联网与传统产业的跨界融合将进一步加速。

另一方面，新一轮科技革命将使服务业分工继续深化，激发服务领域的持续创新。在服务内容、服务提供主体及提供方式等方面赋予新的内涵，将促使产业价值链分解出更多新的服务业态，商业模式、运作方式、管理方式上的更新迭代也将成为常态；与此同时，还会促进一大批新兴服务业的崛起和发展，带动服务业生产效率和竞争力的提升。

（六）培育国际竞争新优势、凸显中国影响力亟待弥补服务业发展短板

未来一段时间，经济全球化和区域经济一体化步伐将会加快，围绕人才、

技术、品牌等知识性生产要素的争夺将更加激烈。中国长期依赖的比较优势，在国际分工和全球产业链中既会面临发达国家贸易保护主义的打压，同时也会被其他新兴市场国家所切割。为应对这种"前后夹击"的双重挑战，就要加快培育形成国际竞争的新优势，在体现资源配置实力和创新能力的服务业领域抢占发展制高点，赢得大国竞争中的战略主动。同时，随着各种标准更高的双边和区域贸易投资协定谈判的深入推进，需要中国实施更加积极主动的开放战略，在扩大开放中壮大服务业，在服务业发展中提升开放水平，锻造经济的持续竞争优势。

此外，随着综合国力的增强，中国因素的全球影响将会更加凸显，中国的发展经验、文化和价值观也将受到更大关注。中国将成为决定国际形势走向的重要变量，有条件提出更多全球治理主张并担当建设性的领导作用。世界与中国的互动进入新阶段，相互适应需要迈上新台阶。这也需要中国全面提升服务业发展水平，为"中国制造"走出去注入服务含量，为全方位、系统地参与全球治理贡献高质量的智力资源，为提供与自身发展实力相符的全球公共服务奠定基础。

第三章　中国服务贸易逆差的影响
因素及其与服务业开放度、
市场规模的关系

在经济全球化背景下，一国服务业的产业竞争力除了与国内服务提供者竞争力、国内服务业市场需求等直接相关，还在很大程度上受到本国经济开放水平、在全球服务业价值链中所处位势等因素的影响。本章首先对中国服务贸易逆差的影响因素进行分析，其次对中国服务贸易进出口与服务业开放度、国内市场需求规模之间的关系进行分析，从理论和实证两个方面对中国服务贸易逆差产生的原因及其影响因素进行探讨，为下一步实现服务贸易均衡发展提供理论和实证依据。

第一节　中国服务贸易逆差的影响因素分析

一、服务供给不足和需求相对过快增长导致服务贸易逆差快速增长

（一）从供给层面看，服务业发展相对其他产业较为滞后

一个国家或地区向国际市场提供服务的能力直接受国内服务业发展水平的影响。中国服务业发展缓慢，在一定程度上构成了中国服务贸易连续十多年出现逆差的原因。一国的服务业发展水平通常用服务业增加值占 GDP 的比重来衡量。由表 3 - 1 不难看出，2000—2013 年，中国服务业增加值占 GDP 的比重总体呈上升趋势，由 2000 年的 39% 增加到 2013 年的 46.1%。而主要发达国

家服务业增加值占 GDP 的比重已超过 70%，中低收入国家这一比重平均为 43%。相对于发达国家，中国服务业增加值占 GDP 的比重仍然不高，表明中国服务业的发展空间仍然很大。同时，全球各国服务业进出口总额占对外贸易总额的比重为 20% 左右，中国当前的表现也明显低于这一标准。

表 3 - 1　2000—2013 年中国服务业增加值占 GDP 的比重

年　份	服务业增加值（亿元）	服务业增加值占 GDP 的比重（%）
2000	38714.0	39.0
2001	44361.6	40.5
2002	49898.9	41.5
2003	56004.7	41.2
2004	64561.3	40.4
2005	74919.3	40.5
2006	88554.9	40.9
2007	111351.9	41.9
2008	131340.0	41.8
2009	148038.0	43.4
2010	173596.0	43.2
2011	204982.5	43.3
2012	231626.0	44.6
2013	262204.0	46.1

数据来源：《中国统计年鉴》。

（二）从需求层面看，国内服务业需求增速相对较快

2013 年，前四大逆差行业（运输、旅游、保险、专有权利使用费和特许费）包揽服务贸易逆差总额的绝大部分。从细分行业的层面来看，运输、旅游等行业服务贸易进口的比重相对高于其出口比重，这意味着国内服务业需求增速相对较快，导致服务贸易逆差进一步扩大（见表 3 - 2）。

分析逆差最大的前四大行业（运输、旅游、保险、专有权利使用费和特许费），可以发现：从服务贸易出口和进口构成来看，位居逆差前二位的运输、旅游在服务贸易出口和进口中所占比重均较高。自 1997 年以来，运输服务进口所占比重基本维持在 25% ~ 35%，高于其在服务贸易出口中所占比重（见表 3 - 3）；旅游服务出口在 21 世纪初超过 50%，随后一路下滑。2013 年，

旅游服务出口占比为 24.5%，而与此同时，随着出境游的迅猛发展，旅游服务进口则上升至近 40%（见表 3 - 2）。旅游服务贸易逆差主要集中在中国香港、美国、日本、英国、加拿大等地区和国家，除去对中国香港的逆差，基本能实现平衡。2009 年中国出境旅游消费开始超过入境旅游外汇收入，但从入境游看，并没有相应增长。2000—2007 年，中国入境旅游人数以及入境旅游外汇收入一直保持相对平稳的增长态势（2003 年"非典"时期除外）。但从 2008 年开始，入境旅游人数开始出现负增长，之后增长陷入停滞状态，这一趋势直到 2012 年都没有回暖迹象。而旅游业贸易这一突然逆转的情况与中国城镇居民人均收入、人民币升值的带动是密不可分的。

表 3 - 2 1997—2013 年中国服务贸易进口构成

单位:%

年份	运输	旅游	通信	建筑	保险	金融	计算机和信息	专有权利使用费和特许费	咨询	广告、宣传	电影、音像	其他商业服务
1997	35.87	29.32	1.05	4.36	3.77	1.17	0.83	1.96	1.69	0.87	0.16	18.95
1998	25.55	34.78	0.79	4.23	6.64	0.62	1.26	1.59	2.86	1.00	0.15	20.53
1999	25.51	35.09	0.62	4.97	6.20	0.54	0.72	2.56	1.69	0.71	0.11	21.28
2000	28.99	36.57	0.67	2.77	6.89	0.27	0.74	3.57	1.78	0.56	0.10	17.09
2001	29.01	35.64	0.84	2.17	6.95	0.20	0.88	4.97	3.85	0.66	0.13	14.70
2002	29.54	33.42	1.02	2.09	7.04	0.19	2.46	6.76	5.71	0.86	0.21	10.70
2003	33.24	27.69	0.78	2.16	8.32	0.42	1.89	6.47	6.29	0.83	0.13	11.78
2004	34.28	26.74	0.66	1.87	8.55	0.19	1.75	6.28	6.61	0.98	0.25	11.84
2005	34.20	26.16	0.73	1.95	8.66	0.19	1.95	6.40	7.43	0.86	0.24	11.28
2006	34.26	24.24	0.76	2.04	8.80	0.89	1.73	6.61	8.36	0.95	0.12	11.24
2007	33.48	23.04	0.84	2.25	8.25	0.43	1.71	6.34	8.40	1.03	0.12	14.11
2008	31.85	22.88	0.96	2.76	8.06	0.36	2.00	6.53	8.57	1.23	0.16	14.64
2009	29.46	27.64	0.77	3.71	7.15	0.46	2.04	7.00	8.49	1.24	0.18	11.86
2010	32.92	28.56	0.59	2.64	8.20	0.72	1.54	6.79	7.85	1.06	0.19	8.94
2011	33.94	30.63	0.50	1.57	8.33	0.32	1.62	6.21	7.84	1.17	0.17	7.70
2012	30.65	36.40	1.29	1.29	7.35	0.69	1.37	6.34	7.15	1.19	0.20	6.98
2013	28.70	39.10	0.50	1.20	6.70	1.00	1.80	6.40	7.20	1.00	0.20	6.20

数据来源：万德（Wind）数据库。

对于保险、专有权利使用费和特许费服务贸易而言，其在进出口构成中所占比重均较小，并且基本都呈持续上升趋势。但相对于出口构成而言，保险、专有权利使用费和特许费的进口所占比重不仅较高并且增速较快，反映了这两个行业的供给能力在中国处于逐步发展壮大阶段，但相应的需求增长更快，导致国内服务业企业供给缺口较大（见表3－2）。

表3－3 1997—2013年中国服务贸易出口构成

单位:%

年份	运输	旅游	通信	建筑	保险	金融	计算机和信息	专有权利使用费和特许费	咨询	广告宣传	电影、音像	其他商业服务
1997	12.06	49.27	1.11	2.41	0.71	0.11	0.34	0.22	1.41	0.97	0.04	31.35
1998	9.64	52.77	3.43	2.49	1.61	0.11	0.56	0.26	2.17	0.88	0.06	26.02
1999	9.25	53.88	2.25	3.77	0.78	0.42	1.01	0.28	1.07	0.84	0.03	26.42
2000	12.18	53.84	4.46	2.00	0.36	0.26	1.18	0.27	1.18	0.74	0.04	23.49
2001	14.09	54.07	0.82	2.52	0.69	0.30	1.40	0.33	2.70	0.84	0.08	22.16
2002	14.53	51.76	1.40	3.17	0.53	0.13	1.62	0.34	3.26	0.95	0.08	22.23
2003	17.05	37.53	1.38	2.78	0.67	0.33	2.38	0.23	4.06	1.05	0.07	32.47
2004	19.45	41.48	0.71	2.36	0.61	0.15	2.64	0.38	5.08	1.37	0.07	25.70
2005	20.87	39.64	0.66	3.51	0.74	0.20	2.49	0.21	7.20	1.46	0.18	22.84
2006	22.99	37.13	0.81	3.01	0.60	0.16	3.24	0.22	8.57	1.58	0.15	21.54
2007	25.75	30.61	0.97	4.42	0.74	0.19	3.57	0.28	9.52	1.57	0.26	22.12
2008	26.23	27.89	1.07	7.05	0.94	0.27	4.27	0.39	12.39	1.50	0.29	17.76
2009	18.33	30.85	0.93	7.36	1.24	0.34	5.06	0.33	14.48	1.80	0.08	19.20
2010	20.09	26.91	0.72	8.51	1.01	0.78	5.44	0.49	13.37	1.69	0.07	20.92
2011	19.53	26.62	0.95	8.09	1.66	0.47	6.69	0.41	15.59	2.21	0.07	17.71
2012	20.43	26.27	0.94	6.43	1.75	0.99	7.59	0.55	17.56	2.49	0.07	14.93
2013	17.90	24.50	0.80	5.10	1.90	1.40	7.30	0.40	19.30	2.30	0.10	19.00

数据来源：万德（Wind）数据库。

二、政策层面因素分析

近年来，中国促进服务业发展方面出台的主要政策措施大致从供给和需求两个层面着手，即扩大服务业开放水平和扩大内需，为服务业发展提供市场，反向拉动服务业竞争力的提升。这两大类政策是否能够真正缓解服务贸易逆差仍值得商榷。

（一）逆差较大的行业服务业开放度也相对较高

中国服务业开放存在结构性问题，一些行业外资开放度与其自身发展不匹配，开放不适度。以运输、仓储为例，中国物流服务领域加入世贸组织时承诺的开放程度并不高，如允许外国服务提供者在华设立合营船运公司，但外资比例不应超过注册资本金的49%，合营企业董事会主席和总经理应由中方指定；允许设立合资航空运输公司，但要求中方控股或处于支配地位等。但在实际开放进程中，中国经常给予外资企业更多的便利和优惠，外资公司在国内已经基本享有国民待遇，在某些方面甚至享受超国民待遇。

此外，外资企业规模较大。大量境外企业通过在国内设立控股的合资、合作服务业企业或独资服务业企业、分支机构对中国境内提供服务。而国内物流企业规模和竞争力与外资企业相比差距仍较大，企业规模普遍较小，运力有限，缺乏比较完善的物流基础设施、物流管理信息技术、经营管理体制和现代化的服务手段，市场份额相对较小。从货源组织环节来看，国内企业竞争弱势明显，大量的货物仍然掌控在实力雄厚的外资物流服务商或是中外合资的物流服务商手中；且外资企业多为提供综合物流服务的企业，经营效益较好，盈利水平比国内货运企业高5~15倍。

在现阶段货物贸易迅速增长与服务业产能不足的矛盾突出的情况下，货物贸易的大幅度增长必然带来对相关生产者服务需求的大幅度上升，而大量的市场份额被外国企业所占有，导致服务业进口额大幅增加。尤其是运输业等高投入、高风险的资本和人力密集型产业，难以在短期内通过提高物流服务的供给能力来满足货物贸易对物流的需求，只能依靠进口来弥补。从中国服务业细分行业的开放度水平来分析，近年来旅游、运输、咨询、其他商业服务、保险、专有权利使用费和特许费排在前五位，成为服务业细分行业中开放度相对较高的行业。其中，逆差最大的运输、旅游、保险服务、专有权利使用费和特许费等行业相应的开放度也相对较高。❶ 特别是运输和旅游服务业，是中国服务业

❶ 根据服务业细分行业服务贸易进出口总额占国民生产总值的比重计算得出。

中开放度最高和逆差最高的行业。

（二）扩大内需对服务贸易进口和出口的影响尚不确定

服务贸易逆差的形成还受到国内服务需求的影响。服务需求主要来自两个方面。

一是来自生产的需求，即生产者需求，许多服务贸易是伴随着货物贸易而发生的，如国际货运服务、保险服务、进出口信贷服务和维修服务等。另外，根据波特的理论，跨国商务活动是产业国际竞争力的重要影响因素。在货物出口市场上领先的国家或地区积累了丰富的国际商务经验，有助于顺利开展国际服务贸易。同样，一个国家或地区对国外服务的需求还受到其对国外货物的需求的影响，原因在于许多货物进口会引致相应的服务进口。

二是来自消费的需求，即消费者需求。生产者服务需求受国内经济规模的影响，国内经济规模越大，对生产者服务的需求越大；后者受收入水平的影响，收入越高，对服务的消费需求越高。国内服务需求越高，越能推动国内服务业的发展，从而向国际市场提供服务的能力也越强。但是，国内服务需求大也可能导致另一个结果，即服务对象主要在国内，出口动机受到抑制，尤其是国内经济规模大的国家更可能以内需为主。

（三）政策体系不科学与政府服务不到位

1. 政策方面

一是政策内容不完整，彼此不协调。有些文件三四千字，实质内容不过百字。有些政策缺乏整合，甚至以文件说明文件，别说政策对象，即使是执行部门也难以做到一目了然。有的行政审批环节互为前置，相互制约。二是操作性差，落实困难。一些政策仅是提出"鼓励"和"支持"等方向性政策，既宏观又笼统，政策执行主体、责任主体不明确，政策执行程序不清楚，没有切入点和具体抓手，企业无所适从。

2. 政府服务方面

一是审批手续仍然复杂，周期过长。如许多服务业从业人员需要频繁进行国际交流，但中国现行的出入境管理办法很难适应这一要求。二是政务信息不够完备和公开。如某外资医院反映，医院主要接诊外国病人，但无法得知中国常住外国人的数量，难以提供确实适合市场需求的医疗服务。三是对一些服务价格管制过死。某国际学校反映，近几年员工工资上涨以及物价上涨导致成本增加，但学校收费价格一直没有变化，承受较大压力。四是市场监管尚存漏洞。比如，旅游企业反映各类旅游景点的黑导、黑车以及各类冒充知名旅游公司旗号组织"一日游"等违法行为仍然大量存在。五是政企不分仍然比较突出。存在管理体制滞后、分布结构不合理、行业代表性不强、内部机制不健全的现象，很多行业协会仍是政府的应声虫，不能反映企业的诉求。六是某些类型企业主体间存在一定的不平等竞争。比如同为文化服务企业，国有事业单位转制的企业可以享受大量税收优惠，而外资企业和民营企业就不在优惠之列。

第二节　服务业开放程度、市场规模与
服务贸易进出口之间的关系

根据上一节的分析，中国服务贸易逆差归结于服务业发展水平不高，供给能力跟不上，而收入水平稳步增加导致需求过快增长也是拉动服务贸易逆差快速增长的重要原因。同时，提升服务业开放度和扩大内需战略不仅会影响出口贸易，而且更重要的是可能转化为对国外商品的需求，这就增加了进口贸易。因此，服务业开放、市场规模的提升是否拉动了部分行业服务贸易逆差过快增长需要进一步实证分析。囿于现有研究主要关注服务业出口贸易，忽略对服务业进口贸易的研究，因此接下来需要从出口和进口两个角度分析提升服务业开放程度、市场规模和服务贸易之间的关系。

为综合考察服务贸易开放和服务业外商直接投资对服务业竞争力影响的问题，接下来将构建一个基于服务业开放程度、市场需求的理论模型，对中国1991—2013 年的服务贸易进出口与服务业外商直接投资以及市场需求的关系进行实证分析。

一、变量和模型设计

（一）指标选取

鉴于服务业在各国对外开放中属于比较敏感、难度较大且滞后的部门，各国在服务业引进外资时都持十分谨慎的态度，大多采取的是合资或合作方式，而且对一些服务部门的外资比例都做了比较大的限制。这主要是由于有些服务业部门会涉及国家的主权、机密和安全（如电信、金融），加上发展中国家服务行业落后，缺乏国际竞争力所致。事实上，不论是发展中国家还是发达国家的服务业都在对外开放的同时进行着保护。因此，服务业的外商直接投资作为一国服务业开放的重要内容，历来受到各国的普遍关注，而一国服务业允许外国直接投资参与的程度，也是衡量一国服务业开放程度的重要指标。因此，本书从服务贸易和外商直接投资两个方面入手，建立服务业开放度衡量指标，具体选取中国 1991—2013 年服务贸易依存度、服务业外商直接投资（见表 3 - 4）作为衡量服务业开放的两项指标。

表 3 - 4　1991—2013 年中国服务贸易依存度和服务业外商直接投资

年　份	服务贸易依存度（%）	服务业外商直接投资（亿美元）
1991	2.925	7.28
1992	4.420	42.58
1993	5.273	135.95
1994	5.887	141.82
1995	6.092	106.93
1996	5.045	111.41
1997	5.515	84.23
1998	4.960	93.37
1999	5.339	82.55
2000	5.545	67.15
2001	5.480	73.73
2002	5.934	77.47
2003	6.220	75.78
2004	7.125	140.57
2005	7.017	149.20
2006	7.108	199.14
2007	7.221	309.84
2008	6.768	379.49
2009	5.778	385.28
2010	5.994	499.64
2011	5.661	582.56
2012	5.743	571.97
2013	5.828	614.97

资料来源：根据 UNCTAD 网站数据计算。

（1）被解释变量：中国服务贸易进出口，涵盖了中国1991—2013年服务贸易的出口值和进口值，数据来源于联合国贸易与发展会议（UNCTAD）网站。

（2）解释变量：①服务业开放程度，采用服务业贸易开放度指标和服务业外商直接投资；②市场需求，使用一国国民生产总值以及城镇居民家庭人均可支配收入衡量一国的市场需求规模（见表3-5）。

表3-5　变量类型及说明

变量说明	表达形式	数据来源
服务贸易进口	lnIM	UNCTAD网站
服务贸易出口	lnEX	UNCTAD网站
服务业贸易开放度	lnTRA	UNCTAD网站
服务业外商直接投资	lnFDI	国家统计局
GDP（现价，百万美元）	lnGDP	世界银行网站
城镇居民家庭人均可支配收入同比增长率	lnINCOME	国家统计局

（二）模型设定

除了服务业开放度和竞争力两项主要指标外，本书还对一国市场需求进行考察，分析市场需求对服务贸易进口的拉动作用，对人均可支配收入等产业组织环境因素也进行重点考察，尽量将其纳入对服务业竞争力研究框架内。

本书选取了1991—2013年服务贸易进出口、服务业外商投资以及中国和世界进出口贸易数据，被解释变量为服务贸易进口，解释变量包括服务贸易开放度、服务业外商直接投资、中国经济总量、城镇居民家庭人均可支配收入同比增长率。为了消除异方差的影响，本书对被解释变量和部分解释变量都采取了对数形式，分别分析服务业贸易开放度、服务业外商直接投资以及市场需求、经济总量对服务业进口和出口的影响。

弗朗索瓦（Francois，2007）的研究表明，引力模型对服务贸易的描述优于货物贸易。本书将以扩展的引力模型为研究框架，为消除异方差，我们对变量进行时间序列的数据平滑，取其自然对数，得到三个变量的对数值。引力模型的基本结构如下：

$$\ln IM_t = \alpha_0 + \beta1\ \ln TRA_t + \beta2\ \ln FDI_t + \beta3\ \ln GDP_t + \beta4\ \ln INCOME_t + \mu_t \tag{3-1}$$

$$\ln EX_t = \alpha_0 + \beta1\ \ln TRA_t + \beta2\ \ln FDI_t + \beta3\ \ln GDP_t + \beta4\ \ln INCOME_t + \mu_t \tag{3-2}$$

二、实证结果分析

（一）服务贸易出口

通过对式（3-1）进行 OLS 回归，我们可以得到以下结果（见表3-5）。从式（3-1）的回归结果来看，判定系数 R^2 为88.16%，调整后的 R^2 为88.64%，除常数项外，系数的 P 值在5%的水平上均是显著的。

表3-5　服务出口贸易引力模型回归结果

Variable	Coefficient	Std. Error	t - Statistic	Prob.
C	7. 47	3. 666822	2. 037182	0. 056
lnFDI	0. 85	0. 248796	3. 590113	0. 002
lnGDP	0. 54	0. 239814	- 2. 253556	0. 007
lnINCOME	0. 51	0. 276872	- 2. 463527	0. 004
lnTRADE	1. 62	0. 718553	- 2. 248004	0. 017
R - squared	0. 8816	Mean dependent var		7. 05
Adjusted R - squared	0. 8864	S. D. dependent var		0. 591
S. E. of regression	0. 47	Akaike info criterion		1. 52
Sum squared resid	3. 99	Schwarz criterion		1. 76
Log likelihood	- 12. 48	Hannan - Quinn criter.		1. 58
F - statistic	4. 18	Durbin - Watson stat		1. 79
Prob（F - statistic）	0. 01			

（二）服务贸易进口

通过对式（3-2）进行 OLS 回归，我们可以得到表3-6的结果。从式（3-2）的回归结果来看，判定系数 R^2 为82.86%，调整后的 R^2 为84.61%，除常数项外，系数的 P 值在5%的水平上均是显著的。

表 3 - 6　服务进口贸易引力模型回归结果

Variable	Coefficient	Std. Error	t - Statistic	Prob.
C	4. 25	3. 103325	1. 370571	0. 1874
lnFDI	0. 89	0. 210563	4. 057884	0. 0007
lnGDP	0. 34	0. 202961	- 1. 651431	0. 0060
lnINCOME	0. 68	0. 234324	- 2. 194597	0. 0416
lnTRADE	1. 65	0. 608130	- 2. 713116	0. 0142
R - squared	0. 8286	Mean dependent var		7. 109
Adjusted R - squared	0. 8461	S. D. dependent var		0. 591
S. E. of regression	0. 398415	Akaike info criterion		1. 187
Sum squared resid	2. 857220	Schwarz criterion		1. 434
Log likelihood	- 8. 650668	Hannan - Quinn criter		1. 249
F - statistic	7. 618022	Durbin - Watson stat		1. 884
Prob（F - statistic）	0. 000894			

比较两个模型的回归结果，可以得出以下结论。

（1）服务业贸易开放度和服务业外商投资对服务业出口和进口都具有正向促进作用，但服务业开放度对服务业出口的拉动作用要小于其对服务业进口的拉动作用。但具体来看，服务业贸易开放度每增加1%，会拉动服务业出口增加1.62%，但会拉动服务业进口增加1.65%；服务业外商直接投资每增加1%，会拉动服务业出口增加0.85%，拉动服务业进口增加0.89%。这与上文探讨的服务业部门行业过度开放导致逆差扩大的机理是一致的，过度开放造成国际竞争力较弱的中国企业在与国外服务业巨头竞争时处于更加不利的地位。

（2）市场需求规模和收入水平是一国服务业出口的重要驱动力量之一，但收入水平的增加对服务业进口的拉动作用要稍高于对服务业出口的拉动作用。具体来看，当收入水平每增加1%，会拉动本国服务业进口增加0.68%，拉动服务业出口增加0.51%。这说明，目前中国的扩大内需战略通过产业集聚可以同时强化出口和进口市场绩效。随着需求规模的提高，服务业的进口量会超过出口量，导致服务贸易逆差进一步加大。

（3）一国经济规模对服务业出口和进口均有正向拉动作用，并且对服务业出口的拉动作用大于对服务业进口的拉动作用。GDP每增加1%，可以拉动服务业出口增加0.54%，拉动服务业进口增加0.34%，经济总量规模的提升对服务业供给能力的提升作用相对更加明显。

　　总体来看，由于中国服务业发展相对滞后，本土服务业供给无法满足市场多层面的需求，加之部分行业开放度较高，市场规模的扩张反而导致中国进一步增加对国外服务商品的消费需求。因此在实施扩大内需战略的同时，如果没有相应地提升本国服务业供给能力，会导致一些附加值较高、个性化需求较高的服务需求转至国外市场，增加服务业进口，无法扭转中国服务贸易逆差。

第四章 服务业开放与服务业竞争力的理论与实证分析

本章从理论和实证层面对中国服务业竞争力和服务业开放程度的相关性分别进行探讨，分析中国服务业外商直接投资、服务业进出口对服务业生产效率的影响。从理论层面看，服务业开放对提升中国服务业竞争力的作用基本得到学术界不同程度的认同：在经济全球化条件下，坚持开放是提升本国服务业企业竞争力，并进一步提升本国服务业在全球服务业价值链中位势的有效途径。此外，本章还从国际比较的角度对中国与一些代表性国家的服务业竞争力水平进行了对比，从主要发达国家以及一些新兴经济体（如印度、巴西等国）服务业发展历程看，对外开放是各国服务业发展历程中的必经之路。

第一节 服务业开放与竞争力的理论基础和传导机制分析

中国服务业对外开放的主要顾虑在于服务业开放可能冲击国内服务业发展，担心国内服务业企业由于缺乏竞争力而不断丧失市场，最终导致国内服务业失去竞争力。另外，服务业开放对其他产业的发展也至关重要，尤其是生产者服务是其他商品和服务生产的重要的中间投入，服务业与制造业的发展息息相关。当前，中国制造业面临要素投入成本的上升，要继续保持竞争力，必须提高产出效率，而生产者服务的投入可能成为制造业转型升级的路径选择之一。因此，我们需要通过实证分析，从国内、国际对比两个角度来分析服务业开放与产业竞争力的关系。

一、服务业开放对东道国产业竞争力的影响和传导机制

（一）服务业开放对产业竞争力的影响

总体来说，服务业开放可以从直接和间接两个方面对东道国产业竞争力的提升起到积极作用。直接层面上，服务业的开放会促进东道国服务业发展，在提高第三产业 GDP 比重的同时，促进服务业由传统服务业向现代服务业转变，逐步实现服务业内部的产业升级与优化。间接层面上，服务业对外开放会通过产业关联效应起到推动产业结构优化的作用。

换言之，服务业的对外开放既直接作用于产业结构本身，也通过对制造业的关联作用产生对产业结构水平的影响。第二产业和第三产业的发展是相辅相成的，第二产业是第三产业的基础，第三产业为第二产业提供服务（李江涛，2010）。服务业对外开放促进与第二产业生产密切相关的生产者服务业的发展，通过关联效应来间接提高第二产业的劳动生产率和促进第二产业结构升级。

（二）服务业开放对服务业效率提升的传导机制

服务业开放是服务产品中各种生产要素跨国流动的程度，服务企业进行的跨国经营和海外活动是服务业开放的载体。服务业对外开放内容主要包括服务业贸易、外商直接投资、服务外包等，这几种模式相互关联，对服务业竞争力的影响机制各不相同。

1. 服务业贸易

对于发展中国家而言，通常劳动力禀赋充裕，技术相对稀缺，出口是低端要素流出，进口是高端要素流入，进口的促进作用较为明显。进口国通过进口，除了直接利用出口国研发的中间品导致企业生产率提高外，在行业层面还会产生外溢效应以及竞争效应。外溢效应即技术学习，阿克雅和科勒尔（Acharya，Keller，2008）发现，长期进口高技术产品引发了进口国的技术学习，提高了进口国的生产率。竞争效应指的是进口同类产品加剧了国内企业的压力，他们不得不进行创新以提高效率才能生存。陈勇兵（2012）也指出进口中间品能够提升企业效率。对于中国而言，虽然采取引进技术的方式可以获取技术效率的短暂提高，但如果只是单纯引进，不能有效地消化吸收，本土企业就会陷入引进—落后—再引进—再落后的怪圈，受到"俘获"和"锁定"效应的钳制，长期内对产业竞争力没有正面作用（张杰，2009）。

2. 外商直接投资

服务业外商直接投资对东道国服务业企业的技术效率的影响机制大致有三种：学习模仿效应、竞争效应和直接帮助效应。这三种效应需要通过本土企业和海外企业的互动，以本土企业和海外企业的供应链为纽带才能得以传导。具体的传导机制大致又分为水平溢出和垂直溢出，前者是指与海外同行业竞争互动发生的产业内溢出，后者指与海外供应商和客户发生的产业间溢出，包括前向关联和后向关联。后向关联效应对东道国企业的正面影响体现在：海外客户对产品质量、标准、设计的高要求，迫使本土企业提升管理水平和进行技术创新。而东道国企业可以通过前向关联效应从上游海外供应商获得技术含量较高的产品和服务，直接帮助其提升生产效率。

水平溢出效应对本土企业的影响主要通过竞争和模仿以及劳动力的流动来实现。为了与外资企业竞争，本土企业必须更有效地利用资源、研发新技术、提高生产率，通过模仿和劳动力流动，技术从外资企业扩散到本土企业，实现了正面的溢出效应。拜克若塔尔（De Backeretal, 2003）认为，这种溢出效应可能会被负面的挤出效应所抵消，因为水平溢出效应影响了外资企业的利益，因此它们会想方设法阻止这种外溢。库格勒（Kugler, 2000）认为，垂直溢出效应对外资企业有利，因此垂直溢出效应往往高于水平溢出效应。

从学术界的经验论证结论来看，水平溢出效应一般用外资企业产出占总产出比重来衡量。在大部分发展中国家的实证研究中，这种效应不够明显或者为负效应；而在发达国家中，这种效应大多为正。总体来看，根据国家、行业的不同，水平溢出效应的实证结果各有不同。

3. 服务外包

服务外包的专业化效应大致分为两种：第一，低效生产环节在海外的重新配置带来效率提高；第二，投入品成本降低增加了利润，间接作用于生产率，使用尖端技术的投入品则直接提高了生产效率。而作为承接外包的发展中国家，服务业承接国际外包影响生产率的机制与发包国通过发包提高生产率的机制不同。从发展中国家的角度看，承接外包带来的行业竞争力的提升主要是产业分工的专业化效应。随着外包量的增加，外资利用率提高，服务业产值和就业同步增加，在规模经济的作用下，服务业得以迅速发展。

二、服务业开放对制造业效率提升的传导机制

随着服务业在国民经济发展中的地位逐年提高，生产者服务业作为服务业中最具活力的部门，其发展速度已超过了制造业的发展速度。在制造业增加值比重和就业比重不断下降的同时，生产者服务业部门增加值和就业比重呈现逐年上升趋势。作为服务业产出的重要需求部门，制造业的发展、分工的深化促进了生产性服务业的发展，而制造业细分的结果导致更多的生产性服务需求。马库森（Markusen，1989）运用数理方法证明，随着市场扩张，厂商数目和生产规模会扩大，分工更加细化，使生产性服务业与制造业不断分离，从而促进生产性服务业不断发展。弗朗索瓦（Francois，1990）指出，在经济全球化、企业国际化进程中，企业规模得以扩大，有利于劳动分工深化，从而获得规模经济和专业化经济。生产性服务业在互动过程中对制造业的效率提高具有前提性和基础性。马库森（Markusen，1989）指出，生产性服务业通过提供专业化服务，有利于制造业降低成本、提高效率。埃斯瓦兰和考特瓦尔（Eswaran，Kotwal，2002）认为，服务部门的扩张通过两种途径促进制造业发展，一是促进专业化和分工深化；二是降低投入到制造业的中间服务的成本。服务分工深化和服务种类的增加将有效降低制造业的生产成本。顾乃华等（2006）还通过理论分析和经验研究提出，在中国经济转型期，发展生产性服务业有利于提升制造业的竞争力。江静等（2007）的理论和实证分析表明，生产性服务业的发展促进了制造业效率的提升。具体来看，生产者服务对制造业竞争力提升的作用体现在以下四个方面。

（一）促进生产技术创新

技术进步大致有两种途径，一是生产经验积累；二是专门的研究开发。而制造业技术水平的提升，依靠的是对研究与开发这一生产者服务的投入。服务业开放大致也从这两条路径出发，对制造业技术创新产生促进作用，一是通过"引进来"先进的外资、技术和管理经验等，使其进入国内制造业生产环节，提升各环节生产率，再由国内生产企业进行消化再吸收，将之整合成适应国内市场需求的产业链条；二是通过服务业开放引进本国企业进行技术创新所必须具备的各项要素，直接作用于研发环节，如人力资本、技术合作开发等，提升研发环节技术水平。

（二）促进基础技术向商业成果转化

当服务活动生产者改变了其他人所有的商品的状态以后，服务就被"物化"了，物化服务概念的提出清晰界定了服务在商品生产中的作用。随着制造业技术的扩散和制造业产品标准化，市场竞争日益激烈，产品的制造成本比重越来越低，物化服务的比重越来越大。生产者服务总体上具有知识密集型特征，如研发、设计、供应链管理、咨询等，都是高度专业化服务。生产者服务通过将知识和技术沉淀在商品之上而改变了商品的知识和技术含量。生产者服务的知识密集型和技术密集型特点使其成为人力资本与知识资本的传送器，并成为商品价值的重要组成部分。

（三）促进产品差异化，提升产业竞争优势

生产者服务是产品差异化的重要来源，高技术和知识密集型的服务使得产品的外观、营销、使用过程中的体验等具有了差异化特征。从需求角度看，差异化增加了消费者福利；从供给角度看，差异化是企业获取超额利益的重要来源。而且由于服务的可见度低，对人力资本依赖程度高，更难以被模仿，往往成为企业竞争优势的重要来源。

（四）促进规模经济

生产者服务将现代专业化经济的各个生产要素连接在一起。随着生产规模扩大，生产工序愈加复杂，生产者服务对内部规模经济的重要性越来越显著，其成本和可获得性是专业化递增收益实现的重要条件；而服务业开放度的提升可以影响到生产方法和组织形式的可获得渠道，并通过促进生产过程的专业化使制造业获益。

第二节　主要国家服务业开放度和服务业竞争力比较

一、服务业开放度指标选取和国际比较

鉴于一国服务业的开放主要体现在服务贸易和外商直接投资两个方面，服务贸易开放度与服务业外商直接投资就成为衡量一国服务业开放程度的重要指标。由于服务贸易开放度是指一国的经济与世界经济联系与参与的程度，所以

这里的研究应包括服务贸易的出口和进口两个方面。本书选用服务贸易依存度从贸易角度来度量服务业开放程度。服务贸易依存度又被称为服务贸易系数，是指一国的服务贸易进出口总额占该国国民生产总值的比重。服务贸易依存度可以反映一国服务业对国际市场的依赖程度，是衡量一国服务业对外开放程度的重要指标之一：

$$服务贸易依存度 = （服务贸易出口额 + 服务贸易进口额）/GDP$$

另外，因为服务业在各国对外开放中属于比较敏感、难度较大且滞后的部门，各国在服务业引进外资时都持十分谨慎的态度，大多采取合资或合作方式，而且对一些服务部门的外资比例做了比较大的限制。

尽管中国服务业近年来发展迅猛，但同发达国家相比差距明显，而与一些新兴经济体（如印度）相比，中国服务业在国民经济中所占比重仍处于相对较低水平（见表4－1）。

表4－1 各国服务贸易开放度比较

单位:%

国家/地区	年 份										
	2003	2004	2005	2006	2007	2008	2009	2010	2011	2012	2013
中国	6.22	7.13	7.02	7.11	7.22	6.77	5.78	5.99	5.66	5.74	5.83
巴西	4.68	4.50	4.58	4.46	4.47	4.69	4.61	4.39	4.62	5.36	5.60
印度	8.25	10.33	11.92	13.55	13.08	15.11	12.90	13.57	13.70	14.66	13.27
韩国	11.77	13.16	12.95	13.35	15.05	20.08	18.44	18.05	17.62	19.24	17.83
欧盟	15.30	15.89	16.64	17.34	18.00	18.68	18.93	19.58	20.22	20.97	21.11
美国	4.66	5.06	5.15	5.44	5.89	6.34	6.17	6.40	6.72	6.71	7.02

资料来源：根据 UNCTAD 网站数据计算。

二、服务业竞争力指标选取和国际比较

为了综合全面显示发达国家以及新兴经济体服务业竞争力大小，本书选取出口市场占有率、TC 指数和 RCA 指数进行实证分析。

出口市场占有率指一国某种产品或产业的出口总额占世界这种产品或产业的出口总额的比例。一个产业的国际竞争力的大小最终反映于其在国际市场的出口市场占有率上，国际市场占有率越高，表明这个产业越具竞争力。具体计

算公式为

出口市场占有率＝本国服务业出口总额／世界出口总额

TC 指数即竞争优势指数，又称贸易竞争力指数，是指一国进出口贸易的差额占其进出口贸易总额的比重。其计算公式为：

TC 指数 ＝（出口 － 进口）／（出口 ＋ 进口）

TC 指数取值范围为（ －1，1）。若 TC 指数越接近 1，表明竞争力越强；越接近 －1，竞争力越弱。

显示性比较优势指数（RCA）是美国经济学家巴拉萨于 1976 年提出的一个具有较高经济学价值的竞争力测度指数，它可用来衡量一国某类产品占其出口总值的份额与该类商品占世界出口份额的比重，将其用于服务贸易，则反映一国服务贸易出口量占世界服务贸易出口量的比重。用公式可表示为

$$RCA = (X_{ij}/Y_i) / (X_{mj}/Y_m)$$

式中：X_{ij} 表示 i 国 j 类产品出口额，Y_i 表示 i 国全部产品出口额，即包括商品出口额与服务贸易出口额；X_{mj} 表示世界 j 类产品出口额，Y_m 表示全世界产品出口额。当 RCA 大于 1 时，j 产品在 i 国的出口份额超过了该产品在世界的出口份额，说明 i 国 j 产品具有较强的比较优势；当 RCA 小于 1 时，j 产品在 i 国的出口份额低于该产品在世界的出口份额，说明 i 国 j 产品属于比较劣势的产品。以下选取代表性发达国家和发展中国家进行服务业竞争力横向比较，各项指标计算如表 4 – 2、表 4 – 3 所示。

表 4 – 2 2003—2013 年代表性发达国家与发展中国家服务出口市场占有率

国家/地区	年 份										
	2003	2004	2005	2006	2007	2008	2009	2010	2011	2012	2013
中国	0.005	0.006	0.006	0.006	0.007	0.007	0.008	0.009	0.008	0.008	0.009
巴西	0.001	0.001	0.001	0.001	0.001	0.002	0.002	0.002	0.002	0.002	0.002
印度	0.003	0.003	0.004	0.005	0.005	0.005	0.006	0.006	0.006	0.006	0.007
韩国	0.004	0.004	0.004	0.004	0.004	0.005	0.005	0.004	0.004	0.005	0.005
欧盟	0.097	0.096	0.093	0.091	0.094	0.091	0.103	0.090	0.086	0.083	0.086
美国	0.032	0.030	0.029	0.028	0.028	0.027	0.032	0.029	0.028	0.029	0.030

资料来源：根据 UNCTAD 网站数据计算。

· 78 ·

表 4 - 3　2003—2013 年代表性发达国家与发展中国家 TC 指数

国家/地区	年　份										
	2003	2004	2005	2006	2007	2008	2009	2010	2011	2012	2013
中国	-0.084	-0.057	-0.060	-0.046	-0.031	-0.039	-0.102	-0.088	-0.149	-0.190	-0.227
巴西	-0.191	-0.157	-0.206	-0.199	-0.216	-0.215	-0.258	-0.328	-0.332	-0.340	-0.378
印度	-0.020	0.036	0.053	0.086	0.102	0.096	0.072	0.011	0.053	0.063	0.090
韩国	-0.076	-0.063	-0.091	-0.105	-0.076	-0.031	-0.043	-0.047	-0.030	0.026	0.027
欧盟	0.033	0.044	0.047	0.060	0.064	0.056	0.056	0.067	0.078	0.080	0.087
美国	0.096	0.098	0.112	0.114	0.144	0.140	0.142	0.156	0.178	0.189	0.204

资料来源：根据 UNCTAD 网站数据计算。

根据 UNCTAD 数据库对服务贸易的划分，服务业被分为 11 大类。由于计算所涉国家和服务部门较多，无法一一列出，且 2012 年和 2013 年许多国家的服务业细分行业数据不全，所以本书只选出 2011 年一年数据进行研究和比较分析其 RCA 指数（见表 4 - 4）。

表 4 - 4　2011 年代表性发达国家与发展中国家服务业细分行业 RCA 指数

国家/地区	交通和运输业	旅游	通信	建筑	保险	金融服务	计算机和信息	专有权利使用费和特许费	私人部门、文化和娱乐服务	政府服务	其他商业服务
中国	0.44	0.5	0.18	1.45	0.34	0.03	0.54	0.03	0.40	0.11	0.58
巴西	0.51	0.47	0.23	0.01	0.4	0.65	0.07	0.16	0.12	1.81	1.38
印度	1.02	0.84	0.81	0.39	1.35	1.01	9.05	0.05	0.49	0.4	1.85
韩国	1.46	0.41	0.27	4.87	0.18	0.37	0.06	0.52	0.9	0.55	0.59
欧盟	1.25	1.01	1.46	1.17	1.53	1.43	1.52	1.01	1.88	0.81	1.40
美国	0.99	1.53	8.19	0.31	1.73	2.56	0.69	4.57	0.27	2.78	1.17

资料来源：根据 UNCTAD 网站数据计算。

从服务业开放程度看，开放程度由高到低依次为欧盟、韩国、印度、美国、中国和巴西。这种现象与各国国民经济三次产业结构密切相关，尤其是印度第三产业比重较高，其服务业进出口在国民经济中的比重甚至超过了美国。

从出口市场占有率看，受益于国内改革开放政策以及加入 WTO，中国服务业开放步伐加快，尤其是现阶段中国政府实施经济结构转型、提升服务业比重所做的努力起到了一定的作用，中国服务业出口市场占有率明显提升。对印度来说，在服务外包业务发展中，其计算机和信息、保险及金融服务等新兴服务业飞速发展，是其服务出口市场占有率不断提高的重要原因。相比之下，发达国家和经济体服务出口市场占有率很高，欧盟和美国 2013 年服务出口市场占有率分别达到了 8.6% 和 3%。

从 TC 指数看，从 2003 年至 2012 年，中国服务贸易进出口额分别从 553.06 亿美元和 467.6 亿美元增长到 2812.04 亿美元和 1914.3 亿美元。中国服务贸易进出口额都大幅提高，出口额翻了 4.1 倍，从而在世界服务市场中份额有所提升，服务贸易出口市场占有率连年上升；但进口额却翻了接近 5.1 倍，服务贸易逆差扩大，导致了 TC 指数下行。印度、韩国 TC 指数有所上升并较为稳定，巴西 TC 指数下降较为明显。欧盟和美国相对优势较为明显。

从 RCA 指数看，中国、韩国、巴西、印度具有优势的部门主要集中于交通与运输业、旅游、通信、建筑和政府服务、计算机和信息。这也说明目前新兴市场国家具有竞争力的部门主要还是集中于资源密集型、劳动密集型、技术含量低和附加值小的传统服务业，技术密集型、附加值高的新兴服务业竞争力较弱，尤其是专利权使用方面，没有一个新兴市场国家具有竞争优势。就中国而言，具有竞争力优势的仅有建筑服务一项，其余部门都处于竞争劣势；而欧美等发达国家各部门普遍具有较高的竞争力，欧盟和美国分别在服务业 11 个部门和 8 个部门上具有竞争力优势。这个结果与前面所分析的 TC 指数一致，即具有服务贸易竞争力的国家往往拥有较多的具有竞争力优势的服务部门。

总体来看，欧盟作为服务业贸易开放度最高的国家，其在服务业出口市场上的竞争力也最高；韩国虽然服务贸易开放度较高，但其经济总量规模相对较小，其出口市场占有率和 TC 指数均排名靠后；印度是发展中国家中服务业比重较高的国家，其在开放度和竞争力指标方面均较为出色；美国服务业 TC 指数较高，但服务业出口相对较为逊色，影响了其在其他指标方面的表现；巴西的各项指标均表现不佳，与其服务业附加值不高、技术相对落后有关。

第三节　中国服务业开放与服务业竞争力的实证分析

扩大服务业开放与提升中国服务业竞争力之间是否直接相关，是中国扩大服务业开放相关政策设计的前提。一般而言，扩大服务业开放有利于引进先进技术，强化本国服务市场竞争程度，对提升中国服务提供者的竞争力有一定作用。本节将进一步分析服务业对外开放对中国服务业竞争力的长期和短期影响，以及这种影响的传导机制。

一、变量选择

1. 服务业开放度的度量

本书从服务贸易和外商直接投资两个方面入手，建立服务业开放度衡量指标，具体选取中国 1991—2013 年服务贸易依存度、服务业外商直接投资作为衡量服务业开放的两项指标，并选用服务业 RCA 指数作为衡量服务业竞争力的指标（见表 4–5）。

表 4–5　1991—2013 年中国服务业 RCA 指数

年份	RCA	年份	RCA
1991	0.5293	2003	0.4756
1992	0.5697	2004	0.4870
1993	0.6149	2005	0.4469
1994	0.6849	2006	0.4435
1995	0.6738	2007	0.4525
1996	0.6104	2008	0.4716
1997	0.6014	2009	0.4371
1998	0.5685	2010	0.4537
1999	0.5897	2011	0.4364
2000	0.5681	2012	0.4318
2001	0.5610	2013	0.4226
2002	0.5339		

资料来源：根据 UNCTAD 网站数据计算。

2. 测量服务业竞争力的指标

相关国家特定产业的产品在国际市场的占有率和盈利率是该产业国际竞争力最终的实现指标，反映了该产业国际竞争力的实际结果，因而是该产业国际竞争力强弱最具显示性的检验标准。服务业出口情况是反映该国服务业国际竞争力非常重要的指标，再进一步通过综合分析本国服务业出口在本国市场和全球市场的表现，就能够较为客观地综合反映本国服务业竞争力的水平。通过对 TC 指数、出口市场占有率、RCA 指数各项指标构成的分析来看，RCA 指数最符合这一条件。因此，本章选用 RCA 指数来反映中国服务业竞争力的变化。

二、模型设定

本书重点考察本国服务业国外市场的竞争力。此外，由于中国的需求水平和资源禀赋与发达国家有着完全不同的条件，本书还注重考察一国的经济水平、市场需求因素等产业组织环境，尽量将其纳入对服务业竞争力研究框架内。

本书选取了 1991—2013 年服务贸易进出口、服务业外商投资以及中国和世界进出口贸易数据，被解释变量为服务业 RCA 指数，解释变量包括服务贸易开放度、服务业外商投资、中国经济总量、城镇居民家庭人均可支配收入同比增长率。为了消除异方差的影响，本书对被解释变量和部分解释变量都采取了对数形式，重点分析服务业贸易开放度、服务业外商直接投资以及市场需求、经济总量对服务业竞争力的影响。回归模型为

$$\ln RCA = \alpha_0 + \beta1 \ln TRA_t + \beta2 \ln FDI_t + \beta3 \ln GDP_t + \beta4 \ln INCOME_t + \mu_t$$

三、实证检验与结果分析

（一）变量的单位根检验

根据计量经济学方法，如果要对变量进行回归分析，首先必须保证各变量是平稳的，否则可能存在"伪回归"的问题。"伪回归"会形成误导，导致相应的常规推断不正确。对于非平稳的时间序列变量，如果要使建立的回归模型有意义，就必须要求这些非平稳变量之间存在协整关系。而存在协整关系的前提就是各变量同阶单整，因此首先必须对各变量进行平稳性检验。我们先对各变量取对数以消除时间趋势，再对各项进行单位根检验。

根据表 4 - 6 的结果，各序列 ADF 检验的统计值比在 90% 的置信度水平下的临界值大，所以不能拒绝原假设，即序列存在单位根，是非平稳的。在 90% 的置信度水平下，各序列的一阶差分序列的 ADF 检验的统计值小于临界值，所以各序列的一阶差分都拒绝原假设，是平稳的。

表 4 - 6　ADF 检验结果

变量	检验类型	ADF 统计值	prob	结论
lnRCA	(c, n, 4)	- 0.5207	0.8684	非平稳
ΔlnRCA	(c, n, 4)	- 4.2123	0.0040	平稳
lnTRADE	(n, n, 4)	- 1.4499	0.1335	非平稳
ΔlnTRADE	(c, n, 4)	- 5.1241	0.0005	平稳
lnFDI	(n, n, 4)	1.3882	0.9538	非平稳
ΔlnFDI	(c, n, 4)	- 3.0785	0.0455	平稳
lnGDP	(c, n, 4)	0.0735	0.9555	非平稳
ΔlnGDP	(c, n, 4)	- 2.8797	0.0647	平稳
lnINCOME	(c, t, 4)	- 2.8509	0.1964	非平稳
ΔlnINCOME	(c, n, 4)	- 3.2743	0.0296	平稳

（二）协整检验

协整方法是研究非平稳时间序列之间是否存在长期均衡关系的有力工具。根据协整理论，虽然两个或多个时间序列是非平稳的，但它们的某种线性组合可能是平稳的。上面的平稳性检验已经说明它们都是一阶单整序列，满足协整检验的前提。

本书采用 Johansen 极大似然值方法进行协整检验。Johansen 极大似然值方法是通过建立 VAR 模型来进行多变量协整检验，所以首先必须确定 VAR 模型的最优滞后阶数及协整方程的形式。其中，最优滞后期 k 的选择根据非约束的 VAR 模型的 AIC、SC、FPE 和 HQ 准则而得到，本书将其选为 2。再进一步对该模型的协整数目进行选择，从表 4 - 7 中我们可以得到没有协整关系、至多有一个协整关系以及至多有两个协整关系的原假设的迹统计量的值均大于在 95% 的置信度下的临界值。这表明应该拒绝原假设，接受被选假设，即这两个变量之间至少存在三个协整关系。而对于"至多三个协整关系"和"至多四个协整关系"的原假设，其迹统计量的值均小于在 95% 的置信度下的临界值，所以，协整检验的结果表明这两个变量之间只存在三个协整关系。

表 4-7　Johansen 协整检验结果

假　设	特征值	迹检验统计量	5% 显著度	P 值
没有协整关系 *	0.962569	136.3445	69.81889	0.0000
至多一个协整关系 *	0.777437	67.35424	47.85613	0.0003
至多两个协整关系 *	0.637040	35.80084	29.79707	0.0090
至多三个协整关系	0.451145	14.51812	15.49471	0.0698
至多四个协整关系	0.087364	1.919787	3.84147	0.1659

资料来源：Eviews7.2 计算结果；* 表示在 95% 的置信度下拒绝没有协整关系的原假设。

标准化后的协整关系如表 4-8 所示，在长期内，服务业竞争力与服务业贸易开放度、服务业外商直接投资额、城镇居民家庭人均可支配收入同比增长率成正相关关系，GDP 对服务业竞争力的影响为正，但弹性系数非常小。

表 4-8　标准化后的协整关系

lnRCA	lnTRADE	lnFDI	lnINCOME	lnGDP
1.000000	-0.599643	-0.142416	0.078697	-0.007496
渐进标准差	(0.02476)	(0.01413)	(0.01271)	(0.01207)

资料来源：Eviews7.2 计算结果。

将协整关系写成数学表达式，并令其等于 $VECM$，得

$$VECM = \ln RCA - 0.599643\ln TRADE - 0.142416\ln FDI + 0.07869\ln INCOME$$
$$- 0.007496\ln GDP + 4.1858$$

对序列 $VECM$ 进行单位根检验，如表 4-9 所示，T 统计值在 95% 的置信度下小于临界值，所以其在 95% 的置信度下是平稳的，以上序列之间的协整关系是正确的。

表 4-9　$VECM$ 单位根检验

单位根检验统计量		T 统计值	P 值
		-2.465497	
临界值	1% level	-2.674290	0.0163
	5% level	-1.957204	
	10% level	-1.608175	

资料来源：Eviews7.2 计算结果。

（三）向量误差修正模型

协整关系反映了各变量之间长期稳定的均衡关系，而在短期中，变量可能偏离其长期均衡状态，但会逐步向长期均衡状态调整。为了反映服务业竞争力、服务贸易开放度、服务业外商直接投资、GDP、城镇居民家庭人均可支配收入同比增长率之间的短期偏离修正机制，可以利用 VEC 模型进行分析，滞后阶数为 1，模型如下：

$$\Delta \ln RCA = -0.094 \Delta ECM（-1）+0.1255 \Delta \ln RCA（-1）$$
$$-0.1867 \Delta \ln GDP（-1）+0.0859 \Delta \ln FDI（-1）$$
$$-0.0139 \Delta \ln INCOME（-1）-0.02043 \Delta \ln TRADE（-1）$$
$$+0.003052$$

（$R^2 = 0.769385$，$AdjR^2 = 0.513146$，$AIC = -2.9167$，$SC = -2.5686$）

误差修正系数为 -0.094，为负，符合反向修正机制。在短期内，服务贸易开放度、服务业外商直接投资、城镇居民家庭人均可支配收入同比增长率可能偏离其与服务业竞争力的长期均衡水平，上一年度的非均衡误差以 0.094 的比率对本年度的服务业竞争力做出调整。

（四）格兰杰因果检验

上述协整关系检验的结果表明，服务业竞争力、服务贸易进口、服务业外商直接投资、GDP、城镇居民家庭人均可支配收入同比增长率之间存在长期稳定的相互依赖关系，因此我们可以运用格兰杰因果检验法进一步研究它们之间的因果关系。格兰杰因果检验有两种形式：一种是传统的基于 VAR 模型的检验；另一种是最近发展起来的基于 VEC 模型的检验。两者的区别在于各自适用的范围不同，前面的方法仅适用非协整序列间的因果检验，而后者则是用来检验协整序列间的因果关系。弗德斯坦因（Feldstein，1994）认为，如果非平稳变量间存在协整关系，则应考虑使用基于 VEC 模型进行因果检验，即不能省去模型中的误差修正项，否则得出的结论可能会出现偏差。因此可以基于 VEC 模型进行格兰杰因果检验，结果如表 4 - 10 所示。

表 4 – 10　格兰杰因果检验结果

零假设	F 统计量	P 值
lnTRADE 不是 lnRCA 的格兰杰成因	6. 32736	0. 0210
lnRCA 不是 lnTRADE 的格兰杰成因	3. 22335	0. 0885
lnINCOME 不是 lnRCA 的格兰杰成因	0. 52574	0. 4772
lnRCA 不是 lnINCOME 的格兰杰成因	0. 66918	0. 4235
lnGDP 不是 lnRCA 的格兰杰成因	11. 30430	0. 0033
lnRCA 不是 lnGDP 的格兰杰成因	0. 08269	0. 7768
lnFDI 不是 lnRCA 的格兰杰成因	3. 25987	0. 0387
lnRCA 不是 lnFDI 的格兰杰成因	21. 54600	0. 0002

资料来源：Eviews7. 2 计算结果。

由表 4 – 10 可知，服务贸易进出口是服务业竞争力的格兰杰成因，服务业竞争力对其也有反作用，收入增长与服务业竞争力没有显著的格兰杰因果关系，GDP 是服务业竞争力的格兰杰成因，反之不成立；服务业外商直接投资是服务业竞争力的格兰杰成因，服务业竞争力又反作用于服务业外商直接投资水平。

四、主要结论

服务贸易开放度和服务业外商直接投资、收入水平和经济总量对中国服务业竞争力的提升均具有正向的拉动作用，尤其是服务贸易开放度、服务业外商直接投资具有相当显著的拉动作用（两者与服务业竞争力的协整系数分别高达 0. 599643 和 0. 142416）。服务贸易开放度和外商直接投资对促进本土企业技术引进和吸收方面起到了明显的作用，提升了企业出口市场占有率。但 GDP 水平对服务业竞争力的拉动作用较为微弱，收入水平与服务业竞争力的提升呈现出负相关性，在格兰杰因果检验中，两者也没有因果关系。这说明现阶段中国居民收入的增长对促进本国服务业出口的增长作用不大，收入水平的增长可能在一定程度上刺激了外需，导致对中国服务业整体竞争力反而有一定的负面作用。

第五章　负面清单管理：服务业
对外开放的基本趋势

负面清单和准入前国民待遇成为近年来国际多双边投资规则发展的重要趋势，很多发展中国家和新兴经济体也主动或被动地在外资法规中采用了负面清单管理模式，并在负面清单的采用过程中积累了诸多转型经验，如菲律宾、印度尼西亚、韩国等。负面清单管理模式是全球投资规则改革的大势所趋，未来中国服务业对外开放面临的冲击势必要在负面清单管理模式下重新进行审视。

第一节　中国服务业负面清单改革历程

一、中国自贸区负面清单发展趋势

自 2013 年以来，中国迄今为止已发布三次针对外资准入的负面清单，即《中国（上海）自由贸易试验区外商投资准入特别管理措施（负面清单）(2013 年)》、《中国（上海）自由贸易试验区外商投资准入特别管理措施（负面清单）(2014 年)》和 2015 年 4 月出台的《自由贸易试验区外商投资准入特别管理措施（负面清单)》，从三个版本的负面清单的演变趋势看，大致呈现以下两个特点。

1. 清单长度明显缩减

2015 年版自贸区负面清单长度明显缩减，从条款数量看，负面清单内容从 2014 年版的 139 条减少为 122 条。制造业特别管理措施所占比例大幅下降，2015 年版负面清单在制造业方面的条款由 2014 年版的近 50 条减少到 17 条。

其中，农副产品加工业、酒类、烟草、印刷、文教、工艺美术、体育和文化用品等一般制造业领域完全放开，只是在航空、船舶、汽车、轨道交通、通信设备、矿产冶炼、医药制造等关系国计民生的重点制造业领域对外资有所限制。此外，与 2014 年版负面清单相比，房地产和建筑业的不符措施已取消。

2. 不符措施描述部分趋于复杂

2015 年版负面清单虽然长度缩减，但开放度并没有相应提升。注册资本要求、投资比例限制、限制投资、中方控股、经营年限要求等描述在 2015 年版清单中有所减少甚至不再出现，但总体来看，2015 年版负面清单特别管理措施趋于复杂，出现了更多的对外资行为的直接限制，如自主知识产权要求、明确规定限制投资内容、法定代表人国籍要求等。此外，新版清单中还保留了大量行政许可要求。

二、中国自贸区负面清单（2015）存在的问题

从中国自贸区负面清单的演变趋势看，现行的 2015 年版自贸区负面清单依然存在诸多问题，尤其是透明度方面，相关描述和规定依然与国际通行规则相差较大。

1. 透明度和国内法律依据依然不足

各国负面清单标准格式基本都列出了相应的国内法律依据和涉及的原则，在美式 BIT 标准格式中，透明度要求的首要体现就是要公开投资东道国和母国与投资相关的国内法律、法规、政策、措施、决定、判决、裁定的具体条款以及程序；其次，与负面清单相对应的正面义务一般包括国民待遇、最惠国待遇、业绩要求、当地存在及高级管理人员和董事会等。大多数国家的负面清单中都列明了每一项不符措施不符合的条约条款、所涉及的行业、对具体措施的描述以及不符合条约的义务、原则等，但中国已出台的几版负面清单中均无此项内容，这是一大明显的缺失，违背了透明度原则。

2. 外资开放水平并无实质性提升

2015 年版自贸区负面清单中新增了诸多对外资具体行为的限制，与 2013 年、2014 年版清单相比，这些行为限制条款无法被简单地分类和归纳，反而增加了限制的多样性和具体操作层面的难度。因此，虽然清单长度不断缩减，但开放水平并没有相应地提升。其次，中国对于投资还存在诸多事前审批和限

制措施，这些措施同样适用于外资。即使设计了负面清单，但外资准入前仍然面临大量事前行政审批等程序，如环保、土地使用等事前程序，这是中国长期计划经济下以行政审批来管理市场行为的后遗症。

3. 对不符措施的描述过于简单

各项特别管理措施下缺乏较为清晰和具体的描述，总体还是较为宽泛地就某种行为或某一业务领域做出限制，还有待进一步细化到具体条款和具体行为的限制。另外，一些行为限制类措施缺乏相应的操作依据，如行政许可、比例限制、业绩要求、高级管理人员和董事会、商业存在要求等，缺乏相应的量化标准。有的限制措施的描述表述不够明确，只列出了具体经营模式限制或业务领域限制，没有设置具体量化标准，这一点在股份比例限制方面表现得特别明显。在大多数国家的负面清单中，对外资股份比例的限制一般分成若干个等级，如菲律宾外资准入负面清单分为禁止外资进入、外资股权不超过 25%、外资股权不超过 30%、外资股权不超过 40% 以及外资股权不超过 60% 等几种情况，韩国负面清单中相关规定还进一步细化到了对外资权益所占比例的限制。在实际行政审批过程中，这种量化和分级的规定提供了较清晰的依据，避免了在实际操作中出现较大的主观性和随意性，不容易产生争议。

三、中国自贸区负面清单未来的改进方向

基于中国自贸区负面清单管理实践存在的问题，未来应该在如下三个方面深入改革（见图 5-1）。

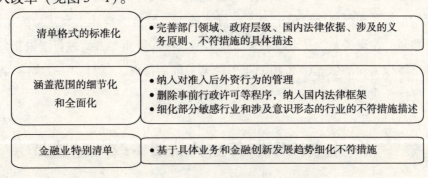

图 5-1 中国自贸区负面清单改革整体框架

资料来源：作者自行整理。

1. 清单格式的标准化

未来负面清单改进需要首先考虑的问题就是格式与国际标准接轨，即按照涉及部门领域、政府层级、国内法律依据、涉及的义务原则、不符措施的具体描述几大方面做进一步系统的修改和细化，列明具体细目。其中，涉及部门领域建议按照国际行业分类标准重新规划，政府层级分为中央政府和地方政府两大层级，分门别类列出相应法律、法规和制度等，涉及的义务原则按照国民待遇、最惠国待遇、业绩要求、商业存在、高级管理人员和董事会、市场准入几大类一一对应并列明。此外，可考虑设计两大类负面清单，即现行不符措施清单及未来有权采取措施和进一步保留的清单。

2. 涵盖范围的细节化和全面化

首先，从现行负面清单涵盖范围来看，自贸试验区的负面清单大多数规定仅限于外资准入前阶段，逐渐提出了对外资具体行为的限制，但对大量的外资准入后的行为尚未涉及，如准入后投资的扩大、管理、经营、出售或其他方式处置等。其次，大量针对外资的事前行政许可等程序可考虑从负面清单中删除，并进一步实现内外资一致，以遵循国内法律条款来进行管理。最后，对于部分敏感行业和涉及意识形态的行业的不符措施的描述可进一步细化。

3. 金融行业特别清单

从各国负面清单内容上看，大致都针对金融业单独列出一份负面清单，而中国出台的自贸区负面清单中对于金融业投资领域暂未形成一整套系统的管理和限制框架。现行负面清单中对于金融业的不符措施的描述主要从持股比例、资产数量、注册资本、从业经验、机构类型、经营资质等方面进行了限制，但仍缺乏操作层面的依据，如基于业务种类的限制措施，颇具"一刀切"的特点，显然无法与金融创新业务的发展与时俱进。

第二节　主要国家服务业负面清单改革经验借鉴

考虑到未来服务业对外开放将逐步被纳入负面清单模式下推进，服务业负面清单的设计就成为服务业开放的重要环节。服务业负面清单的设计需要考虑本国服务业发展水平和国际竞争力现状，以及对未来有发展潜力的服务业领域进行预判，在清单的设计过程中为其预留发展空间。基于美式负面清单格式已被接纳作为各国外资准入负面清单的主要形式，对美国负面清单的研究自然为中国自贸区服务业负面清单设计提供了主要的经验。除发达国家外，很多发展中国家和转型经济体都已经率先采用了负面清单管理模式，其经济发展阶段、产业发展水平等与中国更为相近，其在正面清单向负面清单转型的管理改革中采取的措施和做法也更加值得中国借鉴。

一、美国负面清单范围和不符措施

对美国近年来已签署的 BIT（2012 年版）范本与中国 2015 年 4 月出台的《自由贸易试验区外商投资准入特别管理措施（负面清单）》进行对比分析，从而探讨中国已发布的负面清单与其存在的差距。

美国负面清单所覆盖的产业较为集中，主要包括金融业、商业服务业、通信业和交通运输业，前三项都是美国的优势产业。由此可见，在对外开放、吸引国外投资者资金的同时，美国依然对其优势产业采取适度保护，控制风险，避免全盘放开。以金融业为例，在金融服务负面清单中，对保险业、银行及其他金融服务行业分为中央和地方两个法律层级，提出 18 项不符措施，包括保险业 4 项（地方层面 1 项）、银行及其他金融服务行业 14 项（地方层面 1 项），尤其对于外资银行和政府债券等几个关键领域做出重点阐述。对于相对劣势产业或不占优势产业，美国则予以谨慎开放、审慎保护。以交通运输行业为例，交通运输行业已成为韩国贸易顺差的一大来源。2013 年，韩国向美国出口运输设备位居所有出口国首位，占运输设备出口总额的 17.8%，运输服务出口在世界位列第三；而美国则是这一行业的贸易逆差国，竞争力远不及韩国。因此，在美韩 FTA 负面清单中，美国在第一类和第二类负面清单中共四处设定了交通运输业对外开放的不符措施。

美方负面清单中列明的不符措施分为七大类，大致为股权比例限制、从业资格限制、区域限制、政府优惠等。其中，金融业涉及的不符措施最多（见表 5 - 1）。

表5-1 美方负面清单中不符措施种类

不符措施	描述
绝对禁止	外资保险公司的分支机构不得为美国政府签署的合同提供履约担保（保险业）
股权比例限制	用联邦担保抵押基金建造船体的海上船只，当其价值的50%以上由非美国保险公司保险时，被保险人必须证明风险大部分来自美国市场（保险业）
岗位限制	国家银行的所有董事必须为美国居民，虽然货币监理署的国籍要求可以放宽，但是比例不能超过50%（银行及其他金融服务业）
区域限制	所有州、哥伦比亚和波多黎各地区所有现存的不符措施（保险业）
市场准入	作为在美国发行证券的唯一受托人的权利受制于互惠测试（银行及其他金融服务业）
政府优惠	美国可以对联邦住房贷款银行、联邦住房贷款抵押公司、联邦国民抵押贷款协会、农业信贷银行、联邦农业抵押贷款公司和学生贷款协会等政府扶持企业（GSE）给予优惠，包括但不限于下列优惠：①GSE的资本、准备金和收入免于部分税收；②GSE发行证券免于注册以及联邦证券法要求的定期报告；③美国财政部可以在自由裁量权内购买GSE发行的债券（银行及其他金融服务业）
其他特殊规定	在加拿大有主要经营场所的、在美国法律下注册的经纪自营商根据加拿大的监管应该在加拿大的银行维持其要求的准备金（银行及其他金融服务业）

资料来源：作者自行整理。

　　美国负面清单涉及的原则有关国民待遇、业绩要求、最惠国待遇、高管与董事会成员要求（如要求主要负责人是美国公民）。其中，涉及国民待遇和最惠国待遇的原则最多。美国与韩国的负面清单中，除了上述四种原则之外，还包括当地存在（如在美国境内设立企业或者办公室）和市场准入（如要求获得美国行政部门的授权），这两种主要适用于美韩之间的服务贸易。

　　美国负面清单不涉及任何一个制造业。相比而言，中国负面清单中涉及的制造业行业包括航空制造、船舶制造、汽车制造、轨道交通设备制造、通信设备制造、矿产冶炼和压延加工、医药制造和其他，共涉及17项特别管理措施。虽然这在全部122项特别管理措施中所占比重并不大，但从具体描述内容看，不符措施主要包括禁止投资、限制投资、中方控股、限于合资合作，其他少数不符措施还包括：城市轨道交通项目设备国产化比例须达到70%以上，新建纯电动乘用车生产企业生产的产品须使用自有品牌，拥有自主知识产权和已授权的相关发明专利。虽然不符措施数量和具体限制措施已大大减少，但与美方要求仍相去甚远。

对于中美 BIT 在服务业领域负面清单可能出现的行业和不符措施的预判，可以参照美韩 FTA 和中澳 FTA 的内容进行预估。因为中美分别都与韩国签订了 FTA，韩国一些产业的发展情况与中国存在相似的地方，如汽车制造等，所以在一定程度上中方可以借鉴韩国与美国在负面清单设计方面的经验。

二、韩国负面清单范围和不符措施

在美韩 FTA 中，不符措施分为两大部分：一是现有不符措施，二是有权保留或进一步采取的不符措施。对于后者而言，基本涉及的是服务业，也包括所有行业和武器、渔业等。现有不符措施中，在制造业方面，只对生物产品制造保留了业绩要求。中澳 FTA 负面清单不符措施同样分为两大部分：一是现有不符措施，二是有权保留或进一步采取的不符措施。两份清单大多数涉及的也是服务业。

因此，从美韩 FTA、中澳 FTA 中负面清单（见表 5-2、表 5-3）来看，中美 BIT 负面清单的设置中，制造业部分的不符措施内容和长度将受到很大限制，负面清单中服务行业的修改和调整不仅是中美 BIT 谈判中美国的重点和双方的主要分歧点，也是 TISA、FTA 等双边、多边协定的主要依据。

表 5-2　美韩 FTA 中韩方涉及服务业领域的负面清单（现行不符措施）

部　门	不符措施描述	涉及原则
建筑业服务	当地商业存在	当地存在
工程机械租赁、销售、维护相关服务	当地商业存在	当地存在
烟酒批发零售	当地商业存在，禁止电子商务等在线销售，指定零售商	市场准入，当地存在
批发、零售服务	当地商业存在，需行政许可，经营实体数量限制	市场准入，当地存在
运输服务	需行政许可，法人资质要求，市场需求测试，当地商业存在，国籍限制，需注册，注册主体国籍限制等	市场准入，当地存在
快递服务	当地商业存在，市场需求测试，需行政许可	市场准入，当地存在
电信服务	需行政许可，外资股权比例限制，设两年过渡期，经营主体国籍限制	市场准入，当地存在，国民待遇

续表

部　门	不符措施描述	涉及原则
房地产经纪和估价服务	当地商业存在	当地存在
医疗器械零售、租赁、维护	当地商业存在	当地存在
汽车租赁	当地商业存在	当地存在
科研服务、海洋地图制作	需要许可和授权	国民待遇
专业服务	经营资质要求，需在当地专业执业协会注册，当地商业存在，经营实体数量限制	市场准入，当地存在
工程等技术服务	当地商业存在，不允许以合作形式提供服务	当地存在
商业服务	当地商业存在，具体经营内容限制，经营者国籍限制，经营资质规定，法人实体性质要求，经营实体数量限制等	市场准入，当地存在，业绩要求，高级管理人员和董事会要求
调查和安保服务	业务种类限制，经营资质要求	市场准入，当地存在
出版物配送分销	需获文化旅游部部长推荐	国民待遇
教育	高级管理人员和董事会成员50%以上为本国人，经营资质要求，学生人数限制，业务领域限制，当地商业存在等	国民待遇，市场准入，高级管理人员和董事会要求
兽医	当地商业存在	当地存在
环境服务	当地商业存在	当地存在
演出服务	外国人在韩国表演或邀请外国人表演需获得来自媒体分级委员会的推荐	国民待遇
新闻社通讯社服务	限于合作，国籍限制，外国人权益比例限制	市场准入，当地存在，高级管理人员和董事会要求
分销（农业、畜牧业）	外国人权益比例限制，经营环节专营权规定	国民待遇，市场准入
通信服务——广播服务	经营者国籍限制，需获得许可，外国人权益比例限制，设置三年过渡期，对播出内容、业务领域、播出时间等均有明确规定	市场准入，当地存在，业绩要求，高级管理人员和董事会要求
娱乐、文化、体育——电影放映	本土电影放映天数要求	业绩要求，市场准入

资料来源：美国贸易代表处网站。

表 5 – 3 美韩 FTA 中韩方涉及服务业领域的负面清单

（有权保留或进一步采取不符措施的行业）

部　门	有权保留采取相关措施的领域	涉及原则
所有部门	有权采取 2007 年外商投资促进法相符的程序性要求、执行措施以及其他适用法律相符的措施；对社会利益构成威胁的投资；保证非歧视和公正的执行，不对投资构成变相的限制；仲裁相关的例外措施	国民待遇，业绩要求
	国有资产处置例外（符合透明度要求）	国民待遇，业绩要求，高级管理人员和董事会要求，当地存在
	针对 GATS 第 16 条的相关保留权利（跨境服务）	市场准入
	本协议签订前就实施和生效的多双边协定不适用的规定，在海事、航空、渔业领域签订的多双边协定不适用本协议，即使这些协议在本协议签订后生效	最惠国待遇
	有关行使政府权力的服务不适用于已签订的协定	国民待遇，业绩要求，高级管理人员和董事会要求
土地收购	对外资参与土地买卖保留权利（不违反外国人土地法案的相关规定）	国民待遇
枪支、刀剑、爆炸物及类似物品	有权对枪支、刀剑和炸药、爆炸物的制造、使用、销售、储存、运输、进出口采取措施	国民待遇，业绩要求，高级管理人员和董事会要求，当地存在
弱势群体	有权采取措施给予弱势群体相关权利	国民待遇，业绩要求，高级管理人员和董事会要求，当地存在，最惠国待遇
国有电子、信息系统	对于含有政府专有信息或由政府监管职能和权利收集到的信息的国有电子信息系统的运营和管理有权采取保留措施，此项条款不适用于相关金融服务支付和结算系统	国民待遇，业绩要求，高级管理人员和董事会要求，当地存在
社会服务	对于执法和惩戒相关的社会服务、收入保障或保险，社会保障或保险，社会福利，公共培训，卫生和儿童保育等公共服务保留采取措施的权利	国民待遇，业绩要求，高级管理人员和董事会要求，当地存在，最惠国待遇

部 门		有权保留采取相关措施的领域	涉及原则
通信服务业	广播部门	无线电谱共享等互惠措施、市场准入、直接到户的单向卫星传输和直接广播卫星电视和数字音频服务相关的国际协定例外	最惠国待遇
	非垄断的邮政服务	由军事服务人员或具同等地位的其他人员提供的邮政支持服务，信息与通信部的部长无需建设与交通部长授权，即可以分配相关服务所需车辆	国民待遇
	广播服务	媒体部门间跨部门所有权限制，设置外资认定所依据的股权比例或权益比例标准，广播服务提供商董事会成员国籍要求，需要一个平台运营商（如有线电视系统或卫星广播运营商）来重发地面广播信道或发送公益频道，要求一定比例的时间播放韩国动画，强制性外包配额，视频点播服务韩语内容比例要求，限制或禁止外商重传广播服务	国民待遇，市场准入，业绩要求，当地存在，高级管理人员和董事会要求
	广播和电信业务	订阅视频服务供应商	国民待遇，业绩要求，高级管理人员和董事会要求，市场准入，当地存在
	广播和视听服务	电影和电视制作由合作生产安排补足作品国民待遇，确定广播和视听节目是否是韩国制作	最惠国待遇，业绩要求，国民待遇
运输服务	铁路运输	与其他国家的多双边协议不适用该协议规定	最惠国待遇
	公路客运运输服务	出租车服务和定期客运道路运输服务	国民待遇，业绩要求，高级管理人员和董事会要求，当地存在，最惠国待遇
	内部水路运输和航天运输	国内水路运输服务和空间运输服务	国民待遇，业绩要求，高级管理人员和董事会要求，当地存在，最惠国待遇
	仓储服务	大米仓储服务	国民待遇
	海上旅客运输和海洋船运	国际海上旅客运输服务，海上沿海运输和韩国船只运营，行政许可要求，市场需求测试要求，沿海运输限于韩国船只	国民待遇，业绩要求，高级管理人员和董事会要求，最惠国待遇，当地存在

续表

部 门		有权保留采取相关措施的领域	涉及原则
环境服务		处理和供应服务饮用水，收集和处理服务城市污水，收集、运输和处置服务城市生活垃圾；卫生和类似服务，自然和风景保护服务（环境影响评价服务除外），私人当事人之间根据合同提供上述服务是允许的	国民待遇，业绩要求，当地存在
原子能		核能发电，制造和核燃料供应，核材料，放射性废物处理与处置，放射性同位素和辐射发电设施，监控辐射服务，涉及核能的规划、维护和维修服务	国民待遇，业绩要求，高级管理人员和董事会要求，当地存在
能源服务		发电（除核电外），电力传输，配送销售电力业务，但不低于附件一承诺水平	国民待遇，业绩要求，高级管理人员和董事会要求，当地存在
		天然气的进口、分销、终端运营、国家高压管网建设等，但不低于附件一承诺水平	国民待遇，业绩要求，高级管理人员和董事会要求，当地存在
分销服务		佣金代理服务，批发（含进口）服务，水稻、人参和红参的零售服务	国民待遇，业绩要求，当地存在
商业服务	房地产服务（不包括房地产经纪及评估服务）	房地产开发、供应、管理、销售、租赁服务（经纪和评估服务除外）	国民待遇，业绩要求，当地存在
	破产接管和服务	破产和接管服务，企业重组	国民待遇，当地存在，高级管理人员和董事会要求
		地籍测量服务以及地籍图相关服务	国民待遇
		农业、狩猎、林业和渔业附带服务	国民待遇，当地存在，高级管理人员和董事会要求，业绩要求
数字音频和视频服务		对于面向韩国消费者的数字音频和视频服务，韩国保留采取任何措施	国民待遇，最惠国待遇，业绩要求，当地存在
商业和环境服务		考试、发证和农业原料和活畜的分类	国民待遇，当地存在

续表

部　门	有权保留采取相关措施的领域	涉及原则
报纸发行	出版报纸（包括印刷和分发）	国民待遇，当地存在，高级管理人员和董事会要求
教育服务	学前、小学、中学、高等教育和其他教育	国民待遇，当地存在，高级管理人员和董事会要求，业绩要求，最惠国待遇
社会服务	健康服务	国民待遇，当地存在，高级管理人员和董事会要求，业绩要求，最惠国待遇
娱乐、文化与体育服务	运动画面推广，广告或后期制作服务	国民待遇，最惠国待遇，业绩要求，当地存在
	博物馆和其他文化服务	国民待遇，当地存在，高级管理人员和董事会要求，业绩要求
其他娱乐服务	农村旅游业、渔业和农业网站	国民待遇
法律服务——外国法律咨询	外国授权的律师或外国律师事务所在韩国提供法律服务，外国执业律师、律所与韩国执业律师、律所等机构结成伙伴关系、隶属关系等；例外：美国律所建代表处以及美国执业律师提供相关服务，两年过渡期后允许外国法律顾问办公室与韩国律所合作，共同应对国内外法律相互混合的情况，五年过渡期后允许美国律所在韩国成立合资公司，韩国可以有股权比例或权益限制，要求雇佣韩国执业律师作为合伙人	国民待遇，当地存在，高级管理人员和董事会要求
专业服务 外国会计师事务所	根据外国法律注册的会计师或会计公司及在外国注册的会计师在韩国提供审计服务，高级管理人员和法人董事会提供合格的公共会计服务；针对美国的例外规定，包括五年过渡期等	国民待遇，当地存在，高级管理人员和董事会要求
专业服务 外国注册税务师	根据外国法律注册认证税务师或税务代理公司，国外认证税务师在韩国提供税务对账服务及税务代表服务，高级管理人员和法人董事会提供注册税务师会计服务，包括有关的主席；针对美国的例外规定，包括五年过渡期等	国民待遇，当地存在，高级管理人员和董事会要求
商业服务	受控制的商品、软件、技术的出口和再出口	国民待遇，当地存在

资料来源：美国贸易代表处。

从韩国负面清单来看，其在一定程度上代表了韩方可以接受的不符措施的限制方式和程度，从涉及原则来看，当地存在、市场准入、国民待遇、业绩要求、高级管理人员和董事会等都有涉及。总体来看，韩国服务业对外资普遍存在当地商业存在要求，在大多数行业存在经营主体的国籍限制，少数行业存在外资股权比例、权益比例方面的限制以及行政许可，极少数行业还限制了外资进入的方式。从服务业各细分行业不符措施看，运输服务、商业服务、专业服务、教育、通信服务领域限制措施较多，并且规定较为细致，有具体的业务领域、经营方式等外资行为限制。

三、澳大利亚负面清单范围和不符措施

从澳方负面清单看，涉及原则较为集中，即市场准入、国民待遇和最惠国待遇，很少涉及业绩要求、高级管理人员和董事会等。并且，澳方清单中还有中央政府和地方政府两个层面不同的规定，许多服务业领域存在地方层面的特殊规定。专业服务、运输、分销、教育、通信等领域不符措施相对较多，规定也较为细致，存在大量对外资行为的限制（见表5-4、表5-5）。

表5-4　中澳 FTA 中澳方涉及服务业领域的负面清单（现行不符措施）

部门	内　容	涉及原则
安保服务	只有澳大利亚公民或永久居民方可取得在新南威尔士州开展安保业务的许可证	国民待遇
专业服务	专利代理人必须是澳大利亚常住居民； 非澳大利亚常住居民的人士，可能会被拒绝注册成为公司审计师或清算师。提供审计服务的事务所，至少必须有一名合伙人是澳大利亚常住的注册公司审计师； 移民代理人必须是澳大利亚公民或永久居民，抑或是持特殊类别签证的新西兰公民，方可在澳大利亚开展移民代理； 报关服务提供者必须在澳大利亚境内或从澳大利亚提供服务； 地方政府也有其他规定等	国民待遇
通信服务	澳大利亚邮政公司享有在澳大利亚境内发行邮票和在澳大利亚为来自澳大利亚境内外的信件提供寄递服务的专营权	市场准入，国民待遇，最惠国待遇

部门	内　容	涉及原则
研发服务	经营实体优先排序	国民待遇
房地产与分销服务	非澳大利亚居民不可被委任为代理人，有注册地点要求	国民待遇
采矿与相关服务	要求使用当地劳动力和服务	国民待遇
其他商业服务	根据澳大利亚北领地《性交易监管法》要求：只有北领地居民方可获发陪侍机构业务的经营许可证或管理许可证，满足居住要求	国民待遇
分销服务	新南威尔士州对大米保留经销管理局制度，而西澳大利亚州对马铃薯也保留经销管理局制度； 只有北领地居民方可获发火器许可证。许可证与牌照将在持证人不再永久居住于北领地三个月后失效； 居住地点要求、营业范围限制等	国民待遇
健康服务	经营地点要求，董事会成员国籍要求，联邦血清实验室不得在境外注册等	国民待遇
旅游与旅游相关服务	取得旅游代理经营许可证的人员，必须在昆士兰拥有营业地址（地方政府要求）	国民待遇
娱乐、文化与体育服务	办事处地点要求、要求首席执行官为当地居民	国民待遇
运输服务	每家提供澳大利亚往来国际班轮货物运输服务的海运承运人，必须始终以居住在澳大利亚的自然人作为代表人； 股权比例限制、董事会成员国籍要求、经营地点限制； 地方政府其他要求等	国民待遇
金融服务	要在澳大利亚开展银行业务的实体，必须是法人实体，并获得澳大利亚金融监督管理局（APRA）授权，成为经授权的存款吸收机构（ADI）； 地方政府其他规定，包括总部设在当地、在地方设有经营场所等	市场准入，国民待遇

表5-5 中澳 FTA 中澳方涉及服务业领域的页面清单
(可以维持现行措施或将来采纳新的限制性更高的措施)

部门	内 容	涉及原则
所有部门	澳大利亚保留权利，采取或维持任何通过自然人存在或其他自然人移动方式提供服务的措施，包括入境或临时居留，采取或维持优先照顾原住民组织	市场准入，国民待遇
	对于外国人及外国政府投资者在澳大利亚的投资计划，澳大利亚有权采取或维持其认为出于保护基本安全利益所必需的任何措施	市场准入，国民待遇，最惠国待遇
社会服务	澳大利亚保留权利，采取或维持有关提供执法与惩教服务及以下方面的措施，该类服务属于为公共利益而创办或维持的社会服务：收入保障或保险、社会保障或保险、社会福利、公共教育、公共培训、医疗卫生、托儿、公共事业、公共交通与公共住房	市场准入，国民待遇，最惠国待遇
通信服务与娱乐、文化和体育服务	澳大利亚保留权利，采取或维持以下方面的措施： • 创意艺术、文化遗产及其他文化产业，包括视听服务、娱乐服务与图书馆、档案、博物馆及其他文化服务； • 广播与视听服务，包括规划、许可与频谱管理方面的措施	市场准入，国民待遇，最惠国待遇
分销服务	澳大利亚保留权利，采取或维持烟草制品、酒精饮料或火器批发与零售贸易服务方面的任何措施	市场准入
教育服务	澳大利亚保留权利，采取或维持初等教育方面的任何措施； 澳大利亚保留权利，采取或维持以下方面的任何措施： • 独立的教育和培训机构在录取政策、学费设置、课程大纲或课程内容制订方面保持自主权的能力； • 针对教育和培训机构及其项目非歧视性的认证质量保证程序，包括必须满足的标准； • 提供给教育和培训机构的政府资金、补贴或补助，如土地划拨、税收优惠和其他公共利益；或 • 教育和培训机构需遵守关于在特定司法管辖区内建立和运营某设施	市场准入，国民待遇，最惠国待遇
博彩业	澳大利亚保留权利，采取或维持博彩业方面的任何措施	市场准入，国民待遇
海运	澳大利亚保留权利，采取或维持沿海运输服务与离岸运输服务方面、在澳船舶注册的任何措施	市场准入，国民待遇
运输服务	澳大利亚保留权利，采取或维持联邦出租机场投资方面的任何措施	市场准入，国民待遇
金融服务	澳大利亚保留权利，采取或维持由政府对政府所有实体提供担保的任何措施，包括实体私有化方面的担保，该担保可能开展金融操作	国民待遇

资料来源：中国自贸区服务网。

四、代表性发展中国家负面清单简介

印度尼西亚、菲律宾等已经实行负面清单管理模式的发展中国家,其经济发展阶段、经济总量规模、产业发展现状等特征与中国更为相近,因此,其负面清单的设计对中国更有参考价值(见表5-6)。

表5-6 代表性发展中国家负面清单对比

	不符措施	清单范围
菲律宾	外资持股比例限制分七个档次:禁止投资;20%最高持股比例;25%最高持股比例;30%最高持股比例;40%最高持股比例;49%最高持股比例;60%最高持股比例等。依据《外商投资法》,除禁止外资的领域外,对于未列入负面清单的领域和清单A的领域,外资只需向证券交易委员会或贸易与工业部的贸易与消费者保护处登记备案即可。对于清单B的领域,外资必须得到警察厅或国防部的事前审批和授权。另外,对于一些需特许经营或向特定政府部门特别登记的行业,仍然要遵循特别法	分清单A和清单B。清单A列出的是依据菲律宾宪法或其他法律限制外资投资比例的领域; 清单B列出的是依据国家安全、防卫、健康和道德风险,或者保护中小企业等原则限制外资投资比例的领域。但是金融领域仍然适用专门的银行法
印度	外资持股比例限制有四种:26%、49%、51%和74%。这些比例上限的设定是为了与1956年的《公司法》配套。按照政府的解释,26%以上的股份才能阻止某些特定的公司决策;49%意味着不能控股;51%以上意味着能够控制公司的一般决策;74%以上则能阻止特别重大的公司决策;51%以上印度国民控股的公司再投资的,不受负面清单限制,这就意味着所有行业的外资持股至少能达到49%	印度禁止四个行业的外商投资:①零售贸易(除单一品牌零售以外);②原子能;③彩票;④赌博。除此之外,印度对外资准入的限制分为三个方面:①持股比例限制;②准入许可程序;③附加条件,如国籍要求、最低资本要求、锁定期限等
印度尼西亚	不符措施大致分为十类:①为中小企业保留行业;②与中小企业合作;③有限外资所有权;④特定地点;⑤需要特许可;⑥100%国有资本;⑦外资及特定地点;⑧外资与特殊许可;⑨100%国有资本及特殊许可;⑩外资所有权/东盟国家资本投资地点等	农业、林业、工业(对环境有害)、运输、通信信息服务、教育、文化、旅游等

资料来源:作者自行整理。

　　总体来看，首先，发展中国家大致将以下几类行业纳入了负面清单，一是战略性行业，如能源、资源；二是农业；三是教育、通信、文化等敏感领域。部分敏感行业和领域没有以负面清单的形式进行规制，如菲律宾对金融领域的做法，仍适用其国内银行法。其次，发展中国家负面清单开放程度显然并不高，不符措施中外资股份比例的限制、业绩要求、行政许可要求等大量存在，这明显与美式投资规制不符。

第三节　未来中国服务业负面清单调整方向

一、中美 BIT 负面清单中重点调整的内容和趋势

　　根据中美双方负面清单覆盖范围和不符措施的对比，大致可以预测未来双方负面清单磋商的发展趋势：一是美方已签订的 BIT 中出现的不符措施和行业很有可能继续被纳入中美 BIT 负面清单，中国 2015 年自贸区负面清单中也有相应的规定，这部分内容基本可以保留；二是在制造业领域不符措施的删减；三是在服务业领域不符措施的删减。其中，后两项将成为双边博弈的重点。

　　1. 美方 BIT 中出现的不符措施所涉及的领域基本可以保留

　　美国 BIT 中美方负面清单涉及的行业可归纳为六个领域：一是资源领域；二是能源领域；三是运输领域；四是通信领域；五是金融及地产领域；六是水平型限制（针对所有行业的限制）。虽然不同时期负面清单项目的具体表述略有差异，但上述六个领域均有项目涉及。这六大领域体现了美国投资保护的基本意向和目的。其中前五个领域都与国家安全紧密相关，而第六个领域则为美国政府对本国产业和企业提供政策支持预留了空间。

　　针对美方负面清单已出现的这六大领域，中方自然可以提出对等要求，根据表 5 - 7，美方六大领域不符措施在中方 2015 年自贸区负面清单也有相应的表述，但具体描述存在差异。总体而言，中国 2015 年自贸区负面清单所涉及的这六大领域预计基本可以保留（见表 5 - 7）。

表 5 – 7　美国已签订的 BIT 中不符措施与中国 2015 年自贸区负面清单相关内容的对比

美方涉及领域	美方不符措施涉及的领域	中方涉及领域	中方 2015 年自贸区负面清单规定的特别管理措施
资源领域	土地和自然资源的使用	采矿业	专属经济区与大陆架勘探开发须经中国政府批准；石油、天然气开采限于合资、合作
	在公有土地上采矿		
	渔业	农、林、牧、渔业	渔业捕捞须经中国政府批准。不批准以合作、合资等方式引进渔船在管辖水域作业的船网工具指标申请
	政府土地上的矿产资源租赁；政府土地上的矿产资源和管道通行权租赁		
能源领域	能源和电力生产	电力、热力、燃气及水生产和供应业	核电站的建设、经营，须由中方控股。核燃料、核材料、铀产品以及相关核技术的生产经营和进出口由具有资质的中央企业实行专营。国有或国有控股企业才可从事放射性固体废物处置活动
运输领域	航空运输；远洋及沿海航运；海运服务及海运相关服务；空运服务及空运相关服务；报关代理人	交通运输、仓储和邮政业	道路、铁路、水上、公共航空运输；通用航空运输，民用机场与空中交通管制
通信领域	广播电视及电台公共营运人的所有权及运营权；广播及公共营运人或航空无线电台的许可、通信卫星、基于单向卫星传送的电视和数字音频直接到户和直播服务	文化、体育和娱乐业	广播电视播出、传输、制作、经营
	电话电报服务、卫星通信、海底电缆服务；通信卫星企业的股权和所有权、电话电报的公共营运服务提供、海底电缆服务提供；海底电缆的铺设	信息传输、软件和信息技术服务业	电信传输服务限于中国"入世"承诺开放的电信业务

美方涉及领域	美方不符措施涉及的领域	中方涉及领域	中方2015年自贸区负面清单规定的特别管理措施
金融及地产领域	银行业、保险业；银行、证券、保险和其他金融服务；房地产所有权、不动产所有权；政府债券的主经销权	金融业	银行业股东机构类型要求、资质要求、股权比例要求；外资银行；期货公司；证券公司；证券投资基金管理公司；证券和期货交易；保险机构设立、保险业务
		房地产业	—
水平型限制（针对所有行业）	政府补助；政府保险和贷款项目；补贴或补助，包括但不限于政府支持的贷款、担保和保险	所有行业	《外商投资产业指导目录》中的禁止类以及标注有"限于合资""限于合作""限于合资、合作""中方控股""中方相对控股"和有外资比例要求的项目，不得设立外商投资合伙企业；外国投资者并购境内企业、外国投资者对上市公司的战略投资、境外投资者以其持有的中国境内企业股权出资涉及外商投资项目和企业设立及变更事项的，按现行规定办理
其他特殊项目	岸基海运设施；股权和其他有价证券的出售、供出售或收购，以及其他的相关服务和活动；政府采购；依据NAFTA协议第1108条，政府和地方性措施对NAFTA协议第1102条的豁免	无	—

资料来源：作者自行整理；美方不符措施列表来源：陆建明，杨宇娇，梁思焱. 美国双边投资协议中签约双方负面清单的比较研究 [J]. 外国经济管理，2016（2）：89－90.

2. 制造业领域的调整方向和趋势

从美韩 FTA、中澳 FTA 中负面清单来看（见表 5-8），中美 BIT 负面清单的设置中，制造业部分的不符措施内容和长度将受到很大限制，负面清单中服务行业的修改和调整不仅是中美 BIT 谈判中美国的重点和双方的主要分歧点，也是 TISA、FTA 等双边、多边协定的主要依据。

表 5-8　澳大利亚和韩国负面清单比较

部门	韩方		澳方	
	不符措施	涉及原则	不符措施	涉及原则
批发、零售服务	当地商业存在，行政许可，经营实体数量限制	市场准入，当地存在	新南威尔士州对大米保留经销管理局制度，而西澳大利亚州对马铃薯也保留经销管理局制度	国民待遇
运输服务	行政许可，法人资质要求，市场需求测试，当地商业存在，国籍限制，需注册，注册主体国籍限制等	市场准入，当地存在	每家提供澳大利亚往来国际班轮货物运输服务的海运承运人，必须始终以居住在澳大利亚的自然人作为代表人	国民待遇
通信服务	需行政许可，外资股权比例限制，设两年过渡期，经营主体国籍限制	市场准入，当地存在，国民待遇	澳大利亚邮政公司享有在澳大利亚境内发行邮票和在澳大利亚为来自境内外的信件提供寄递服务的专营权。股份比例限制	市场准入
专业服务	经营资质要求，需在当地专业执业协会注册，当地商业存在，经营实体数量限制	市场准入，当地存在	专利代理人必须是澳大利亚常住居民，非澳大利亚常住居民的人士，可能会被拒绝注册成为公司审计师或清算师。提供审计服务的事务所至少必须有一名合伙人是澳大利亚常住的注册公司审计师；移民代理人必须是澳大利亚公民或永久居民和持特殊类别签证的新西兰公民，方可在澳大利亚开展移民代理报关服务；提供者必须在澳大利亚境内或从澳大利亚提供服务，地方政府也有其他规定等	国民待遇，最惠国待遇
娱乐、文化、体育	本土电影放映天数要求	业绩要求，市场准入	办事处地点要求、要求首席执行官为当地居民	国民待遇

续表

部门	韩方		澳方	
	不符措施	涉及原则	不符措施	涉及原则
通信服务	经营者国籍限制、需获得许可，外国人权益比例限制，设置三年过渡期，对播出内容、业务领域、播出时间等均有明确规定	市场准入，当地存在，业绩要求，高级管理人员和董事会	澳大利亚邮政公司享有在澳大利亚境内发行邮票和在澳大利亚为来自境内外的信件提供寄递服务的专营权	
调查和安保服务	业务种类限制，经营资质要求	市场准入，当地存在	只有澳大利亚公民或永久居民方可取得在新南威尔士州开展安保业务的许可证	国民待遇

资料来源：作者自行整理。

3. 不符措施调整方向和趋势

在不符措施的使用方面，可以借鉴韩国负面清单中的常用做法，韩国方面的不符措施涉及范围较广，几乎纳入了所有服务业的细分行业，相关规定也更为细致，股权比例限制、国籍要求、地点要求、经营场所要求等均有出现，但都给出了相应的国内法律依据和涉及的原则，两国在运输、专业服务、教育、通信、商业服务等领域对外资的限制相对要高于其他服务业领域。可以看出，经营主体资质，如国籍要求、股权比例限制、经营地点要求普遍存在，也保留一些行业的专营权（如烟草销售），在关键领域对外资行为的限制和规定比较详细。对比中国 2015 年自贸区负面清单中的服务业部分，可以大致预估其部分不符措施可以继续保留，或与美方进行进一步研究。目前这些规定未来需要进一步提供国内法律依据，并在涉及原则方面做出说明。从不符措施看（见表 5 - 9），现有大多数不符措施可以保留，但需调整：经营主体资质方面的规定可以继续保留，部分行业可设置一定的过渡期，外资股份比例限制、行政许可等可以继续使用，但需缩减使用范围，从业经验、经营年限规定等可能需删除。从行业领域看，运输、信息传输、软件和信息技术服务、商业服务、文化、体育、娱乐等关键行业可以维持现有的开放程度，教育领域的相关规定需进一步细化，可对外资行为进行限制。

表 5-9 中国 2015 年自贸区负面清单中服务业领域的不符措施

涉及行业	现行规定	未来进一步调整的趋势
批发和零售业	明确规定实行专营及特许经营	烟草专营、储备粮专营、彩票发行销售等的规定可保留，或纳入将来可进一步采取措施的相关附件中
交通运输、仓储和邮政业	中方控股，外资比例限制，法定代表人须为中国籍公民要求，经营年限不超过 30 年的要求，单个外方投资比例限制，禁止投资等； 另外，明确规定了限制类内容，如不得使用外籍船舶（经许可除外）、悬挂国旗的船舶经营、禁止外国航空器经营人经营境内两点间运输、只有中国指定承运人可以经营的领域等	禁止投资类项目需做进一步修改，经营年限要求可能需要删除
信息传输、软件和信息技术服务业	外资比例限制、禁止投资； 外资比例不超过 50%、依法设立专门从事基础电信业务的公司且中资比例不少于 51%、禁止类标明中国"入世"承诺中已开放的内容除外、中国政府安全评估要求	可保留政府国家安全评估的规定，其他规定可进一步放宽，可讨论过渡期限的设置
金融业	投资比例限制、参股权比例限制、总资产数量要求、注册资本要求、从业经验要求； 经营者机构类型要求、资质要求（总资产要求、业务年限要求、特定条件）、持股比例限制、经营业务限制、中方控股	美韩 FTA 中金融业限制较少，中澳 FTA 中澳方在金融业相关不符措施中也几乎不涉及此类要求，未来可能需做较大的调整，或考虑将其纳入将来可进一步采取措施的相关附件中
租赁和商务服务业	合伙经营要求、外资比例限制等； 国籍要求、以代表机构方式进入、须经行政部门许可、资格认证和项目审批（统计调查）、合资合作、中方控股等	对经营资质的相关要求预计可以保留，股权比例限制等可能需进一步调整或放宽
水利、环境和公共设施管理业	中方控股、禁止投资	在涉及公众安全、国家安全的相关社会公共服务领域设置具体限制要求或纳入将来可进一步采取措施的相关附件中

续表

涉及行业	现行规定	未来进一步调整的趋势
教育	限于合作、禁止投资； 国籍要求、董事会中方人员不少于二分之一	可从具体运营的角度对经营资质、保留自主权等进行规定，或考虑纳入将来可进一步采取措施的相关附件中
卫生和社会工作	限于合资合作	社会工作和公共服务领域可设置具体限制要求
文化、体育和娱乐业	禁止投资、中方控股、限于合作； 需审批、指定申报单位、许可制度、经政府批准、中方主导、合作期限限制、中方掌握终审权、须审批设立代表机构编辑部、对国产电影特殊保护（放映时间比例要求）等	出于意识形态考虑，争取保留相关权利和规定，或纳入将来可进一步采取措施的相关附件中

资料来源：《自由贸易试验区外商投资准入特别管理措施（负面清单）》（2015）。

二、中方负面清单调整的相关建议

1. 不符措施涉及的国内法律依据问题

美国 BIT 每一个列入负面清单的项目都以与国家安全相关的立法为依据，明确列出了这些不符措施涉及的法案。相比而言，中国自贸区负面清单的法律依据明显不足，下一步应梳理相关国内法律依据和涉及原则，并在清单中明确列出。

2. 清单长度的缩减

在清单长度方面，美国负面清单不符措施数量很少，在其最新签订的两个 BIT 中，美方负面清单基本一致。三个附件中共包含了 29 项不符措施，其中附件 I 有 9 项，附件 II 有 6 项，附件 III 有 14 项。预计中方将在 2015 年自贸区负面清单的基础上进一步缩减。

中方负面清单对服务业，尤其是金融服务、航运服务、商贸、文化服务业限制依然偏多：①对业务范围的限制过多，对经营年限、高管资质和国籍都有着严格限制；②对外资股权比例和外国投资者投资比例的限制使用较多；③过度的资本规模要求，尤其是总资产和注册资本方面的要求。

3. 行业选择及调整原则

（1）中国已有法律和部门规章。法律和部门规章是已有的国内法，无论是上海自贸区作为区域尝试性立法，或者是在未来的中美和中欧以负面清单为基础的双边投资协定的谈判中，都应该考虑以已有的法律和部门规章为基础，这也是多数国家在双边投资协定中最常见的做法，即保留原有立法中不符合新的投资开放规定的条款不变。

（2）不同国家间已有的负面清单和不符措施所覆盖的行业范围。要考察其他国家的做法，把世界上多数国家都有所保留的行业也进行相应的保留，避免未来陷于无法周转的境地，同时将一些与中国较为类似或者是发展方向较为类似的国家的保留行业，也借鉴于中国的负面清单修订中。

（3）行业的技术进步速度与中国在该行业的科研水平。负面清单和不符措施管理方式，对于清单内的行业而言，更多的是一种保护作用。这种保护作用除了在一般情况下适用于一些外部性较大、市场失灵风险较高的行业之外，另一种可能的需求就是应用于一些增加较快而当前发展还相对薄弱，但由于中国的要素禀赋或者科技水平等的发展变动，在未来有可能成为较有竞争力的行业部门。

4. 服务行业分类与国际标准接轨

中国的负面清单的行业分类与国际未接轨，中国现行的负面清单行业分类是按照《国民经济行业分类及代码》（2013 年版）进行的。而从国际层面看，不管是 WTO 服务贸易协定（TISA）谈判，还是各国签订的 BIT、FTA 在内的双边、多边协议，行业分类基本是按照 WTO《服务部门分类列表的文件》进行的。中国的行业分类与国际标准不接轨，将必然影响在对外谈判过程中的行业对接问题，进而使自贸区负面清单的试验作用大打折扣，同时，也大大降低了中国负面清单的透明度。

建议负面清单中服务行业分类依据 WTO《服务部门分类列表的文件》12大类 155 个子部门进行调整修改。自贸区以该文件为依据制定负面清单和界定金融等领域的开放界限，不仅能在全球标准和惯例的基础上与国际 BIT 对接，提升负面清单质量，解决特别管理措施过于繁杂、透明度低、可操作性差等弊端，还有助于中美在同一基点上进行求同存异的 BIT 谈判。

第六章　负面清单管理模式下中国服务业外资管理体制改革的国际经验借鉴

本章重点对比分析了具有代表性的发展中经济体和转型经济体在负面清单管理模式下对本国外资管理体制所做的重点改革，分析服务业外资管理体制中三大核心问题及外资定义、负面清单涉及领域和不符措施的改革趋势，以为中国服务业外资管理相关改革提供经验借鉴。

第一节　负面清单模式下外资管理体制改革的核心问题及改革实践经验

一、负面清单管理模式下外资管理体制改革的核心问题

负面清单源于美式双边投资协定，在美式双边投资协定的前几款中往往都明确表明：在投资的新设、并购、扩大、管理、操作、营运和销售等方面，协定双方将相互给予完全的国民待遇和最惠国待遇，但不适用于协定双方在附件负面清单中明确列明除外的领域和活动；负面清单不得包括业绩要求。目前负面清单越来越多地在区域性或双边投资协定谈判中被采用。发展中国家囿于本国产业竞争力相对较弱，出于保护本国产业的考虑，在负面清单模式的采用方面较为谨慎。新加坡和日本是亚洲地区推行负面清单模式的先行者，负面清单首次在亚洲采用是在《新西兰与新加坡更紧密经济关系协定》中。拉美国家由于美国的带动也普遍接受了负面清单模式。欧盟则是在与拉脱维亚关于后者

加入欧盟的双边协定中采用了负面清单，之后在与乌克兰等国家的双边安排中也涉及负面清单，但推行此模式并不如美国积极。在这一轮 WTO 多哈回合谈判中，仍然沿用正面清单模式的多边进程遭受前所未有的挫折，服务贸易开放完全没有进展。另外，更多的国家转向双边或区域性贸易投资协定。美国力推的数项特惠贸易投资安排，包括 TPP、TIIP 等，都以负面清单为前提条件，似乎比多边谈判走得更快（王中美，2013）。在美国提出的"新一代投资规则"中，全面围绕西方所称"更公平的竞争"原则来设计，而负面清单成为基础，即准入条件必须是透明的、自动的和非歧视的。由于区域性或双边条约的推行，很多国家主动或被动地在国内外资法规中采用了负面清单模式，包括哥伦比亚、乌干达、加纳、亚美尼亚、爱沙尼亚、拉脱维亚、老挝、越南、菲律宾、印度尼西亚、沙特阿拉伯、尼日利亚等。各个国家的具体规定和做法有所差别：有的表明授予准入前国民待遇以及有哪些例外，有的直接写明采纳负面清单模式；有的公布除外清单，有的则散见于国内行业法规中；有的排除某些战略性行业，有的则加诸资本要求和控股限制；等等。综合目前国际贸易投资谈判关于负面清单的具体条款，负面清单管理模式的采用和规定一般须解决三个核心问题，即外资定义、负面清单和不符措施、管理机构和程序。

二、代表性国家外资管理体制改革经验借鉴

各国产业发展实际情况千差万别，负面清单的具体规定和做法也有明显区别。目前来看，采用负面清单模式的国家在形式上大致达到了国际贸易投资谈判的要求，但在实际内容和管理模式方面各种限制和阻碍较多，无法达到美国等发达国家开放程度要求。一般而言，经济总量规模较小、产业门类不齐全的小国负面清单较短，不符措施较少，经济总量规模较大、产业体系较全的发展中大国由于其自身产业发展壮大的要求，负面清单内容设置较为复杂，对中国的借鉴性也较高。此外，尽管在上海自贸区负面清单的制订过程中参考了美式投资协定范本，但是美欧等发达国家国内并不存在从正面清单向负面清单转型的过程，其转型经验对中国的可参考性是很弱的。相对的，一些发展中国家和转型国家的国内经验更值得深入研究。因此，本书选取经济体量较大的国家（如印度、印度尼西亚），转型经验

较为成熟的国家（如日本、韩国），相似体制转型的国家（如越南、菲律宾等），分析其负面清单管理模式下外资管理体制的改革措施，并加以对照研究。

（一）菲律宾

《1987 年投资法典》是菲律宾投资的基本法，适用于来自国内和国外的投资。该法典阐述了投资基本政策，设立投资署负责法律的实施和投资管理。在此基础上，菲律宾国家投资署（Board of Investment，BOI）每年公布一个旨在鼓励国内外投资的"投资优先计划"（Investment Zone Authority，IPP）以特殊的优惠待遇，单独管理各类经济区、出口加工区和保税区的国内外投资。

1. 对外资的界定

按菲律宾外国投资法规定，外国企业投资为股权投资。一个外国投资企业，属于外资所有还是菲律宾人所有，股权界限为 40%：如外资股权低于或等于 40%，为菲律宾人所有；超过 40%，为外资所有。另按菲律宾宪法规定，外国人在菲律宾不允许拥有土地所有权，如投资建厂所需，可向菲律宾政府或私人业主租赁，租赁期限为 25 年，期满后可续租 25 年，最长租赁期限为 50 年。菲律宾给予外资的优惠政策主要视外资投入的行业和地区而定，与独资或合资无关，因此，菲律宾对外资的法律界定的意义并不大。外资原则上分为申请优惠待遇和不申请优惠待遇两大类，前者必须符合给予优惠待遇的条件（如 IPP 或 PEZA），允许准入的领域十分广泛，几乎涵盖了菲律宾所有行业；后者准入的领域则比较有限（见表 6 - 1）。

表 6 - 1　菲律宾外资审批程序

申请优惠待遇的外国投资	不申请优惠待遇的外国投资
投资 PEZA 所辖的各类经济区、出口加工区和保税区的外国企业，外资可拥有 100% 股权，但产品必须 100% 出口。如获批准，可在菲律宾国内销售 30% 的产品	投资于菲律宾出口企业指产品或服务（包括旅游业）的出口达到 60% 的生产、贸易或服务的企业（公司），或当地采购产品、出口达到 60% 的贸易公司。外国投资在该类企业可拥有 100% 股权，但不得与 FINL 发生冲突

申请优惠待遇的外国投资	不申请优惠待遇的外国投资
投资于 BOI 每年修改、增补的 IPP 领域（包括先锋领域和优先领域）；在 IPP 投资范围内，任何行业均有可能被视为先锋领域（Pioneer Areas），只要符合下列条件之一： （1）在菲律宾尚未有过的、已获商业推广的（制成品或原料的）生产、制造和加工业。但不得是单纯组装或包装项目； （2）使用某种设计、配方或组合、工艺、加工工序或系统生产菲律宾尚未有过的原料或制成品，或是（使用上述设计、配方等）将某种生产要素、物资或原料转化成菲律宾尚未有过的原料或制成品； （3）从事菲律宾农、林、矿产业的商业开发或经营，包括因地制宜的食品加工工业。有关项目要符合菲律宾农业政策导向，可由 BOI 单独规划，或与有关部级单位协商立项； （4）非常规燃料的生产，或使用非常规能源的工业设备的制造；或同类最终产品的生产、制造或加工过程中使用或转化使用了煤或其他非常规燃料，或在同一过程中使用或转化使用了相当比例的菲律宾当地原料。 在先锋领域，外国投资企业可拥有 100% 股权。但 BOI 特别规定一条："外资先锋企业应在 30 年之内或由 BOI 决定之更长的期限内，使该企业过渡为菲律宾人所有，即菲律宾人持股达到 60%。"但如该企业产品出口达 100%，则不受此规定限制	投资于菲律宾国内企业指产品或服务 100% 对菲律宾国内市场销售的生产企业（公司），或原注册为出口企业、但其产品出口未达 60% 出口的企业（公司）。外国投资在该类企业可拥有 100% 的股权，但有限定条件❶： （1）不在 IPP 范围内； （2）不得与 FINL 冲突； （3）销售仅限于批发，不得零售 投资于限制外资股权的行业（FINL）： 1. 外资股权最高限于 25% 的行业： （1）私营对外劳务输出公司； （2）菲律宾地方政府出资的公共设施和维修合同（外国贷款或援助的招标项目除外）。 2. 外资股权最高限于 30% 的行业：广告。 3. 外资股权最高限于 40% 的行业： （1）自然资源勘探、开发和利用（如与菲律宾政府签有资金和技术援助协议，外资可拥有 100% 股权）； （2）私人土地所有权（仅限以公司股权形式拥有）； （3）公用事业（水、电）管理和运行； （4）教育机构的所有、设立和管理；

---

❶ 考虑到 IPP 覆盖范围的广泛，同时又有 FINL 的限制，实际上留给投资的所谓"国内企业"已十分有限。

申请优惠待遇的外国投资	不申请优惠待遇的外国投资
优先领域（又称非先锋领域，Preferred non – Pioneer Areas）：在 IPP 领域内，不满足上述先锋领域条件的所有行业均为优先领域。在优先领域，外国投资企业所持股权限于40%。但如出口达70%，外资持股比例可放宽	（5）从事水稻、玉米的种植和加工； （6）SEC 管理的金融公司； （7）为菲律宾政府所有或控制的企业、公司、代理机构提供物资和商品的供货合同； （8）深海商业捕捞； （9）公寓所有权；
出口导向企业：外资可持多数股权（40%以上），但产品出口必须达70%以上；如为菲律宾人所有，产品出口只需达50%。出口企业包括从事出口的生产、贸易和服务企业（公司）	（10）各类资产、信誉及财产评估公司。 此外，经菲律宾国家特别部门批准，外资可在如下领域拥有40%的股权： （1）经菲律宾国家警察署批准，可从事火器、黑色火药、甘油炸药、爆破器材、望远镜及其他类似器材的生产、维修、仓储或生产过程中所需产品及配料的分销；
地区差异投资：菲律宾全国划分为 13 个行政区划，同一行业在不同的行政区划，或对外资开放，或禁止外资进入	（2）经菲律宾国防部门批准，外国投资可从事枪支弹药、军舰和军用船只以及类似设备和训练器材、配件的生产、维修、仓储或生产过程中所需产品及配料的分销； （3）危险药品的生产；
扶贫投资导向：投资于菲律宾经济不发达地区及偏远农业省份，给予外国企业的优惠幅度超过上述任何领域，并有额外的地方优惠政策	（4）菲律宾法律允许的桑拿、蒸汽浴、按摩诊所等类似行业； （5）赛马等非赌博形式的博彩业

2. 负面清单

菲律宾自1991年开始制订和实施负面清单，《1991 年外国投资法》及其修正案规定，外国投资者可在菲律宾绝大部分的经济活动中投资经营，并通过《外国投资领域表》规定了禁止、限制投资的领域。目前，菲律宾已发布九轮负面清单，是较早开始并有效实施负面清单且透明度和规范度较高的发展中国家（见表 6 - 2）。

表6-2 投资于限制外资股权的行业 (FINL)

禁止外资 进入的行业	大众传媒（音像录制除外）
	执照专业服务（法律特许的除外）
	注册资本低于 250 万美元的商业零售
	供电所
	私人保安机构
	小型矿业开采
	菲律宾内海、领海或专属经济区域的海洋资源开发与利用
	斗鸡业的所有、经营和管理
	核武器及生化、放射性武器的生产、维修、仓储及分销
	烟花炮仗及烟火器材
外资股权最高 限于 25% 的行业	私营对外劳务输出公司
	菲律宾地方政府出资的公共设施和维修合同（外国贷款或援助的招标项目除外）
外资股权最高 限于 30% 的行业	广告
外资股权最高 限于 40% 的行业	自然资源勘探、开发和利用（如与菲律宾政府签有资金和技术援助协议，外资可拥有 100% 股权）
	私人土地所有权（仅限以公司股权形式拥有）
	公用事业（水、电）管理和运行
	教育机构的所有、设立和管理
	从事水稻、玉米的种植和加工
	SEC 管理的金融公司
	为菲律宾政府所有或控制的企业、公司、代理机构提供物资和商品的供货合同
	深海商业捕捞
	公寓所有权
	各类资产、信誉及财产评估公司
经菲律宾国家特别 部门批准，外资可 在如下领域拥 有 40% 的股权	经菲律宾国家警察署批准，可从事火器、黑色火药、甘油炸药、爆破器材、望远镜及其他类似器材的生产、维修、仓储或生产过程中所需产品及配料的分销
	经菲律宾国防部门批准，外国投资可从事枪支弹药、军舰和军用船只以及类似设备和训练器材、配件的生产、维修、仓储或生产过程中所需产品及配料的分销
	危险药品的生产
	菲律宾法律允许的桑拿、蒸汽浴、按摩诊所等类似行业
	赛马等非赌博形式的博彩业

3. 投资程序

菲律宾政府负责国内外投资登记注册的部门有证券署（SEC）、投资署（BOI）、经济区署（PEZA）、贸工部（DTI），见表6–3。

表6–3　各类外资企业登记注册机构

不申请优惠待遇的外国企业	申请优惠待遇的外国投资企业
外国新建企业：如企业性质为股份制公司或合伙人公司，直接到 SEC 申请注册	在 PEZA 范围内投资，首先对 PEZA 提交申请
外国企业在菲律宾创办分公司：在马尼拉 SEC 总部申请注册	在 IPP 范围内投资，首先对 BOI 提交申请
外国企业在菲律宾开设代表处：在马尼拉 SEC 总部申请注册。其中，最初一笔汇入款项不得低于3万美元	

（二）印度

印度没有标准的负面清单，对外资准入通过行业限制分类和不同的审批程序进行管理，对一些政治性敏感的行业和领域仍有较强的投资壁垒，包括股本比例限制或其他限制条件。

1. 对外资的界定

印度现行的外资立法和政策没有对外资进行明确的界定，但在其官方外资法律政策汇编中，实质上将外资分为外国直接投资、外国间接投资以及外国技术合作三大类。2011 年印度取消将企业分为投资公司、运营公司和投资兼运营公司，而把企业分为两大类，即"被外国投资者所有或控制的公司"和"被印度投资者所有或控制的企业"。外商拥有多数股权的企业将因此而定义为外资公司。

2. 外资准入的行业

印度的行业政策将全部行业分为禁止外资、部分开放及完全开放三种情况，目前，印度对外资的限制在不断放宽（见表6–4）。

表6-4　印度限制外资准入的行业清单

禁止投资的行业	赌博业
	彩票业
	银行业
	房地产业（除发展城镇、住宅、高层基础设施以及《2005 年投资通告 2》规定的某些建筑设施）
	零售贸易
	原子能
	农业或种植业活动（除农业及相关部门控制的花卉栽培、园艺、种子开发、畜牧业、养鱼业、蔬菜栽培、蘑菇等以外）
	种植业（除茶叶种植外）
部分开放的行业❶	国防设备及生产保险业持股比例不超过 26%
	航空运输服务业和资产重组公司持股比例不超过 49%
	单一品牌零售贸易持股比例不超过 51%
	原子矿及私营银行持股比例不超过 74%
完全开放的行业	允许 100% 持股，除了上述禁止投资和部分开放的行业之外，其他的行业原则上都属于完全开放的行业

3. 外资审批程序

印度的外资准入审批制度包括"自动批准"和"政府审批"两个渠道。适用自动批准渠道的外资不需要政府的审批，可以直接进行投资；适用政府审批渠道的投资则需要政府的事先审批。属于"自动生效"程序审批的外资项目直接报备印度储备银行，不属于"自动生效"程序审批的外资项目，或超出印度政府有关规定的外资项目的审批，由现在隶属财政部的外国投资促进局承办（见表6-5）。

（1）自动批准。只要符合"自动批准"审批的外资项目，申请人只需向设在印度孟买的印度储备银行外汇控制部填报 FNCL 表格（一式七份），即可自动获得项目批准，自动批准渠道的主管机关为印度储备银行。

（2）政府审批项目。凡是不能适用自动批准渠道的外国投资，都需要经

❶　部分开放的行业是指在允许外国投资者进行投资的同时又对外国投资者的投资比例有所限制的行业，完全放开的行业是指不仅允许外资进入，而且没有比例限制。

过政府审批。外国投资促进局（Foreign Investment Promotion Board，FIPB）是政府审批渠道的主管机关。

表6－5　四大类需政府审批项目

需要工业许可证的行业	强制许可的工业，即烟草业及国防工业
	专门为小规模企业保留的制造行业
	有地点限制的行业，即投资项目有严重污染且选址在距离城市 25 公里范围以内的
外国投资者在印度相同领域已经有合资或合作企业的	
外国投资者拟收购的现有印度公司是属于金融服务部门的或者属于《1997 年外汇管理规则》中另行规定的	
不符合现有行业政策或禁止外国直接投资进入的行业	

非印度居民投资和 100% 出口导向企业的外国直接投资需要向工业援助秘书处的公共关系与投诉部递交申请，其他投资意向需要向财政部下属经济事务部递交 FNCL 格式申请。政府对各类投资意向的批准决定通常在 30 天内做出。

外国投资促进局对所提交的项目主要是从以下方面进行审查：

● 项目经营活动是否涉及工业生产许可证，如果需要，必须考虑能否取得工业生产许可证。

● 项目是否涉及技术合作。如果涉及技术转让，技术的来源和技术的属性如何？技术转让费如何计算？（股权为 100% 的子公司与母公司之间支付技术转让费不被允许）

● 项目是否涉及指令性出口要求。如果是，要求出口申请人将如何承担出口义务？（主要是针对小工业项目、外资股权为 100% 的出口型企业和设立在出口加工区的企业）

● 项目是否涉及指定出口地。如果是向指定目的地出口，出口什么产品？指定出口地是哪里？

● 项目是否涉及对其他计划的承诺，如出口促进资本货物项目。

● 如果是出口型企业，企业生产是否达到原料增值和产品出口量的最低要求。

● 项目是否降低了生产许可政策对原产地限制的要求。

● 项目是否涉及战略和国防用品生产。

● 投资者以前在印度是否有过合资项目，或在同类行业和相关行业有过技术转让和商标出让。投资新项目，或技术转让和出让商标的原因和必要性，能否证明对原来的合资企业、技术转让和商标出让的合作伙伴和利益相关人不会产生任何伤害。一般要求投资者以前的合作伙伴对新项目出具"无异议证明"，否则新项目不予以批准。

符合下列条件的项目将予以优先审批：①新兴工业产业政策鼓励的项目；②基础设施建设项目；③具有出口潜力的项目；④能够扩大就业，特别是解决农村就业问题的项目；⑤能够直接或间接扩大农业生产的项目；⑥具有广泛社会效益的项目，如医院、人力资源开发、医疗保健药品和仪器生产项目；⑦引进技术和注入资本项目。

比较容易获得外国投资促进局批准、股权为 100% 的外资企业或子公司是以下一些行业或领域的外资企业：①涉及控股经营的，但相关或下游产品投资需要印度政府事先批准的项目；②需要知识产权保护的或引入高新技术的项目；③产品出口超过 50% 的项目；④咨询服务项目；⑤电力、道路和港口建设项目，工业示范园和工业开发园区项目。

如果企业暂时找不到合适的印度合作伙伴，只要投资者承诺将在 3~5 年内向印度企业（包括个人、合作伙伴和印度国有企业）转让 26% 的股权，外国投资促进局可以暂时按股权为 100% 的独资企业批准成立。

（三）韩国

1. 外资的界定

根据韩国《外国人投资法》（2007 年修订）的界定，外资指属于下列各条目之一：外国人依据本法，参与大韩民国法人（包括正在设立中的法人）或大韩民国国民所拥有的企业的经营活动，以与该法人或企业建立长期的经济关系为目的。2010 年韩国对《外国人投资法》再次修订，确认外企利润留成再投资为外资，并将外商投资最低金额上调至 1 亿韩元。

2. 负面清单

韩国现行的负面清单包括禁止外商投资的行业与限制外商投资的行业。对涉及公共性的 60 多个行业，如影响国家安全或公共秩序的领域、不利于国民健康的领域以及违反其国内法律的领域，禁止外商投资（见表 6-6）。

表6－6　韩国禁止外商投资行业

序号	行业名称	序号	行业名称
1	邮政业	32	其他司法及公共秩序行政
2	中央银行	33	社会保障行政
3	个人共济业	34	幼儿教育机关
4	事业共济业	35	小学
5	年金业	36	初中
6	金融市场管理业	37	一般高中
7	其他金融支援服务业	38	商业及信息产业高中
8	经济学开发研究业	39	工业高中
9	其他人文及社会科学研究开发业	40	其他技术及职业高中
10	立法机关	41	专门大学
11	中央最高执行机关	42	大学
12	财政及经济政策行政	43	大学院
13	其他一般性公共行政	44	特殊学校
14	政府机关一般性辅助行政	45	终身教育设施
15	教育行政	46	其他未分类的教育机关
16	文化及旅游行政	47	演出艺人
17	环境行政	48	非演出艺人
18	保健及福利行政	49	产业团体
19	其他社会服务管理行政	50	专家团体
20	劳动行政	51	劳动组合
21	农林水产行政	52	佛教团体
22	建设及运输行政	53	基督教团体
23	通信行政	54	天主教团体
24	其他产业振兴行政	55	民族宗教团体
25	外交行政	56	其他宗教团体
26	国防行政	57	政治团体
27	法院	58	环境运动团体
28	检察院	59	其他市民运动团体
29	教导机关	60	其他协会及团体
30	警察	61	驻韩外国公馆
31	消防署	62	其他国际及外国机关

资料来源：驻韩大使馆经商处。

韩国对限制类领域采取许可方式,而且有股权限制。主要的限制领域包括农业、畜牧业、渔业、出版发行、运输、输电和配电、广播通信等领域。需要说明的是如果外国人拟投资的企业是兼有禁止和限制行业的企业,则不得投资;如果该韩国企业有两个以上限制行业,则投资时其最高股权比例不得超过投资比例较低的那个行业的投资比例(见表6-7)。

表6-7　韩国限制外商投资行业

行业名称	外商投资比例规定
谷物及其他粮食作物种植业	除水稻及大麦种植外给予许可
肉牛饲养业	外商投资比例低于50%时,给予许可
沿海及近海渔业	
其他基础无机化学物质制造业	除制造、供给核电站燃料的业务外给予许可
其他有色金属提炼、精炼及合金制造业	除制造、供给核电站燃料的业务外给予许可
原子能发电业	未开放
水力发电业	外商从韩国电力公司买入的发电设备总和低于韩国国内全部发电设备的30%时,给予许可
火力发电业	
其他发电业	
输电及配电业	外商投资比例低于50%,外方持有表决权股份低于韩方第一大股东时,给予许可
放射性废弃物收集搬运及处理业	除韩国《放射性废弃物管理法》第9条规定的放射性废弃物管理项目外,给予许可
肉类批发业	外商投资低于50%时,给予许可
内港旅客运输业	仅限于韩国朝鲜间旅客或货物运输且与韩国船舶公司合作、外资比例低于50%时,给予许可
内港货物运输业	
国际航空运输业	外资比例低于50%时,给予许可
韩国国内航空运输业	
小型航空运输业	
报纸发行业	外资比例低于30%时,给予许可
杂志及定期刊物发行业	外资比例低于50%时,给予许可
无线电广播业	未开放
短波段电视广播业	未开放

续表

行业名称	外商投资比例规定
节目供应业	外资比例不超过49%（但其中进行综合编辑的广播频道使用业外资比例须低于20%；专业报道编辑广播频道使用业外资比例应低于10%）时，给予许可
有线广播业	综合有线广播业外资比例不超过49%（其中，中转有线广播业外资比例应低于20%）时，给予许可
卫星及其他广播业	外资比例低于49%（但如涉及综合编辑或从事专业报道编辑的网络多媒体广播内容，外资比例须低于20%）时，给予许可
有线通信业	外国政府或外商个人（包括外国政府或个人是最大股东，其持有股份占总股份的15%以上的非盈利法人）持有股份（限于有表决权的股份，包括股份托管证书等有表决权股份的等价物及出资持股）之和不超过股份总额的49%（外商不得成为韩国电信的最大股东，其持股应低于5%）时，给予许可
无线通信业	
卫星通信业	
其他电子通信业	
新闻提供业	外资比例低于25%时，给予许可
国内银行	仅限商业银行及地方银行

资料来源：驻韩大使馆经商处。

从韩国近年来对外签订的 FTA 来看，除与东盟、印度等国家和地区是以正面清单的形式给出承诺外，韩国同智利、EFTA、秘鲁、美国等国家和地区签署的 FTA 中都有专门附件，以列表形式详细列明目前或未来有权采取不符措施的领域、依据（国内法律法规）和涉及原则。以美韩 FTA 为例，含有三个附件，附件三是特别针对金融领域的，前两个附件是针对多个领域制订的。其中，附件一（以下简称"现行负面清单"）列出了在具体部门和分部门可以保留的现行不符措施，附件二（以下简称"有权采取措施的负面清单"）则列出韩国有权维持现有不符措施或采取新的不符措施的清单。两附件中的不符措施均列明具体部门、涉及原则和措施的具体描述，涉及不符措施的现存国内立法（国家和省/道政府层面）也逐一列出。负面清单以服务贸易领域的不符措施为主。韩国对外签署的 FTA 中，负面清单主要涉及跨境服务贸易和投资。在韩美 FTA 中，除辟出专门章节就金融、电信等敏感领域的市场开放进行严格规范外，现行负面清单涵盖的 47 个领域中，有 43 个涉及服务贸易。在有权采取措施的负面清单涵盖的 43 个行业当中，除渔业之外，其余领域均涉及服务贸易（见表 6-8、表 6-9）。

表 6-8　韩美 FTA 中韩国负面清单之一：现有不符措施列表

行业	子行业	涉及原则
建筑	建筑服务；建筑机械装备的租赁、维修等	LP
交通运输	汽车维修保养等，汽车许可牌照发放服务	LP；MA
	铁路运输及附带服务	MA
	道路客运服务	LP
	国际海洋货运及海运辅助性服务	LP；NT；MA
	空运服务	NT；SMBD
	专业航空服务	LP；NT；SMBD
	飞机的维修保养服务	LP
	道路交通支持性服务	LP；NT
销售	烟酒批发零售；药品零售；药品食品的批发零售	LP；MA
	农畜产品分销	NT；MA
通信	电信服务	LP；NT；MA
	快递服务	LP；NT
	广播服务	LP；NT；MA；SMBD；PR
商业服务	房地产中介及评估；医疗设备销售、租赁和修理；汽车租赁；劳务咨询；工程技术服务——产业安全、卫生及咨询；工程技术服务——建筑服务、工程服务及咨询等	LP
	眼镜配置和验光服务；法律服务；专利律师；会计审计服务；税务会计服务；清关服务	LP；MA
	科学研究及海洋地图绘制服务	NT
	电子广告牌及户外广告服务	LP；SMBD；PR
	就业安置、劳务提供和派遣、海员培训	LP；NT；MA
	调查和安全服务	LP；MA
文化娱乐与体育	出版物的分销服务；演出	NT
	新闻机构；期刊出版（除报纸）	LP；NT；MA；SMBD
	电影放映服务	PR；MFN

续表

行业	子行业	涉及原则
教育	高等教育	NT；MA；SMBD
	成人教育	NT；MA
	职业能力发展培训；兽医服务	LP
环境服务	废水处理、废物管理、空气污染处理等	LP
制造业	生物产品制造	PR
农业	农业和畜牧业	NT
能源	除核能之外的电力生产、传输、分配和销售；燃气	NT

资料来源：美国贸易代表处；LP 指当地存在，NT 指国民待遇，MA 指市场准入，SMBD 指高管和董事会成员要求，PR 指业绩要求，MFN 指最惠国待遇。

表6－9 韩美 FTA 中韩国负面清单之二：有权保留或进一步采取不符措施的行业

行业	子行业	涉及原则
所有部门	韩国有权对投资新建或兼并行为采取必要措施，以维护公共秩序，只要韩国立即向美国提出已采取措施的书面通知即可	NT；PR
	国有企业或政府部门的股权和资产转让	LP；NT；SMBD；PR
	投资用地	NT
	该协定签署前签订的多双边条约，韩国有权为伙伴国保留差别待遇；协定签署后的多双边条约，韩国有权在以下领域为伙伴国保留差别待遇：航空、渔业或海洋相关事务	MFN
	政府当局运作过程中提供的服务	NT；SMBD；PR
通信服务	非垄断邮政服务	NT
	国有电子信息系统	LP；NT；SMBD；PR；MFN
	广播；基于用户订阅的视频服务	LP；NT；MA；SMBD；PR
	对影视作品的合拍要求	PR；MFN
	确定一档广播和视听节目是否为韩国制作	NT；PR
	采取措施提高韩国风格数字视听服务的可获得性	NT；SMBD
	广播	MFN
商业服务	房地产开发、供给和管理、销售	LP；NT；PR
	破产清算与管理服务	LP；NT；SMBD
	农林牧渔业附带服务	LP；NT；SMBD；PR
	管制商品和技术的出口；农业原料和活牲畜制品的检测等	LP；NT
	地籍测绘服务	NT
	外国法律顾问；外国注册税务师；外国注册会计师	LP；NT；SMBD

行业	子行业	涉及原则
运输服务	出租车和定期公路客运；内陆水运；海上客运、沿海运输	LP；NT；SMBD；PR；MFN
	公路货运（不含国际船公司集装箱货运和与快递有关的货运）	LP；NT；SMBD；PR
	大米的仓储服务	NT
	铁路运输	MFN
文化、娱乐及体育服务	电影宣传，广告，后期制作服务	LP；NT；PR；MFN
	博物馆及文化服务（文化遗产的保护和重建）	LP；NT；SMBD；PR
	农业、渔业及田园观光	NT
	报纸出版（印刷和分销）	LP；NT；SMBD
能源服务	电力生产、传输、分配和销售；天然气；原子能产业	LP；NT；SMBD；PR
健康、社会服务	法律执行和惩教服务，社会服务；人类健康服务	LP；NT；SMBD；PR；MFN
分销服务	大米、高丽参等的佣金代理服务，批发（含进口）零售服务	LP；NT；PR
教育	学前、小学、中等教育；卫生和医药相关的高等教育；师范类高等教育；法律专业研究生教育；远程教育；其他教育服务	LP；NT；SMBD；PR；MFN
环境服务	饮用水的处理和供给；市政污水和垃圾的收集、运输和处理等	LP；NT；PR
渔业	在韩国水域及特别经济区内的渔业捕捞行为	NT
武器	武器、兵器、炸药及类似物的生产销售、运输、储存、使用	LP；NT；SMBD；PR
弱势保护	有权为在经济和社会中处于弱势地位的人提供特殊权益	LP；NT；SMBD；PR；MFN

资料来源：美国贸易代表处；LP 指当地存在，NT 指国民待遇，MA 指市场准入，SMBD 指高管和董事会成员要求，PR 指业绩要求，MFN 指最惠国待遇。

3. 审批程序

韩国主管投资及外国投资的政府部门是产业通商资源部，主要负责相关政策、法规制订、数据发布等涉及外国投资的有关工作。具体的投资备案或前置审批手续均由该部下属的大韩贸易投资振兴公社 Invest Korea 进行办理。该部长官依法担任跨部门的外国人投资委员会委员长。

（四）印度尼西亚

1. 外资的界定

2007 年，印度尼西亚政府以第 25 号总统令的形式颁布了一部新投资法，将原有的《外国投资法》和《国内投资法》及相关条例等合并，规定外国投资者与国内投资者享有平等法律待遇。其对外资的定义为：一项投资行为，在印度尼西亚领土内从事生意往来，该项投资系由国外投资者[1]使用所有国外资金[2]或与国内投资者合资。

2. 负面清单

印度尼西亚对外国投资者总体来看比较开放，多数行业准予外资进入。印度尼西亚投资准入制度主要的法律依据是 2007 年新投资法、2010 年第 36/2010 号总统令《禁止类、限制类投资产业目录》和印度尼西亚投资协调委员会（BKPM）有关负面投资名单的部门规章组成。第 36/2010 号总统令附件列有"附件一：封闭投资领域"和"附件二：有条件开放投资领域"两大部分。

（1）封闭投资领域。"封闭投资"的行业禁止外资进入，具体来说包括：涉及动植物和自然环境保护的行业，如受保护鱼类捕捞业、以珊瑚或珊瑚礁制造建筑材料、污染环境的化学工业、水银氯碱业等；涉及国家安全的行业，如生化武器工业、海运通信或设施、舰载通信系统、空中导航服务、无线电与卫星轨道电波指挥系统等；公益文化行业，如公立博物馆、历史文化遗产和古迹、纪念碑等；不符合当地公序良俗或宗教教义的行业，如毒品种植、酒精饮料工业、赌博业等。

（2）有条件开放投资领域。根据第 36/2010 总统令附件二的列示，有条件

---

[1] 国外投资者意即在印度尼西亚境内从事投资的外国人、外国企业体和/或外国政府。
[2] 国外资金意即由外国政府、外国个人、外国企业、外国法人和/或印度尼西亚法人所拥有的资金。

开放行业涉及农业、林业、海洋渔业、能源矿产、加工工业、防卫、公共设施、贸易、文化旅游、交通运输、通信及信息服务业、金融、银行、人力资源与移民、教育、健康和安全等 18 个大的行业门类。

印度尼西亚负面清单中的不符措施大致有以下十条，包括：①为中小企业保留行业。②与中小企业合作。第 76/2007 号总统条例将其定义为一家中小企业与一家较大企业之间以"壮大企业和互惠互利"为目标而形成的一种非股权安排。③有限外资所有权。这是对外资进行限制的普遍做法，即对某一外资的股权比例进行约束，一般不超过 49%，但是对当地亟待发展的行业或者资金来源不足、技术能力较差的行业，往往会突破该限制，有的行业甚至可达 95% 控股。④特定地点。主要是指设立公司不得违反公司所在地地方法规的具体规定。⑤需要特殊许可。涉及某一特定行业需要行业主管部门的审批，如烟草工业需得到工业部批准。⑥100% 国有资本。即完全由本国控制，但外国投资者的技术和资金可以通过合同安排进入。⑦外资及特定地点。对外资的股权比例和所在地的规定有要求。⑧外资与特殊许可。对外资的股权比例有要求，同时还需要履行行政审批要求。⑨100% 国有资本及特殊许可。公司由本国资本完全控制，外资进入尚须同时履行审批手续。⑩对于来自东盟国家的投资在外资所有权、投资地点、股权要求等方面有特殊要求。

在限制开放的行业中，印度尼西亚会根据本国经济的发展需要，相应地从上述十类条件中设置准入的门槛。比如，农业、林业和海洋渔业三个行业多设置为中小企业保留、与中小企业合作和特定地点三个标准。再如，能源矿产业、公共设施建设、交通行业、信息技术行业以及金融业等一般需要大量的资金投入，同时需要国外的先进技术，为此，这些行业一般设置了外资股权比例要求。其中，外资股权比例限制较高的行业主要有农业、通信信息部门等，其他部门的外资股权比例限制并不严苛；而文化、旅游、贸易、通信及信息服务业、人力资源和移民以及健康等行业，则需要行业管理部门的审批；而能源资源行业、林业、商贸、金融、防卫等行业的部分部门则要求 100% 国有资本。特殊许可的应用较为广泛，几乎在所有行业都有采用，其他如特定地点等措施则体现得较少。

2013 年 11 月，为吸引外资、鼓励外资进入亟待发展的特定行业，印度尼西亚投资协调委员会对负面清单进行了较大的调整，一方面扩大了外商投资的领域，开放了部分原先仅限当地投资的行业；另一方面对外资的持股比例要求放宽，一些行业外商可以控股。具体来说，包括以下七个行业：①港口管理业，包括海港、陆地港、干船坞和空港，均对外资开放，最高可达100%拥有股权；②制药业，从原外资持股比例不超过75%提高至85%；③金融合资企业，从原外资持股比例不超80%提高至85%；④电信行业，包括移动通信和固话通信，从原外资持股比例不超45%提高至65%；⑤生态旅游业，外资持股比例由49%提高至70%；⑥广告业，开始对来自东盟国家的外资开放，最高持股比例为51%；⑦电影分销、公交站、机动车检测均开始对外资开放，最高持股比例不得超过49%。

3. 外资审批程序

印度尼西亚允许外国投资者建立的商业实体形式有三种，即代表办事处、合资企业和外商投资公司（PMA公司）。

（1）代表办事处。其设立要求较少且办理程序也较为简单，几乎所有行业都允许设立代表办事处，根据投资协调委员会第1/2008号法令，申请人必须在公司母国完成公证并提交该国在印度尼西亚外交部门出具的公证文件，包括公司成立代表办事处的意向书、代表办事处首席代表的个人授权书、遵守印度尼西亚法律法规声明书。根据行业的不同，这些文件必须呈交给相关部门或投资协调委员会。针对具体行业，相关部门会有详细的行业要求。

（2）合资企业。比代表办事处更为复杂的组织形式是合资企业，即与当地的企业或个人合作经营。由于对外资股权比例要求的限制，外国公司一般不得超过股权比例的49%，在这种情况下，外商一般会选择与当地企业进行合资经营。根据要求，设立合资企业需要提交双方合营协议的草案文本、印度尼西亚方参与合营的公民个人身份证件复印件及参与合营的公司税务登记代码复印件。如前所述，在很多行业印度尼西亚规定须与中小企业合作，并且需要提交证明其为一家中小企业的确认函。

（3）外商投资公司（PMA公司）。100%外资所有或外资拥有多数股权的公司被称为PMA公司，即外商投资公司。其组织形式一般为有限责任公司（PT）。其设立需要通过印度尼西亚投资协调委员会（BKPM）审批。这种类型公司的优点在于，它给予了外国投资者完全把握公司发展方向的权力，并降低了寻找当地合作伙伴的风险。PMA公司可通过以下四种方式设立：独自设立100%外资股权；与其他外国投资者共同成立一个新的有限公司；与印度尼西亚合伙人共同成立一个新的有限公司，但由外方控股；购买现有的有限公司的股份并控股。

（五）日本

1. 外资的界定

日本《商法》第 479 条规定，遵照日本法律成立的公司为日本公司，按照外国法律设立的公司为外国公司。外国企业依据日本《公司法》成立的独资、合资公司均视为日本国内企业，按照企业性质与日本国内企业同等进行分类。在所适用的《公司法》中，与日本国内企业没有分别，不需要通过日本政府特别审批或另行登记，也不需要在工商会等机构办理特定的登记（注册）手续，只是在经济统计中列为"外国企业"。但在下列情况下，即便是按照日本法律成立的法人机构，也被视为外国法人：①法人代表为外国人；②从业人员 1/3 以上为外国人；③外国人或外国法人拥有 1/3 以上表决权。

日本《外汇法》将对日投资的主体定义为"外国投资者"，其内容包括：①非居民个人；②外国法人；③非居民个人或外资比率超过 50% 的国内企业；④在国内法人或国内团体内部，非居民个人董事或执行董事超过半数的企业。此外，即使属于上述①②③④以外的公司，为外国投资者但不以该外国投资者的名义进行对日直接投资的，也被视为外国投资者。

日本—印度尼西亚 EPA 对投资进行了全面的定义，即投资是指依照投资者在其境内做出投资的缔约一方的国内法设立或取得的各种财产，包括此等投资上的变化，包括但不限于动产、不动产及抵押、质押、留置等其他财产权利；公司的股份、债权、股票或对公司的其他类似形式的入股；金钱请求权或任何其他具有财务价值的履行请求权；根据各成员方相关法律获得的知识产权；依照法律或者合同产生的商业特许权等。

2. 负面清单

根据《外汇法》的规定，对外商投资原则上采取事后报告制度，但如果外国投资者所投资对象的经营范围属于事前申报的行业，须实行事前申报制度。外国投资者对日投资涉及以下行业时，须通过日本银行向日本财务大臣及行业主管大臣提交事前申请报告。

（1）涉及国家安全，妨碍公共秩序、公众安全的行业：①涉及国家安全的行业，武器、飞机、核能、宇宙开发相关的制造业、可能转为军用的碳素纤维和钛合金、光化学镜头制造业等；②涉及公共秩序的行业，电力、煤气、供热、供水、通信、广播电视、铁路、旅客运输业；③涉及公众安全的行业，生物学制剂、制造业、警备安保业。

（2）对日本经济运行产生不良影响的行业（OECD 资本自由化法案允许保留限制的行业），如农林水产业、石油、皮革及皮革制造业、航空运输业、海运业。其中，冲绳自贸区经日本国土交通大臣特许，实施沿海航运权管制的部分放宽措施。根据该措施，日籍船舶航运业者（外航海运业者）所驾驶的外国籍船舶或是基于两国间互惠原则的外国籍船舶可在自贸区的那霸地区、特别自贸区与本土之间输送成品及原材料。

日本的负面清单主要集中在服务业。负面清单的内容按照部门划分为服务业、制造业、农林渔业、矿业和所有部门。其中，服务业的不符措施占全部措施的72%。负面清单按照限制程度不同又可划分为履行行政程序、禁止准入、股权限制、有条件许可和其他五类。其中，要求履行必要行政程序的占全部清单内容的52%，说明日本的负面清单对外资的限制以要求履行行政程序为主。

《日本—印度尼西亚经济伙伴关系协定》（JIEPA）共15章154条及12个附件，主要包括前言、总论、货物贸易、原产地规则、服务贸易、无纸化贸易、海关程序、相互承认、投资、争端解决等内容。

日方负面清单在附件4和附件5中列出，前者列出缔约双方中央政府和地方政府规定的不符措施，后者列出日本承诺对印度尼西亚开放包括商业、通信、建筑、分销、教育、环境、金融、健康及社会、旅游、文化体育、运输11个部门。在部门承诺部分，日本对印度尼西亚的承诺既包括部门的扩展，又包含承诺的深化（见表6-10、表6-11）。

表6-10　《日本—印度尼西亚经济伙伴关系协定》日方负面清单—附件4

序号	行业	涉及原则	不符措施及详细描述
1	农业、林业、渔业及相关服务	国民待遇	根据《外汇及对外贸易法》中要求需事前申报
2	航空运输	国民待遇、最惠国待遇、禁止业绩要求	根据《外汇及对外贸易法》中要求需事前申报；特定条件下需要部门特殊许可

序号	行业	涉及原则	不符措施及详细描述
3	银行业	国民待遇	存款保险制度只适用在日本管辖范围内设有总行的金融机构
4	制药业	国民待遇	根据《外汇及对外贸易法》中要求需事前申报;"生物制品制造行业"涉及的生产疫苗、血清、类毒素、抗毒素和一些准备类似于上述产品或血制品的经济活动
5	货运代理业务	国民待遇、最惠国待遇、禁止业绩要求	需特殊许可、登记;针对外国投资者的业务领域限制(使用日本国内的两点之间的航空运输不得从事货代业务)
6	供热	国民待遇	根据《外汇及对外贸易法》中要求需事前申报
7	信息与通信	国民待遇、禁止业绩要求	外国投资人表决权超过三分之一不能注册;没有日本国籍的自然人不得担任本电报电话公司、日本电信电话株式会社股东和日本电报电话公司西部公司的董事、经理、核算师;根据《外汇及对外贸易法》中要求需事前申报
8	皮革及皮革制品	国民待遇	根据《外汇及对外贸易法》中要求需事前申报
9	有关船舶国籍事宜	国民待遇、禁止业绩要求	船舶主人应为日本国籍,或根据日本法律成立的公司,公司所有代表以及不少于三分之二的高管都是日本国民
10	采矿	国民待遇	只有日本人或日本法人可拥有采矿权或采矿租赁权
11	石油工业	国民待遇	根据《外汇及对外贸易法》中要求需事前申报
12	铁路运输	国民待遇	根据《外汇及对外贸易法》中要求需事前申报以铁路运输业为目的的车辆,零部件生产不包括在铁路运输行业,因此不需要事前申报
13	航空器登记注册	国民待遇、禁止业绩要求	国籍限制,非日本国籍自然人、法人、外国投资者占有超过三分之一表决权的不能登记注册
14	公路乘客运输	国民待遇	根据《外汇及对外贸易法》中要求需事前申报,不包括车辆、零部件生产
15	保安警卫服务	国民待遇	根据《外汇及对外贸易法》中要求需事前申报
16	供水和供水系统	国民待遇	根据《外汇及对外贸易法》中要求需事前申报
17	水路运输	国民待遇	根据《外汇及对外贸易法》中要求需事前申报

表6－11　《日本—印度尼西亚经济伙伴关系协定》日方负面清单—附件5

序号	行业	涉及原则	不符措施及详细描述
1	航天航空工业	国民待遇、禁止业绩要求	根据《外汇及对外贸易法》中要求需事前申报，与非居民签订技术引进合同也需事前申报，日本保留对在航空业及航天工业投资采取或维持任何措施的权利
2	武器和炸药工业	国民待遇、禁止业绩要求	根据《外汇及对外贸易法》中要求需事前申报，与非居民签订技术引进合同也需事前申报，日本保留对在军工行业投资采取或维持任何措施的权利
3	广电产业	国民待遇、禁止业绩要求	根据《外汇及对外贸易法》中要求需事前申报，日本保留对在广播业投资采取或维持任何措施的权利
4	能源产业	国民待遇、禁止业绩要求	根据《外汇及对外贸易法》中要求需事前申报，与非居民签订技术引进合同也需事前申报，日本保留对在能源行业投资采取或维持任何措施的权利
5	渔业（在本国领海、内河、专属经济区和大陆架）	国民待遇、最惠国待遇	根据《外汇及对外贸易法》中要求需事前申报，日本保留对在渔业的领海、内水、专属经济区和日本的大陆架投资采取或维持任何措施的权利； 对于这个保留的目的，"渔业"一词指的是栽培水生生物资源，其中包括渔业有关的活动： （1）调查，但不损耗水产资源； （2）吸引水产资源； （3）保护和加工捕获的鱼类； （4）渔获物和鱼产品的运输； （5）提供物资用于渔业的其他船只
6	土地交易	国民待遇、最惠国待遇	内阁可能禁止或限制印度尼西亚籍的自然人和法人收购或租赁日本土地，日本籍自然人和法人在印度尼西亚面临同样的禁止和限制

资料来源：日本外务省网站。

3. 外资审批程序

日本《外汇法》对外商投资原则上采取事后报告制度，事后报告须在进行交易或行为之日所属月份的下月15日之前（下月15日为休息日的，为前一个工作日），按照规定的格式，通过日本银行向财务大臣及行业主管大臣提交。但投资属于事前申报的行业时，投资者须在业务开始前6个月内向财务省及行业主管部门申报。申报受理后，财务大臣及行业主管大臣将对投资内容进行审查，审查的期限为 1 个月；如果 1 个月内无法完成审查，可延长到 4 个月；如果财务省关税外汇类问题审议委员会认为在 4 个月内无法做出决断的，可再延长 1 个月；如果经调查认为投资不是有关国家安全和日本经济运行的，财务大臣和行业主管大臣可提前终止已经延期的审查。在审查期间，投资者不应实施其投资活动。

如果经过审查认为该项投资属于有关国家安全和日本经济运行的，财务大臣及行业主管大臣可以劝告投资者改变投资的内容或中止投资。需要劝告投资者改变或中止投资的情形包括：①给国际金融市场带来恶劣影响，或造成日本失去国际信用；②给日本金融市场和资本市场带来恶劣影响；③给日本特定产业部门的事业活动及其他日本经济的顺利发展带来恶劣影响；④妨碍忠实履行日本签订的条约及其他国际约束，损害国际和平和安全，或者妨碍维持公共秩序。投资者应当在收到劝告的 10 日内做出是否遵守劝告的答复。同意遵从劝告的投资者应当按照劝告的内容行事，对于不同意遵从劝告的投资者，财务大臣可在预定的审查期结束前发出命令，令其改变投资内容或中止投资。投资者对财务大臣的决定不服的，可请求财务大臣复议。财务大臣受理对决定提交的异议申诉和审查请求时，对提出异议人或请求审查人，应公开听取其意见并给予其就该案件提出证据和陈述意见的机会。听证会结束后财务大臣应当制作裁决书。如果申请人对该裁决仍不服，可向法院提起诉讼，复议是诉讼的前置程序。当财务大臣认为原来认定为有关国家安全和日本经济运行的投资已不再具有原来的属性，可以全部或部分地撤销所做出的劝告或命令。此外，《外汇法》还规定了两种特殊情况。一是如果他国对日本投资者的投资进行审查的，日本对于外国投资可进行对等的审查；二是如果经查明日本国居民的投资是为外国投资者服务时，则该项投资仍应接受审查。

（六）墨西哥

1. 外资的界定

根据墨西哥《外国投资法》（1993）的规定，外国投资是指：①外国投资者以任何比例参与墨西哥公司的资本；②外国资本占多数的墨西哥公司所进行的投资；③外国投资者参与本法所期望的活动和行为。

外国投资者的定义为：非墨西哥国籍的自然人或法人及不具有法定行为能力的外国实体。

该法第 4 条规定：外国投资可以按任何比例参与墨西哥公司的资本、固定资产的收购、参与任何新的经济领域或新产品生产线、商业企业的建立和管理、现有企业的扩大和迁移，但本法限制的活动除外。

墨西哥对外资的定义较为宽泛，没有关于外资股权比例的量化标准，尤其是"外国投资者参与本法所期望的活动和行为"对于外资行为的限制和规定体现出极大的主观性。

2. 负面清单及不符措施

墨西哥在 1992 年就与美国、加拿大签订了《北美自由贸易协定》（NAF-TA），之后又与哥伦比亚、欧盟、智利、以色列、欧洲自由贸易联盟、乌拉圭、日本、秘鲁等国家和地区签订了 FTA，这些 FTA 大多数是以负面清单的形式签订的（与以色列的 FTA 除外）。尽管如此，墨西哥对外资的限制还是较多，根据经合组织（OECD）2015 年发布的《2015 年商业与金融展望》，墨西哥电信和能源改革在一定程度上增加了吸引外资的竞争力，但仍处于外资受限制较严重的国家名单。墨西哥历史上一向对外资限制较多，这些限制的间接后果就是消费者购买服务成本较高。

以 NAFTA 为例，NAFTA 是在事先制订的基本原则的基础上，再以保留、限制等形式形成负面清单。例如，投资与服务贸易条款明确提出了负面清单：第一，金融服务及与能源或基础石油化工有关的服务；第二，航空服务及其支持服务；第三，跨境劳务贸易、政府采购及其他政府公共服务。另外，NAFTA 的 7 个附件（附件 6 除外）也以对普遍原则和承诺进行保留和例外的形式设计负面清单。例如，对特定产业的不符措施所涉及的国民待遇、最惠国待遇、当地存在、业绩要求及高管要求等原则采取保留措施；对于成员国承担义务不一致的特定产业、子产业或活动维持现行措施或保留采取新的或更有限制性的措施的权利。墨西哥通过对 NAFTA 正文和附件的规定，尽可能全面和具体地提出了现行及未来本国有权保留或采取的不符措施，进而降低或避免本国产业可能受到外来进口品的冲击和影响（见表 6 - 12）。

表 6 – 12　NAFTA 墨西哥现行负面清单

行业	子行业	涉及原则
所有部门	对投资新建或兼并行为有权采取必要措施；国有企业的股权和资产转让；投资用地；有权在航空、渔业或海洋相关事务保留差别待遇；政府当局运作过程中提供的服务	当地存在、国民待遇、高管要求、业绩要求、最惠国待遇
农业	农业和畜牧业	国民待遇
制造业	生物产品制造	业绩要求
建筑业	建筑服务；建筑机械装备的租赁和维修	当地存在
销售	烟酒批发销售；药品食品批发零售；农畜产品分销	当地存在、市场准入、国民待遇
运输服务	出租车和定期公路客运；内陆水运；海上客运、沿海运输；公路货运；大米的仓储服务；铁路运输	当地存在、国民待遇、高管要求、业绩要求、最惠国待遇
	汽车维修保养；铁路运输及附带服务；道路客运；国际海洋货运及海运辅助性服务；空运；专业航空服务；飞机维修保养；道路交通支持性服务	市场准入、当地存在、国民待遇、业绩要求、高管要求
商业服务	房地产开发、供给、管理和销售；农林牧渔业附带服务；农业原料和活牲畜制品的检测；地籍测绘；外国法律顾问；外国注册会计师；外国注册税务师	当地存在、国民待遇、高管要求、业绩要求
	房地产中介；医疗设备租赁、销售；汽车租赁；劳务咨询；工程技术服务；法律服务；会计审计服务；清关服务；科学研究及海洋地图绘制；电子广告牌运营和户外广告服务；就业安置和劳务派遣；调查与安全服务	当地存在、市场准入、高管要求、国民待遇
通信服务	非垄断邮政服务；国有电子信息系统；广播；对影视作品的合拍要求	当地存在、国民待遇、高管要求、市场准入、业绩要求、最惠国待遇
	电信服务；快递服务	当地存在、市场准入、国民待遇、业绩要求
能源服务	天然气；原子能产业；电力生产、传输、分配和销售	当地存在、国民待遇、高管要求、业绩要求
	燃气	国民待遇

续表

行业	子行业	涉及原则
文化、娱乐及体育服务	电影宣传、广告服务；文化遗产的保护和重建；农业、渔业及田园观光；报纸出版、印刷和分销	当地存在、国民待遇、高管要求、业绩要求
教育	学前、小学、中等教育；卫生和医药相关的高等教育；师范类高等教育；远程教育	当地存在、国民待遇、高管要求、业绩要求、最惠国待遇
教育	其他高等教育、成人教育、职业发展培训	当地存在、市场准入、国民待遇、业绩要求、高管要求
环境服务	饮用水处理和供给；市政污水和垃圾的收集、运输和处理	当地存在、国民待遇、业绩要求
渔业	在墨西哥水域及经济区内的渔业捕捞行为	国民待遇
武器	武器、兵器、炸药及类似物的生产销售、运输、储存、使用	当地存在、国民待遇、高管要求、业绩要求
弱势保护	有权为经济社会中处于弱势地位的群体提供特殊权益	当地存在、国民待遇、高管要求、业绩要求、最惠国待遇

资料来源：孙瑜. 墨西哥负面清单的产业选择及其借鉴［J］. 对外经贸实务，2015（2）：25－26.

　　从墨西哥 NAFTA 负面清单看，其所涉原则较为广泛，包括大量的业绩要求、高管要求等显然与美式投资规则不符的规定。其中，当地存在、国民待遇、市场准入等使用最为频繁。并且从其具体描述来看，措辞较为灵活，所覆盖范围较大，将更多可能的不符措施都纳入进来。例如，在未来有权采用的清单中采用了"保留采取或维护任何措施的权利"的描述，保留更多的自由裁量权。此外，考虑到墨西哥是北美自贸区唯一一个发展中成员，NAFTA 为墨西哥安排了适当的过渡期，以鼓励和保护墨西哥国内经济的发展。例如，在金融服务领域，对金融机构的设立和运行的限额规定到过渡期结束后才取消。这样的过渡期安排，能够让墨西哥处于比较劣势的产业有充分的时间进行调整和发展，逐渐适应国际竞争。

　　3. 外资审批程序

　　根据墨西哥《外国投资法》的规定，外国投资允许以以下四种方式在墨西哥开展投资：①以任何比例参与投资到股权资本的墨西哥公司；②购建固定资产；③进入经济活动的新领域或制造新的产品线，建立和经营场所；④扩张或迁移现有的场地。

墨西哥《外国投资法》对国家控制的产业、允许墨西哥公民和具有外国人特例条款的公司进入的产业以及限制外资控股比例的产业的划分有详细的表述（见表 6 - 13）。

表 6 - 13　墨西哥《外国投资法》中对不同市场准入主体及股份比例限制的产业划分

产业分类管理标准		具体行业
国家控制的产业		石油和其他碳氢化合物、基础石化、电力、核能发电、放射性矿物、电报、无线电报、邮政、铸币及货币发行、港口、机场管制及监控等行业
允许墨西哥公民和具有外国人特例条款的公司经营的产业		国内陆上客货运及旅游运输，汽油和液化气零售、广播电视、信贷合作社、开发银行机构及专业技术服务机构
特殊法令规定限制外资股份的产业	外资比例上限为 10%	生产合作企业
	外资比例上限为 25%	国内航空运输、驻机场出租车公司及特种航空运输
	外资比例上限为 49%	金融控股公司，合作银行，债券交易专业公司，保险公司，外币兑换所，一般性仓库，融资公司，票据贴现公司，特定金融公司，证券市场法第 12 条所列明的公司，一般炸药、枪炮、弹药、氮及烟火的贸易和制造企业，国内报纸印刷及发行公司，占有农、畜、林业用地公司的 T 类股，淡水、沿海及经济专属区捕鱼企业，港口综合管理企业，为具有合法内陆航行权船只提供港口服务及具有内海与沿海航线的船务公司，飞机与铁路设施用燃料及润滑油供应，《联邦电信法》第 11 条、第 12 条所许可公司
	外资股权比例超过 49% 时须经外交部外资委员会审议核准	内陆航行船只、拖船、渡船停靠港和下锚地的港口服务公司，外海船只作业的船务公司，公共机场特许经营公司，私立幼儿园、小学、中学、高中、高等教育和综合学校，法律服务公司，信用咨询公司，资信鉴定机构，保险代理，移动电话，石油及其副产品运输管道建设，石油及天然气井钻探，铁路建设、运营及开发，提供公共铁路运输服务
	外资可 100% 控股	依据墨西哥行业及产品分类在 754 种行业及产品中已开放的 704 项，其中有 66 项准许外国人 100% 拥有股权，其余 98 项则依《外国投资法》规定

续表

产业分类管理标准	具体行业
其他规定	一般外资公司可在距边境 100 公里以内和距离海滩 50 公里以内的管制区购买土地，但必须先向外交部申请，所购土地不得用于居住。外国人如拟于管制区内购买供居住土地，需以信托方式，所取得土地只有使用权而无产权，使用年限最长为 50 年，期满可申请延期
最新修订	电信行业的外国投资比例上限由 49% 上调至 100%；保险金融机构、钱币兑换、保税仓库、退休基金管理公司持股比例允许达到 100%，信用机构、评估机构、保险代理允许外资持股比例超过 49%

资料来源：作者自行整理。

在墨西哥投资一般行业无须经过预先许可，允许外国投资者在墨西哥境内从事绝大多数行业，甚至外资可 100% 控股参与经营；除个别保留及特殊规定的行业外，国外投资者也可任意添购固定资产，扩充或迁移公司、厂房，同时投资其他新产业或新生产线等；外资公司还可以将公司利润、权利金、股利、利息和资本自由汇出。但所有外国投资者和有外资参股的墨西哥公司需要在经济部下属的外国投资国家登记处进行登记。外商可在当地以独资、合资的方式进行新建投资，也可并购当地企业，购置不动产，开发矿山和水资源，但须将上述并购告知墨西哥外交部。

外国投资者需向墨西哥工商部外资局以书面形式提出投资申请，然后由外资局转报国家外资委员会审批。审批部门须在 45 日内批复，否则可视为自动获准。1 亿美元以上投资项目须经特许。墨西哥政府鼓励外商到墨西哥三大城市以外的地区和边境地区投资。外商申请注册合资企业，需先将双方资产负债情况及由墨西哥财产事务所出具的墨西哥方资产证明书递交外交部有关司审批，批准后送工商部外资局转报外资委审批。经外资委批准后，即可到外交部登记定名，同时向移民局申请工作签证。有了以上三方文件，即可去公证处注册。在公证注册时须拟定公司章程。公证后的文件相当于营业执照，报工商部批准后即可开展有关业务，包括购买办公楼、住房等。设立公司时，首先要向墨西哥外交部申请公司名称（自备 3～5 个名称，由外交部批准其一）；名称定后，再去公证处注册登记，然后在财政部办理税卡和进出口权，整个过程一般可在 90 天内完成。注册资本不得少于 50000 比索（约 6200 美元）。公司每年需交 34% 的所得税。此外，几乎所有营业项目都缴纳增值税，税率为 15%。

在墨西哥设立外贸公司、独资或合资股份有限公司，公司股东的人数不得少于 2 人，每个股东持股数量不限，可以是一人拥有超过 99% 的股份，另一人拥有少于 1% 的股份。每个股东需提供下列证明文件：本人身份证、护照或当地居民证。外国股东也需要提供墨西哥内政部移民局颁发的工作签证，且至少有 1 人需在墨西哥实地经营，其他人如参与在墨西哥投资，需提供本人国籍、居住国证明、工作单位地址、工作单位（如公司）的授权书、本人或其所代表的单位资产情况、在墨西哥拥有资产或存款的证明。

《墨西哥公共工程法》规定，凡涉及公共基础设施项目的招标均由相关主管政府部门进行。但因石化、电力行业由国有公司垄断经营，招标具体事宜由上述国有公司在有关政府主管部门监督下进行。《墨西哥公共工程法》并未就外国公司参与当地项目招标设限，但根据其实施细则及惯常做法，墨西哥仅允许与之签订自由贸易协定或同属地区经贸合作协定的国家（中国尚未与墨西哥签订自由贸易协定）参与其公共工程项目招标。同样，私营领域招标按规定也需有限考虑上述合作伙伴。

（七）各国外资管理核心问题改革对比和经验借鉴

从各国外资管理体制各项改革实践看，在实施负面清单的发展中国家中，大多有从正面清单管理转向负面清单管理的过程。

1. 外资界定问题

从各国对外资界定看，首先，外国投资者和外国投资的定义是趋于宽泛、模糊和灵活的，这就使得外资相关概念的界定所涵盖的范围较大，能够尽可能地将外国投资活动纳入外资管理范畴。其次，从各国定义具体来看，虽然各国将现在和未来可能出现的各种外资活动纳入外资法律体系管辖范围，但在具体的管理松紧尺度上又是各异的，对外资进一步准确界定体现得较为灵活，为相关个案裁量留够了空间。如印度规定 51% 以上印度国民控股的公司再投资的，不受负面清单限制；菲律宾外资相关概念的界定在整个外资管理体系中意义并不大，而是根据外资是否申请优惠待遇进行差异化管理。

2. 负面清单及不符措施

负面清单的管理意味着：传统对外资投资的一般审批程序取消；特许经营

的审批条件和程序要求对内外资一致；涉及国家安全或公共卫生健康或道德的领域，即国家安全审查仍然保留；所有不属于负面清单领域或符合负面清单限制比例的外资投资项目只需备案和登记；负面清单可以调整和修订，但应趋向放宽。

从各国负面清单覆盖范围看，每个国家根据自己实际情况制订的负面清单或短或长，一般小国实现大幅开放的难度更小。大多数转型国家都将包括国家安全、能源、传媒、基础网络等战略性行业纳入负面清单，尽管这样，清单长短和分类的方式各国仍然有很大差别。

从各国不符措施种类看，一般均包括股本比例要求，有的国家还设置了经营年限、合资要求或股份转让要求等，有的依然保留业绩要求，有的要求备案或申请特殊许可，有的还大面积保留事前审批。

因此，总体来看，负面清单的长短并不与开放速度直接相关，它更强调的是一种透明度和可预见性。此外，负面清单在一国的准入实践改革中仅是重要一步，仍可逐步调整和改善，后续外资准入、备案、审批等程序的繁简程度以及具体操作步骤仍是影响一国外资开放水平的重要参数。

3. 外资审批程序

各国外资管理最大的差别在于程序以及审批过程中的松紧程度。列入负面清单的投资一般都要求事前审批，但有些国家（如菲律宾）则只要求超出限制的投资才需要审批，否则依然按自动程序。未列入负面清单的，一般即可自动经营，但有些国家（如印度）要求外汇备案，有些国家则要求巨额投资仍需审批。

尽管按照美式双边投资协定的要求，负面清单实施的同时不得加诸业绩要求，但是仍然有很多国家保留了业绩激励措施。如菲律宾的《综合性投资法》规定，出口企业或者为国内生产但符合"先进性"要求的企业，可以向投资处申请行政性支持，但是条件比本地企业苛刻。

对于既定的外资准入审批程序而言，各国在酌情处理和松紧程度方面也各有不同，最终影响整体外资开放程度。如菲律宾对于负面清单内符合持股比例的项目也可以酌情按备案程序处理，并未严格按照程序进行，在一定程度上体现了各国外资程序本身的灵活度。

采用负面清单模式的国家在大体形式上达到了国际贸易投资谈判的要求，

但往往仍然有很多限制和实质性的障碍。所以，除了少数国家以外，采用负面清单的发展中国家往往都被鼓励继续加大开放力度。

第二节 负面清单模式下中国外资管理体制的核心问题

通过借鉴以上主要国家在负面清单模式下关于外资体制的三大核心问题的改革和转型经验，对中国现行的自贸区负面清单以及外资管理中核心问题的应对和处理进行比照分析，可以找出外资管理向负面清单模式转型的大致路径。

一、外资的界定问题

在进一步深化改革、扩大开放的新形势下，中国外商投资管理体制进行了重大改革。2015年1月19日，商务部官方网站公布《〈中华人民共和国外国投资法〉（草案征求意见稿）》（以下简称《征求意见稿》）及其说明，正式向社会各界征求意见。《征求意见稿》将外资准入模式由"审批制"改为"准入管理"和"信息报告"制度。

对于外国投资者，《征求意见稿》在依据注册地标准对外国投资者予以定义的同时，引入了"实际控制"的标准。一方面规定，受外国投资者控制的境内企业视同外国投资者；另一方面规定，外国投资者受中国投资者控制的，其在中国境内的投资可视作中国投资者的投资。

对于外国投资，《征求意见稿》规定不仅包括绿地投资，还包括并购、中长期融资、取得自然资源勘探开发或基础设施建设运营特许权、取得不动产权利以及通过合同、信托等方式控制境内企业或者持有境内企业权益。

《征求意见稿》对外国投资者的定义为遵循"国籍/注册地 + 主体控制"原则，其中，第11条所称的外国投资者，是指在中国境内投资的以下主体：①不具有中国国籍的自然人；②依据其他国家或者地区法律设立的企业；③其他国家或地区政府及其所属部门或机构；④国际组织。

受前款规定的主体控制的境内企业，视同外国投资者。对"控制"的定义为：

（1）直接或间接持有该企业 50% 以上的股份、股权、财产份额、表决权或者其他类似权益的；

（2）直接或间接持有该企业股份、股权、财产份额、表决权或者其他类似权益虽不足 50%，但有下列情形之一的：

- 有权直接或间接任命该企业董事会或类似决策机构半数以上成员；
- 有能力确保其提名人员取得该企业董事会或类似决策机构半数以上席位；
- 所享有的表决权足以对股东会、股东大会或者董事会等决策机构的决议产生重大影响。

（3）通过合同、信托等方式能够对该企业的经营、财务、人事或技术加以决定性影响的。

《征求意见稿》对外国投资的定义为："本法所称的外国投资，是指外国投资者直接或间接从事的如下投资活动：①设立境内企业；②取得境内企业的股份、股权、财产份额、表决权或者其他类似权益；③向其持有前项所称权益的境内企业提供一年期以上融资；④取得境内或者其他属于中国资源管辖领域自然资源勘探、开发的特许权，或取得基础设施建设、运营特许权；⑤取得境内土地使用权、房屋所有权等不动产权利；⑥通过合同、信托等方式控制境内企业或者持有境内企业权益。"

境外交易导致境内企业的实际控制权向外国投资者转移的，视同外国投资者在中国境内投资。

二、负面清单和不符措施

迄今为止中国已发布过三次负面清单，即《中国（上海）自由贸易试验区外商投资准入特别管理措施（负面清单）（2013 年）》《中国（上海）自由贸易试验区外商投资准入特别管理措施（负面清单）（2014 年修订）》和 2015 年 4 月出台的《自由贸易试验区外商投资准入特别管理措施（负面清单）》。

《征求意见稿》中规定：特别管理措施目录由国务院统一制订并发布，包括禁止实施目录和限制实施目录。从中国负面清单的演变来看，一是负面清单长度有所缩短，覆盖行业范围不断缩减，不符措施数量有所减少。在最新发布的 2015 年版清单中，取消了建筑业和房地产业相关限制，中方控股、注册资本要求、股权比例限制等不符措施出现的频率大大降低，并且取消了一些并不常见的限制措施，如经营年限要求、门店数量要求、不允许设分支机构、申请前一年投资者资产总额要求、须已在中国境内设立企业以及实缴注册资本要求等。二是负面清单的演变总体并未呈现出趋于宽松的趋势。虽然负面清单长度和不符措施数量有所缩减，但不符措施种类有所增加、方式更趋于复杂。2013年和2014年版清单中不符措施大致可以分为禁止投资和股权比例限制，其中股权比例限制具体包括合资合作、中方控股、股权比例限制等要求。而最新版负面清单中则在不符措施方面增加了复杂程度，各种限制措施要求更加细化和具体，如自由品牌要求、知识产权、国产化、特许经营、安全评估、业务限制等。以文化、体育和娱乐业为例，2014年版不符措施仅包括禁止投资、中方控股、限于合作三类，但新版负面清单中则对外资具体行为进行了明确的限制，包括审批、指定申报单位、许可制度、经政府批准、中方主导、合作期限限制、中方掌握终审权、须审批设立代表机构等及对国产电影特殊保护（放映时间比例要求）。在金融业方面，在2014年版清单中，金融行业要求符合现行规定，这是一种类似于正面清单的模式；在2015年版中则取消了这种规定，通过列明不符措施的方式来进行管理，但新增了经营者机构类型要求，资质要求（总资产要求、业务年限要求、特定条件）、持股比例限制、经营业务限制、中方控股等限制措施。

三、主管部门和准入程序问题

（一）准入管理

《征求意见稿》废除了逐案审批制度，设计了与"准入前国民待遇＋负面清单"管理模式相适应的外资准入管理制度。外国投资主管部门仅对特别管理措施目录列明领域内的投资实施准入许可，审查对象也不再是合同、章程，而是外国投资者及其投资行为。在实施负面清单管理模式下，绝大部分的外资进入将不再进行审批。同时规定，外国投资者在中国境内投资，无论是否属于特别管理措施目录列明的领域，均需要履行报告义务。

对于进行限制实施目录领域类的投资，以及在两年内针对同一投资事项多次实施投资，其投资金额（包括融资额）累积达到限制实施目录中规定标准的，应向国务院外国投资主管部门申请准入许可。

在行业前置许可方面，外国投资者在负面清单领域内投资的，如果涉及需要申请前置性行业许可的领域，外国投资者在申请外资准入许可时须提交行业许可证件；不需要申请前置性行业许可的，外国投资主管部门在审查时需要征求相关行业主管部门的意见。

（二）安全审查

《征求意见稿》第四章列明了国家安全审查相关事宜，国务院建立外国投资国家安全审查部际联席会议，承担外国投资国家安全审查的职责。在以下两种情况下，外资进入安全审查程序：

（1）外国投资危害或可能危害国家安全的，外国投资者可向国务院外国投资主管部门提交国家安全审查申请。

（2）外国投资主管部门在进行准入审查时，发现外国投资事项危害或可能危害国家安全的，应暂停准入审查程序，并书面告知申请人提交国家安全审查申请。

四、中国外资管理体制存在的问题及改进建议

（一）存在的问题

1. 外资相关概念的界定

目前《征求意见稿》中对外资的界定更加明晰，并且突出了实际投资之外的"控制"的准则，这是一个较大的进步。但与其他国家相比较而言，中国相关概念的界定更为复杂，并且对于"控制"的定义和解释仍具有较大的随意性。如"所享有的表决权足以对股东会、股东大会或者董事会等决策机构的决议产生重大影响"，对"重大影响"的判定存在较大的主观性。未来伴随着外资活动覆盖范围、形式更加多样，外资的定义和尺度的把握在实际操作过程中不可避免地会出现更多的争议和不确定性。

2. 负面清单调整

从现有负面清单内容看，一是行业分类与国际标准不统一，中国自贸区清单采用的仍是国民经济分类标准，与国际通行标准仍存在一定差距，在未来多双边投资协定谈判中难免存在争议；二是清单长度仍然较长，不符措施种类更加趋于复杂，呈现出对外资行为的限制多于对其行业准入限制的趋势，并且没有列出相应的国内法律依据。

3. 外资备案程序

从《征求意见稿》来看，外资管理体制在具体程序方面仍有两大问题亟待解决。

(1) 如何判断一项外资是否需要申请准入许可。首先，《征求意见稿》中明确指出，未在限制实施目录中列明的，不需要申请准入许可。那么，如何判断一项外资是否在负面清单范围内？是否应由外资主管部门给出明确标准和意见，以判断是否进入准入许可程序？某些外资行为因为很难判断其是否属于限制实施目录，在实际操作过程中容易产生争议。其次，如果事先由外资主管部门判断是否需要进入准入许可程序，那么，这种外资备案程序从本质上来说仍是"一案一审"。

(2) 外资进入的前置程序与后续准入程序之间的关系尚未理清。首先，一项外资不论是否属于负面清单范围，都面临申请前置行业许可程序，对于不在负面清单范围内的外资行为，就失去了备案本身应具有的程序简化的意义。其次，一些行业前置许可是否对内外资要求一致，若在实际操作过程中存在对内资和外资不一致的做法，就应在负面清单内列明，但这就属于准入许可程序。

(二) 相关建议

1. 外资界定可更加宽泛灵活

如前所述，《征求意见稿》中对外资的界定原则是尽量将外资行为纳入法律管理框架，但对"控制"这一原则的定义需要进一步明确，或者可借鉴菲律宾经验，非内资即视为外资。即对内资进行分类和界定，除此之外全部认定为外资。这样的定义更加宽泛，可尽可能多地将外资相关行为纳入法律管理框架，虽然会对外国投资者带来一定不便，但在后续实际认定过程中可予以灵活处理和解释。如即使外资或外资行为属于负面清单范围，但可在超出一定的限定条件后再进入准入许可程序。

2. 不符措施

(1) 所有限制措施和标准都应当尽量简化。2013 年版负面清单按国民经济行业分类，又细分到小类，导致清单冗长。2014 年版和 2015 年版依然按照国民经济行业分类。包括菲律宾、印度、越南在内的其他采用负面清单的国家分类都较粗，限制措施也比较简化，实际限制范围不比中国小，但脉络比较清晰。我们应当考虑将限制措施简化为禁止投资、中方控股、产品或业务限制几大类即可，将现行负面清单行业标准与国际通行行业分类进行统一和对照。

（2）限制类措施需明确相应法律依据。美、英、法、德等发达国家没有外资准入负面清单单一文本，而是通过“伞形投资法律体系”开展对外资准入的管理，法无禁止即可行，是一种基于法律体系的外资负面管理。因此，建议完善国内与投资相关法律，并在限制目录清单中列明所依据的法律条款，即在负面清单中要把不符措施适用的国内法尽数列出，否则将不能以违反国内法为由对市场开放进行限制。

（3）保留主动灵活裁量权。在负面清单和限制措施的设置中，适当地留出足够的自由裁量空间，如印度规定51%以上印度国民控股的公司再投资的，不受负面清单限制。印度关于投资的这种规则设计为其将来在个别案例的酌情审理中掌握了主动权和灵活度。中国外资相关规定可以借鉴这种做法。

3. 准入程序

（1）厘清行业前置许可与准入许可的关系，取消或简化前置审批程序，对法律法规有明确规定的前置条件，除确有必要保留的以外，通过修法一律取消；另外，如不属于负面清单范围的外资行为，由投资者自行按照国内相关法律法规要求，自行申请行业许可，有条件可实行先照后证，逐渐转向以强化事中和事后监管为主；属于负面清单范围的外资行为，可从简化许可程序的角度试行将行业前置许可与准入许可统一。

（2）强化事后监管。考虑到负面清单内的限制措施包括业务和地域限制，这类限制应纳入事中和事后监管范围，强化对外资准入后行为的监测和管理。

第七章 中国自贸区服务业开放实践探索与经验总结

　　自 2013 年 9 月 29 日上海自贸区正式挂牌成立以来，中国各省市积极开展自贸区相关试点工作。2014 年 12 月，经中央政治局常委会会议、国务院常务会议讨论决定，并经全国人大常委会授权，在广东、天津、福建依托现有新区、园区新设三个自贸试验区，并扩展上海自贸试验区区域。自贸区相关改革的快速推进展示了中央全面深化改革的决心与魄力，意味着中国迈向更高的对外开放水平，是加快打造中国经济升级版的重要表现，是新形势下推进改革开放的重大举措，对加快政府职能转变、积极探索管理模式创新、促进贸易和投资便利化，全面深化改革和扩大开放，探索新途径、积累新经验，具有重要意义。

　　当前，中国服务业面临对外进一步开放的国内和国外压力。一方面，国内服务业产业竞争力尚未达到能够自由充分参与国际竞争的程度，面临着保护本土服务业发展、解决就业等方面的各种压力，各项配套措施和管理程序也尚未跟进，服务业开放尚不具备竞争基础和配套环境。另一方面，经济全球化背景下全球服务业各环节相互融合发展，开放是全球服务业大势所趋，国际投资规则发展的新趋势对中国服务业领域外资管理相关体制机制的冲击越发明显，服务业对外开放的硬实力和软实力均有待进一步提升。而自贸区的一项重要任务就是扩大服务业开放，在服务业市场准入等方面进行制度改革，逐步适应服务业外资的准入前国民待遇和负面清单管理模式，并形成可复制、可推广的经验，进一步在全国范围内推行相关成功做法，为把握服务业开放的步伐、具体路径等积累经验。

　　从当前中国自贸区已取得的成果来看，自贸区在深入推进投资管理、贸易便利化、金融创新、事中和事后监管四个领域的制度创新过程中，已经形成了一批可复制、可推广的试验成果。其中，上海自贸区 27 项改革事项已先后在全国或部分地区复制推广，包括境外投资备案管理制度、外商投资项目备案管理制度、注册资本认缴制、企业年度报告公示、贸易监管、跨国公司外汇资金运营管理等事项。未来随着各地自贸区改革不断取得成功，中国服务业对外开放将逐渐具备产业竞争力基础和政策环境基础。本章即以自贸区服务业开放相关改革措施和经验为切入点，提出中国服务业开放存在的体制和机制问题，以及服务业进一步开放所面临的挑战。在此基础上，进一步分析中国服务业进一步开放涉及的重点行业和应对策略。

第一节　"入世"以来中国服务业市场开放阶段性特征

一、中国服务业开放阶段性历程

（一）WTO 框架下的服务业开放承诺

加入 WTO 极大地促进了中国服务业对外开放水平。当时，中国政府就 149 个服务业细分行业的 82 个部门做出了开放承诺，并设置了过渡期，承诺比例高达 55%。从加入 WTO 的发展中国家来看，该承诺水平和开放程度相对较高。根据有关研究，高收入国家对所有服务业的 53.3% 做出了某种承诺，而发展中国家承诺的范围只有 15.1%，其中较大的发展中国家（大致定义为 GDP 高于 400 亿美元的国家）所做的承诺要比发展中国家整体水平高出许多，达到 29.6%，有 1/4 的发展中国家仅对其 3% 的服务业部门做出过某种承诺。❶

在 WTO 框架下，一成员对其他成员的承诺基于多边磋商机制，根据成员国内实际情况，采取肯定列表方式承诺什么兑现什么。GATS 减让表的部门分类以《联合国中心产品分类系统》（CPC）为基础，共包括乌拉圭回合谈判的 12 大类约 160 个具体服务活动。由于需要与 WTO 其他成员的减让表进行国际比较，本书将根据 WTO 秘书处（2000）的研究分析中国 11 个大类（排除

---

❶　胡乃武. GATS 中国服务业开放承诺 [J]. 浙江经济，2002（22）：48 – 49.

"其他未包括的服务")的 149 种具体活动的承诺情况，这其中对中国个别具体服务活动的分类进行了调整。

成员对世贸组织的服务贸易承诺均分为水平承诺和具体承诺两部分。两者均针对四种服务贸易方式的市场准入和国民待遇的条件分别进行承诺。区别在于，水平承诺是针对跨境服务、境外消费、商业存在、自然人移动四种服务模式的所有服务部门就市场准入和国民待遇做出的承诺；而具体承诺是只针对成员本身选定的服务部门就市场准入和国民待遇对四种服务模式做出的承诺。具体而言，减让表中的承诺内容包括 GATS 第三部分（具体承诺）中对市场准入（第 16 条）、国民待遇（第 17 条）和附加承诺（第 18 条）的基本要求。

与其他成员相似，在中国的减让表中只针对个别服务活动做了附加承诺。中国"入世"议定书中的《服务贸易减让表》和《最惠国豁免清单》是遵照WTO 的样板格式达成的，服务业方面的承诺也分为具体部门承诺和水平承诺两部分。前者按照服务提供方式和所属具体部门进行承诺，后者则适用于所有提供方式，并且不针对某种具体的服务业分部门。成员国在国民待遇和市场准入方面的具体承诺只适用于其所列入承诺表中的部门，并服从于具体部门的限定条件和限制，成员方按照服务提供方式做承诺可以保留最惠国待遇例外。金融、电信、视听、运输等曾是被广为引用的最惠国待遇例外。不过中国的第 2 条豁免清单却比较简单，只涉及海运、国际运输、货物与旅客三个运输部门，这些部门尚未在 WTO 内达成相关的协议。在中国的"入世"议定书中，对服务贸易的承诺方式包括"没有限制""不做承诺"、有保留的承诺和未列入减让表四种。"没有限制"是指对以某种方式提供服务的外国服务提供者不采取任何市场准入或国民待遇的限制，这意味着近乎完全的自由化。需要注意的是，如果对于某种提供方式在水平承诺中列明了限制措施，即使在部门承诺中没有限制，后者也被视为受到限制。"不做承诺"和未列入减让表说明不承担任何义务，保留充分的政策自由权是另一个极端。介于它们之间的是有保留的承诺，即详细列明对市场准入和国民待遇进行限制的具体内容及措施，其性质是不完全的自由化。它的一种特殊形式是"除水平承诺中的内容外，不做承诺"。可见，"没有限制"和有保留的承诺都是"约束承诺"，类似于 GATS 减让表中的"约束关税"。从服务提供方式看，中国对自然人流动和商业存在的限制较多，有超过一半的部门受此限制，对跨境交付和境外消费的限制则相对宽松。但基于当时中国的国情，内资和外资甚至内资企业之间存在的广泛的准入前和准入后差别化待遇是根本违背 GATS 国民待遇原则的，并且中国各服务业细分行业和部门的承诺情况有相当大的差别。环境服务业开放程度最高，分销服务部门次之，金融和通信服务属于中等开放水平，建筑及相关工程服务部门开放水平最低，娱乐、文化及体育、健康及相关社会服务和其他服务部门开放程度相对较高（盛斌，2002），这在实际中构成了服务业对外开放的巨大门槛和障碍。

（二）CEPA 和 ECFA 下的服务业开放

1. CEPA 下的服务业开放承诺

2003 年 6 月 29 日，香港与内地签署了旨在加强两地之间经贸联系的贸易协定——《内地与香港关于建立更紧密经贸关系的安排》（以下简称 CEPA）及其六个附件。其中，附件四列明了关于开放服务贸易领域的具体承诺，附件四又分为两部分，一是内地向香港开放服务贸易的具体承诺，二是香港向内地开放服务贸易的具体承诺，协议规定 17 个服务行业获得放宽准入（见表 7 - 1）。

表 7 - 1　CEPA 附件四：内地向香港开放服务贸易的部门❶

部门	细分部门	
商业服务	专业服务	法律服务
		会计、审计和簿记服务
		建筑设计服务
		工程服务、集中工程服务
		城市规划和风景园林设计服务（城市总体规划服务除外）
		医疗及牙医服务
	房地产服务	涉及自有或租赁资产的房地产服务
		以收费或合同为基础的房地产服务
	其他商业服务	广告服务
		管理咨询服务
		会议服务和展览服务

❶　部门分类使用世界贸易组织《服务贸易总协定》服务部门分类（GNS/W/120），部门的内容参考相应的《联合国中央产品分类系统》（United Nations Provisional Central Product Classification，CPC）。

续表

部门	细分部门	
通信服务	电信服务	增值电信服务
	视听服务	录像分销服务（CPC83202），录音制品的分销服务
		电影院服务
		华语影片和合拍影片
建筑及相关工程服务	CPC511，CPC512，CPC513❶，CPC514，CPC515，CPC516，CPC517，CPC518❷	
分销服务	佣金代理服务（不包括盐和烟草）	
	批发服务（不包括盐和烟草）	
	零售服务（不包括烟草）	
	特许经营	
金融服务	所有保险及其相关服务	寿险、健康险和养老金/年金险
		非寿险
		再保险
		保险附属服务
	银行及其他金融服务（不包括保险和证券）	接受公众存款和其他应付公众资金
		所有类型的贷款，包括消费信贷、抵押信贷、商业交易的代理和融资
		金融租赁
		所有支付和汇划工具，包括信用卡、赊账卡和贷记卡、旅行支票和银行汇票（包括进出口结算）
		担保和承诺
		自行或代客外汇交易
		证券服务
旅游和与旅游相关的服务	饭店（包括公寓楼）和餐馆	
	旅行社和旅游经营者	
运输服务	海运服务	国际运输（货运和客运，不包括沿海和内水运输服务）
	辅助服务	集装箱堆场服务
		其他
	公路运输服务	公路卡车和汽车货运
		公路客运
	所有运输方式的辅助服务	仓储服务
		货代服务
服务部门分类（GNS/W/120）未列出的部门	物流服务	

资料来源：中国自贸区服务网。

---

❶ 包括与基础设施建设有关的疏浚服务。

❷ 涵盖范围仅限于为外国建筑企业在其提供服务过程中所拥有和所使用的配有操作人员的建筑和拆除机器的租赁服务。

2005—2006 年，CEPA 补充协议二和补充协议三签署，在 2003 年签署的"安排"和 2004 年签署的"安排"补充协议的基础上，内地进一步对香港扩大开放。在服务贸易领域，从 2007 年 1 月 1 日起，内地在法律、会展、信息技术、视听、建筑、分销、旅游、运输和个体工商户等领域原有开放承诺基础上，进一步采取 15 项具体开放措施。其中，4 项属于放宽股权限制，2 项属于降低注册资本、资质条件等门槛，9 项属于放宽地域、经营范围和自然人流动的条件。2008—2013 年，CEPA 补充协议四到补充协议十三陆续签署，服务业领域开放不断扩大。

总体来看，CEPA 中内地向香港开放的服务业部门较为广泛。从具体承诺描述看，CEPA 基本没有涉及业绩要求，对一些敏感领域（如法律服务等），开放程度明显高于现阶段中国所签订的 FTA 中的相关规定，如允许香港居民参加内地司法考试。对香港投资者、从业者在内地的业务领域、业务主体、提供服务的形式、从业时间等行为和细节的规定较多，有部分行业提出了注册资本要求，但基本没有强制性的商业存在要求，基本允许香港服务提供者以合作或者独资的形式进入内地市场。此外，在投资比例方面，除金融服务部门以外，香港服务提供者很少受中外方投资比例限制。

2. ECFA 下的服务业开放

2010 年 6 月 29 日，中国大陆海协会与台湾海基会领导人正式签署了《海峡两岸经济合作框架协议》（以下简称 ECFA），ECFA 以"服务贸易早期收获计划"的方式率先推动了服务业市场准入。在早期收获计划中，大陆在金融服务和计算机、研发服务以及医疗服务等非金融服务方面都给予了台湾更为优惠的市场准入条件。在金融服务部门，只要台湾银行在大陆营业两年以上并盈利一年以上，即允许从事人民币业务，这与 CEPA 给予香港服务提供者的待遇基本一致。此外，大陆还在研究和开发服务、医院服务等领域第一次做出开放承诺。

相对于 CEPA 而言，ECFA 内容较为全面，增加了投资合作和经济合作等两项内容。投资合作包括建立投资保障机制、提高投资透明度、减少相互投资限制和促进投资便利化等。

（三）FTA 背景下的服务业开放

从国内服务业开放相关制度改革历程来看，自"入世"以来，中国积极履行各项承诺，国内的服务业市场日渐成熟，经济快速增长，但是服务业整体发展水平较低以及产业结构不合理带来的压力日益增大。进一步深化改革开放，转变经济发展方式，优化产业结构，实现经济转型成为国内经济发展最大的诉求。党的十八大报告强调"加快实施自贸区战略"，增强深化改革开放的动力，全面提高开放型经济发展水平，实施更加主动的开放战略，推动服务业特别是现代服务业的发展壮大。而发展自贸区服务业须有合理高效的制度环境作保障，因此国内对自贸区服务业开放性制度创新建设的诉求不断加大，自贸区服务业开放相关制度改革需要进一步深化。

现阶段中国已经与12个国家和地区签订了FTA，与海湾阿拉伯国家合作委员会、挪威、斯里兰卡、巴基斯坦（第二阶段）、马尔代夫、格鲁吉亚、中日韩的FTA正在谈判阶段，与印度、哥伦比亚、摩尔多瓦、斐济、尼泊尔正在开展FTA研究。中国与各国的FTA中基本都涉及了服务业开放的内容。其中，中国与澳大利亚FTA是第一次在负面清单管理模式下签订的FTA，但是澳大利亚单方提出了负面清单，中国对其在正面清单模式下进行谈判和最终签署。

以中韩FTA附件8的中方承诺表为例，中方在具体承诺减让表中针对市场准入限制、国民待遇、其他承诺三部分，对所有部门以及具体部门均列明了详细的限制范围、措施、允许从事的业务等。总体看，中方承诺表与WTO下的服务业开放承诺格式的分类大致相同，也包括水平承诺和具体承诺两部分，即针对具体部门，在市场准入和国民待遇以及其他承诺三方面，分别又针对不同服务提供方式进行具体描述。

对比CEPA框架下和FTA框架下的服务业开放，可以发现：总体来看，两者服务部门分类相同，覆盖的具体服务部门也大致相同，但CEPA下开放度相对高于FTA框架下的开放度，两者在承诺形式、限制措施描述等方面存在明显不同。

（1）在承诺形式方面，CEPA以"负面清单＋正面清单"的方式进行承诺。其中，负面清单专门针对商业存在方式提出了各具体部门允许进行的业务的具体描述，而且涉及的均为国民待遇原则。与中韩FTA明显不同的是，CEPA还以正面清单的方式列明了跨境服务开放措施。而FTA框架下中方承诺则通过水平承诺和具体承诺的方式，对四种服务提供方式进行市场准入、国民待遇和其他方面的具体承诺。

（2）从实际开放程度看，CEPA 的服务业开放水平总体而言要高于现有的 FTA。从 CEPA 正面清单中的具体承诺来看，开放程度较高。如法律服务项下，CEPA 允许香港永久性居民在满足一定条件后取得内地法律职业资格，对香港律师事务所驻内地代表机构的代表在内地的居留时间也不做要求。在服务提供方式的具体限制方面，中韩 FTA 中对自然人流动的限制大致以水平承诺为主，CEPA 中对自然人流动的限制程度则较低，只要满足一定条件，基本非常接近国民待遇。在商业存在方面，CEPA 虽然针对这一方式列出了负面清单，但大部分服务部门在商业存在方面已经实现了国民待遇。此外，中韩 FTA 中某些具体服务部门没有对跨境交付、境外消费等服务提供形式做出承诺，而 CEPA 中对这两类服务提供方式限制措施较少（见表 7 - 2）。

表 7 - 2　CEPA 和中韩 FTA 中关于服务贸易的具体承诺对比

部门	CEPA	中韩 FTA
法律服务	对所驻内地代表机构的代表在内地的居留时间不做要求	代表均应每年在中国居住不少于六个月
	允许香港永久性居民中的中国公民按照《国家司法考试实施办法》参加内地统一司法考试，取得内地法律职业资格，并从事相关内地法律业务	韩律师事务所以代表处方式提供服务，在上海 FTA 内可以联营的形式开展业务，且有业务种类限制
会计、审计和簿记服务	允许香港会计师在内地开展相关业务，申请内地执业资格	允许韩国会计师事务所与中国会计师事务所结成联合所，开展许可范围内的业务
建筑设计服务、工程服务、集中工程服务、城市规划和风景园林设计	允许取得内地执业资格的香港专业人士在划定范围内执业、注册等，认可其业务资质；放宽香港专业及技术人员在内地居留期限的规定，将其居港时间也计算在内地居留时间内；允许香港服务提供者雇用的合同服务提供者以自然人流动的方式在内地提供服务	允许设立合资、合作、独资企业；自然人流动方面遵循水平承诺
医疗和牙医服务	自然人流动方面期限为三年；允许符合一定条件的香港永久居民参加内地资格考试。成绩合格者，发给内地资格证书	允许设立合作合资机构，对外资股权比例有限制；自然人流动方面允许不超过一年的短期执业

部门		CEPA	中韩 FTA
计算机及其相关服务		允许香港服务提供者在前海、横琴试点提供跨境数据库服务； 允许香港服务提供者雇用的合同服务提供者以自然人流动的方式在内地提供服务	自然人移动方面，需为注册工程师，或具有学士（或以上）学位并在该领域有三年工作经验的人员
房地产服务		商业存在方面实行国民待遇； 允许香港服务提供者雇用的合同服务提供者以自然人流动的方式在内地提供服务	允许独资； 自然人流动方面遵循水平承诺
其他商业服务	技术测试和分析服务	商业存在方面实行国民待遇； 允许香港服务提供者雇用的合同服务提供者以自然人流动的方式在内地提供服务； 产品认证合作、互认； 在中国（广东）自由贸易试验区内试行粤港澳认证及相关检测业务互认制度，实行"一次认证、一次检测、三地通行"； 允许香港服务提供者雇用的合同服务提供者以自然人流动的方式在内地提供服务	允许独资，跨境提供主体有所限制； 要求经济需求测试、注册资本要求、从业年限要求
	人员安置和提供服务	海员外派无须申请外商投资职业介绍机构或人才中介机构资格； 允许在广东设立独资海员外派机构向香港籍船舶提供服务，不需要专门成立船舶管理公司	仅限于合资企业形式，允许外资拥有多数股权，需进行经济需求测试； 自然人流动方面遵循水平承诺
	建筑物清洁	允许香港服务提供者雇用的合同服务提供者以自然人流动的方式在内地提供服务	允许外资独资； 自然人流动方面遵循水平承诺
摄影		允许香港服务提供者雇用的合同服务提供者以自然人流动的方式在内地提供服务	仅限于合资企业形式，允许外资拥有多数股权； 自然人流动方面遵循水平承诺
会议展览		允许香港服务提供者在指定地点举办展览； 委托广东省审批香港服务提供者在广东省主办展览面积 1000 平方米以上的对外经济技术展览会； 允许香港服务提供者雇用的合同服务提供者以自然人流动的方式在内地提供服务	仅限于合资企业形式，允许外资拥有多数股权； 自然人流动方面遵循水平承诺
笔译和口译		允许香港服务提供者雇用的合同服务提供者以自然人流动的方式在内地提供服务	从业经验要求

续表

部门	CEPA	中韩 FTA
建筑及相关工程服务	港资可在内地设建筑企业，取得内地资质，项目经理人数不受限制，香港工程技术人员和经济管理人员在内地的居留时间不受限制；允许香港服务提供者雇用的合同服务提供者以自然人流动的方式在内地提供服务	允许合资，外商独资业务范围有限制
批发销售、零售	允许香港服务提供者雇用的合同服务提供者以自然人流动的方式在内地提供服务	允许独资但有限制；允许分销在中国生产的产品
教育	允许广东省对本省普通高校招收香港学生实施备案	允许合作办学，允许受邀入境提供服务；资质要求等，工作经验要求
环境服务	允许香港服务提供者雇用的合同服务提供者以自然人流动的方式在内地提供服务	允许外商独资；自然人流动方面遵循水平承诺
保险及相关服务	允许香港永久居民获取内地执业资格并从业；同意在香港设立内地保险中介资格考试考点；鼓励内地的保险公司以人民币结算分保到香港的保险或再保险公司；鼓励香港的保险公司继续扩大有关分出再保险业务到内地再保险公司的规模；允许符合监管要求的广东保险公司委托香港保险公司在香港开展人民币保单销售业务	不得从事法定保险业务；允许设独资、合资公司、内部分支机构；跨境提供业务有限制；市场准入有限制；从业经验要求；经济需求测试要求；资产要求
银行及其他金融服务	允许符合一定条件的香港银行在内地注册的法人银行将数据中心设在香港；银行业专业人员职业资格互认；简化香港居民在内地资格考试程序；允许香港交易及结算所有限公司在北京设立办事处；深化内地与香港金融服务及产品开发的合作方面有各种优惠条件；支持符合条件的香港金融机构在广东自贸区以人民币进行新设、增资或参股自由贸易试验区内金融机构或直接投资活动；允许广东自贸区内金融机构按规定为自由贸易试验区内个人投资者投资香港资本市场的股票、债券及其他有价证券提供服务	将允许韩国金融租赁公司与国内公司在相同时间提供金融租赁服务；对于外汇业务和本币业务，无地域限制；跨境提供业务有限制；商业存在方面有资产要求、营业年限要求、盈利要求

部门	CEPA	中韩 FTA
旅游和与旅游相关的服务	口岸便利化措施； 允许符合一定条件的香港永久居民取得内地导游资格； 允许赴台团体以过境方式在香港停留； 允许香港服务提供者雇用的合同服务提供者以自然人流动的方式在内地提供服务	不允许从事中国公民出境及赴中国香港、中国澳门和中国台北的旅游业务； 允许有合同基础的自然人流动； 允许经营饭店，允许外商独资
娱乐、文化和体育服务	允许香港服务提供者雇用的合同服务提供者以自然人流动的方式在内地提供服务； 允许跨境交付	有股权比例限制； 没有对跨境交付和境外消费做出承诺
海运服务、辅助服务	对特定航线审批权下放； 允许香港服务提供者雇用的合同服务提供者以自然人流动的方式在内地提供服务； 允许香港服务提供者利用干线班轮船舶在内地港口自由调配自有和租用的空集装箱	跨境交付有业务限制、外资股权比例限制
航空运输	允许跨境交付机场管理、机票销售、酒店套票预订等； 允许香港服务提供者雇用的合同服务提供者以自然人流动的方式在内地提供服务（仅限于航空运输销售代理）	没有对跨境交付做出承诺； 允许合资
公路运输	货运"直通车"业务； 便利香港司机参加内地机动车驾驶证考试； 允许香港服务提供者雇用的合同服务提供者以自然人流动的方式在内地提供服务	允许独资； 客运方面外资股权比例超过49%

资料来源：作者自行整理。

二、中国服务业开放存在的体制和机制问题

中国服务业开放经历了 WTO 框架下服务贸易开放承诺、CEPA 和 ECFA 框架下服务业开放更为优惠性的承诺以及 FTA 框架下服务业有序开放三大阶段，未来服务业开放势必继续在国内 FTA 和多双边 FTA 框架下继续推进。然而，

制度壁垒一直是中国服务业开放的最大阻碍，多头管理、部门协调不畅等问题依然存在，未来服务业开放亟待打破体制机制方面的各种制度壁垒。

（一）准入前行政许可

（1）CEPA、FTA框架下的服务业特殊承诺缺乏相应的政策支撑。以CEPA为例，虽然CEPA框架下服务业开放程度相对较高，开放领域达50多个，但每个行业都存在准入前各项行政许可、审批程序。如CEPA允许香港服务提供者以独资、合资或合作形式在内地设立经营性培训机构，但教育部认为中国尚未针对该项规定出台具体操作办法，只能依据《中外合作办学条例》进行处理。该条例规定中外合作办学者可以合作举办各级各类教育机构，且中外合作办学者的知识产权投入不得超过各自投入的1/3，未涉及独资、合资形式的相关规定，因此各级教育行政部门无法对其进行审批。这导致CEPA该项规定一直未得到很好的落实。CEPA框架下关于市场调研、技术检验和分析、建筑物清洁、摄影、笔译和口译、环境、社会服务、旅游、文化娱乐、体育、航空运输、商标代理等多个领域的项目落实均面临这一制度性障碍。

（2）存在多头管理问题。从负责审批的各级行政部门来看，仍然以CEPA为例，CEPA下部分服务部门的审批权限可以下放。因此，CEPA框架下第一类审批机关是国家部委审批，如法律、金融等部门；第二类审批机关是地方商务部门，如广告、物流、旅游等部门需地方商务部门审批，即这些审批需先报地方商务部门，再由相关行业主管部门进行审批，包括环评等涉及具体行业的前置行业许可等，再经地方商务部门审批，程序较为复杂；第三类审批主体则为地方相关行政主管部门，如会展、仓储、房地产服务等是由这类主管部门负责审批的。这意味着在服务业开放度较高的CEPA框架下，境外服务提供者也要面临国家和地方各级主管部门的审批、国家和地方各级行业主管部门的行业许可等准入前的多项审批程序以及较长的审批周期，尤其是在实际操作过程中，审批周期可能更长，这在很大程度上制约了CEPA框架下投资便利性的提升。

（二）准入后监管不到位

中国服务业外资监管在事中、事后监管存在法律依据不足、诚信体系不健全、部门协调不力、监管方法有待创新等一系列问题。

（1）中国各级政府部门侧重于事前审批，在准入前设置诸多门槛、审批要求和程序等，但忽视了事中、事后监管。并且，现有政府职能部门设置也无法满足事后监管的动态性、及时性、专业性、精细化要求，特别是职能部门人力投入不足，过多人员集中在事前审批环节，往往无法应付精细化事中、事后监管要求，对外资准入后风险防控不足，倾向于采取重审批、轻监管的粗放式管理方式。

（2）对监管内容不明确。各部门对事中、事后监管的方法、手段等的探索和认识不到位，处于进一步研究梳理过程，对被监管事项的哪些环节、领域、项目应纳入政府监管范围还存在不同认识。

（3）部门协调不力。各部门合作监管职责不清晰，事中、事后监管存在盲区。如商事登记制度改革中，工商部门推动"先照后证"改革，然而，从发执照到申领许可证之间的时间环节里很容易出现监管真空。

（4）事中、事后监管尚缺乏法律基础。事中、事后监管是政府职能转变的新趋势、新要求，作为政府管理模式的一种新的制度安排，中国在很多行业领域尚未形成完善、高效的监管体系。以美国食品安全领域事中、事后监管为例，美国食品安全体系是以联邦和各州法律及行业生产安全食品的法定职责为基础，美国总统宣布并实施了《食品安全行动计划》《食品药品法》《肉类制品监督法》等多部法律。面对多次食品污染事件，2009 年美国加快了食品安全立法进程，继 2009 年《消费品安全改进法》后，又通过了几经修改的 2009 年《食品安全加强法案》。2011 年又出台《食品安全现代化法案》，及时调整食品监管体系，形成一整套完善的事中、事后监管法律依据。

（三）内外资不一致、区内区外不一致问题

（1）内资和外资不一致。在内资方面，民资和国资仍存在待遇不一致、门槛不一致问题，部分服务行业民企准入门槛高，市场无法实现充分竞争，面临监管要求和标准也不一致。在内外资不一致方面，外资严于内资以及外资超国民待遇的问题仍然存在，与内外资一致的标准仍相差甚远。

（2）区内区外不一致。我国现存大量产业园区，区内企业相对于区外企业往往能够享受更多优惠，这本身就导致了区内区外两种政策体系并存，人为制造了企业间的不平等待遇。

（四）社会参与度不足

事中、事后监管涉及诸多细节，仅靠政府职能在短期内向这些环节转移是不现实的，社会组织在事中、事后监管环节中应发挥更多的作用，而中国现阶段尚无法动员这一社会力量。在传统"大政府"职能的运作模式下，更多的社会事项由政府包揽，加上政府购买社会服务的机制尚不完善，导致政府没有更多精力加强事中、事后监管，造成社会组织承担社会服务管理的空间比较有限，加之社会组织自身管理能力尚有待进一步提升，自身治理结构、管理能力和组织能力等都存在不足，形成政府监管之外的多元社会监管体系。

第二节　中国自贸区服务业开放相关措施

WTO、CEPA 和 ECFA、中国与各国和地区签订的多双边 FTA 框架下的服务业开放相关体制不断深化，但仍存在诸多问题。近几年，中国服务业开放面临的内外部环境发生了巨大变化，国际贸易和投资格局在金融危机后出现了显著变化，新一轮国际投资规则体系的重构正在如火如荼地推进之中。多哈贸易谈判停滞不前，多边贸易投资便利化框架多年来没有新进展，而以美国为首的《跨太平洋伙伴关系协议》（TPP）、《跨大西洋贸易与投资伙伴关系协定》（TTIP)、《国际服务贸易协定》（GATS）等大有取代 WTO 成为全球主流贸易、投资规则之势。中国在新一轮国际投资规则的谈判和制订中很少拥有主导权，这无疑对中国在全球贸易投资体系中的地位构成巨大挑战。自 2013 年上海自贸区开始建设以来，中国各地自贸区建设在推进贸易投资便利化、探索负面清单和相应的管理模式改革路径、金融改革、服务业开放等领域出台了一系列新举措。然而，各地自贸区建设也面临一定的问题和挑战，特别是对各级政府转变宏观调控思路、创新监管手段等提出了新要求。这阶段国内自贸区服务业开放举措无疑是对之前 WTO、CEPA 和 ECFA 以及多双边 FTA 下服务业开放各项改革的继续推进和深化，同时也是对新环境下服务业对外开放路径的探索和实践。

（一）上海自贸区

1. 上海自贸区服务业开放措施和进展

2013 年 9 月 29 日，上海自贸区正式成立，面积 28.78 平方公里。2014 年12 月 28 日全国人大常务委员会授权国务院扩展上海自贸区区域，将面积扩展到 120.72 平方公里，涵盖上海市外高桥保税区、外高桥保税物流园区、洋山保税港区和上海浦东机场综合保税区、金桥出口加工区、张江高科技园区和陆家嘴金融贸易区共七个区域。

2013 年 9 月 18 日，国务院下达了《关于印发中国（上海）自由贸易试验区总体方案》（以下简称《方案》）的通知。该《方案》就总体要求、主要任务和措施、营造相应的监管和税收制度环境、扎实做好组织实施等主要环节做出了明确的要求。

《方案》包括：在上海自贸区先行先试人民币资本项目下开放，并逐步实现可自由兑换等金融创新；未来企业法人可在上海自贸区内完成人民币自由兑换，个人则暂不施行；上海自贸区也很可能采取分步骤推进人民币可自由兑换的方式，如先行推动境内资本的境外投资和境外融资；上海自贸区在中国加入环太平洋伙伴关系协议（TPP）谈判中也将起到至关重要的作用，并有望成为中国加入 TPP 的首个对外开放窗口，其核心内容包括推动服务业开放、加快金融改革、促进对外贸易的转型升级与实现简政放权。在服务业开放方面，《方案》具体列出了金融服务、航运服务、商贸服务、专业服务、文化服务、社会服务领域的具体开放措施（见表 7 - 3）。

表 7 - 3 上海自贸区服务业扩大开放措施

部门		对应国民经济部门	开放措施
金融服务	银行服务	金融业：货币银行服务	允许符合条件的外资金融机构设立外资银行，符合条件的民营资本与外资金融机构共同设立中外合资银行。在条件具备时，适时在试验区内试点设立有限牌照银行； 在完善相关管理办法、加强有效监管的前提下，允许试验区内符合条件的中资银行开办离岸业务
	专业健康医疗保险	金融业：健康和意外保险	试点设立外资专业健康医疗保险机构
	融资租赁	金融业：金融租赁服务	融资租赁公司在试验区内设立的单机、单船子公司不设最低注册资本限制； 允许融资租赁公司兼营与主营业务有关的商业保理业务

部门		对应国民经济部门	开放措施
航运服务	远洋货物运输	交通运输、仓储和邮政业：远洋货物运输	放宽中外合资、中外合作国际船舶运输企业的外资股权比例限制，由国务院交通运输主管部门制订相关管理试行办法； 允许中资公司拥有或控股拥有悬挂非五星红旗的船只，先行先试外贸进出口集装箱在国内沿海港口和上海港之间的沿海捎带业务
	国际船舶管理	交通运输、仓储和邮政业：其他水上运输辅助服务	允许设立外商独资国际船舶管理企业
商贸服务	增值电信	信息传输、软件和信息技术服务业：其他电信业务、互联网信息服务、数据处理和存储服务、呼叫中心	在保障网络信息安全的前提下，允许外资企业经营特定形式的部分增值电信业务，如涉及突破行政法规，须国务院批准同意
	游戏机、游艺机销售及服务	批发和零售业：其他机械及电子商品批发	允许外资企业从事游戏游艺设备的生产和销售，通过文化主管部门内容审查的游戏游艺设备可面向国内市场销售
专业服务	律师服务	租赁和商务服务业：律师及相关法律服务	探索密切中国律师事务所与外国（港澳台地区）律师事务所业务合作的方式和机制
	资信调查	租赁和商务服务业：信用服务	允许设立外商投资资信调查公司
	旅行社	租赁和商务服务业：旅行社服务	允许在试验区内注册的、符合条件的中外合资旅行社从事除台湾地区以外的出境旅游业务
	人才中介服务	租赁和商务服务业：职业中介服务	允许设立中外合资人才中介机构，外方合资者可以拥有不超过70%的股权；允许港澳服务提供者设立独资人才中介机构； 外资人才中介机构最低注册资本金要求由30万美元降低至12.5万美元
	投资管理	租赁和商务服务业：企业总部管理	允许设立股份制外资投资性公司
	工程设计	科学研究与技术服务企业：工程勘察设计	对试验区内为上海市提供服务的外资工程设计（不包括工程勘察）企业，取消首次申请资质时对投资者的工程设计业绩要求
	建筑服务	建筑业：房屋建筑业、土木工程建筑业、建筑安装业、建筑装饰和其他建筑业	对试验区内的外商独资建筑企业承揽上海市的中外联合建设项目时，不受建设项目的中外方投资比例限制

续表

部门		对应国民经济部门	开放措施
文化服务	演出经纪	文化、体育和娱乐业：文化娱乐经纪人	取消外资演出经纪机构的股权比例限制，允许设立外商独资演出经纪机构为上海市提供服务
	娱乐场所	文化、体育和娱乐业：歌舞厅娱乐活动	允许设立外商独资的娱乐场所，在试验区内提供服务
社会服务	教育培训、职业技能培训	教育：职业技能培训	允许举办中外合作经营性教育培训机构；允许举办中外合作经营性职业技能培训机构
	医疗服务	卫生和社会工作：综合医院、专科医院、门诊部（所）	允许设立外商独资医疗机构

资料来源：上海自贸区官网。

《国务院关于推广中国（上海）自由贸易试验区可复制改革试点经验的通知》明确了服务业开放领域可复制推广的改革事项，包括：允许融资租赁公司兼营与主营业务有关的商业保理业务、允许设立外商投资资信调查公司、允许设立股份制外资投资性公司、融资租赁公司设立子公司不设最低注册资本限制、允许内外资企业从事游戏游艺设备生产和销售等。

对比上海自贸区服务业开放举措和CEPA、中韩FTA下相应服务部门开放举措，可以看出：

（1）FTA框架下各项开放承诺仍有诸多限制，特别是股权限制出现的次数较多，注册资本和从业年限、经验等要求也频频出现。总体来看，上海自贸区在商业存在、自然人流动这种服务提供方式上的限制较少，基本允许各种形式的试点，在跨境交付和境外消费这两种服务提供方式上，三种框架下的服务开放承诺水平差异并不大。

（2）CEPA框架下的服务业开放举措仍然是开放水平相对最高的，如在教育、律师服务、医疗等行业自然人流动方面的举措开放度相当高，在资格认可方面开放度最为超前，但在部分业务先行先试方面，上海自贸区各项举措具有一定的超前性。

（3）上海自贸区内相关改革是中国FTA战略中的进一步深化和探索，中国已签订的FTA中的很多试点性措施在上海自贸区内积极进行具体操作方式的推进，这使得中国服务业开放在新阶段下具有一定的承前启后的作用。如律师服务，中韩 FTA 中明确可以在上海自贸区内进行联营、协议方式的合作，上海自贸区则进一步对此项承诺进行操作层面的探索（见表 7－4）。

表 7－4　上海自贸区与中韩 FTA、CEPA 服务业开放内容的区别和联系

部门	上海自贸区	中韩 FTA	CEPA
银行服务	允许设立外资银行，民营资本与外资金融机构共同设立中外合资银行。在条件具备时，适时在试验区内试点设立有限牌照银行	将允许韩国金融租赁公司与国内公司在相同时间提供金融租赁服务；对于外汇业务和本币业务无地域限制；跨境提供业务有限制；商业存在方面有资产要求、营业年限要求、盈利要求	允许数据中心设在境外；银行业专业人员职业资格互认；简化香港居民在内地资格考试程序；允许香港交易及结算所有限公司在北京设立办事处；深化内地与香港金融服务及产品开发
专业健康保险	试点设立外资专业健康保险机构	基本无企业形式限制、有业务限制等，有资产要求、从业年限要求	资产要求、从业年限要求、参股股权比例限制等
融资租赁	无注册资本限制、允许从事主营业务相关业务	资产要求、营业年限要求、盈利要求	资产要求、股权比例限制
远洋货物运输	放宽外资股权比例限制，特定航线业务试点	跨境交付有业务限制、外资股权比例限制	对特定航线审批权下放；允许香港服务提供者雇用的合同服务提供者以自然人流动的方式在内地提供服务；允许香港服务提供者利用干线班轮船舶在内地港口自由调配自有和租用的空集装箱
国际船舶管理	允许独资	仅限于合资企业形式，允许外资拥有多数股权	允许独资，可经营特定航线相关业务
增值电信	允许外资企业经营特定形式的部分增值电信业务	允许合资，有股权限制	部分业务对港资不设股权限制，设置业务开放正面清单
游戏机、游艺机销售及服务	允许外资企业从事游戏游艺设备的生产和销售，审查要求	允许独资但有限制；允许分销在中国生产的产品	允许香港服务提供者在内地从事游戏游艺设备的销售服务
律师服务	积极探索合作形式、机制	在上海自贸区内允许联营、以协议形式开展业务	允许互派法律顾问，允许取得内地执业资格等

部门	上海自贸区	中韩 FTA	CEPA
旅行社	允许在试验区内注册的、符合条件的中外合资旅行社从事除台湾地区以外的出境旅游业务	不允许从事中国公民出境及赴中国香港、中国澳门和中国台北的旅游业务	独资设立旅行社试点经营内地居民前往香港及澳门以外目的地（不含台湾）的团队出境游业务限于五家
工程设计	对试验区内为上海市提供服务的外资工程设计（不包括工程勘察）企业，取消首次申请资质时对投资者的工程设计业绩要求	允许在评估韩国服务提供者（无论是否在中国）在中国设立工程设计企业的资质时，将合同履行情况作为评估的标准之一	允许设立事务所、注册执业人员资格认定、允许作为合伙人（数量比例、出资比例、香港合伙人在内地居留时间没有限制）
建筑服务	对试验区内的外商独资建筑企业承揽上海市的中外联合建设项目时，不受建设项目的中外方投资比例限制	韩国服务提供者应为在韩国从事建筑/工程/城市规划服务的注册建筑师/工程师或企业；允许在评估韩国服务提供者（无论是否在中国）在中国设立工程设计企业的资质时，将合同履行情况作为评估的标准之一	商业存在实行国民待遇，有业务限制，放宽业绩评估要求
演出经纪	取消股权比例限制，允许设立外商独资演出经纪机构为上海市提供服务	允许合资，有股权限制	无企业形式限制，跨境交付（广东、上海）
娱乐场所	允许设立外商独资的娱乐场所在试验区内提供服务	允许合资设立娱乐场所，有股权比例限制，中方有决策权	允许香港服务提供者在广东设立独资娱乐场所
教育培训、职业技能培训	允许中外合作经营性教育培训机构和职业技能培训机构	允许合作办学	设立以内地中国公民为主要招生对象的学校及其他教育机构，限于合作办学
医疗服务	允许外商独资	允许合资合作，有股权比例限制	申请设立医疗机构须经省级卫生与计划生育主管部门和省级商务主管部门按国家规定审批和登记，允许香港专业技术人员在内地短期执业

资料来源：作者根据公开资料自行整理。

总体来看，上海自贸区服务业扩大开放相关改革措施取得积极成效。基于投资领域、贸易监管、金融制度等相关配套创新与政策支持，再保险经纪、专业健康医疗、独资医院、增值电信之呼叫中心、认证机构、游艇设计等一批新兴服务业领域项目已落户自贸区。根据上海自贸区官网数据，截至 2015 年 12 月底，区内新设外资项目近 2500 个，同比增长 56%，占上海市总量比重提高至 66%。同期，吸引合同外资 242.15 亿美元，同比增长 136%，占上海市总量比重提高至 70%；实际利用外资 56.16 亿美元，同比增长 83%，占上海市总量比重提高至 43%。其中，外资新设和增资的项目产业，主要集中在服务业领域。自从上海自贸区区域扩展以来，自贸区内第三产业项目数占总量的百分比达到了 94.9%。从整体数据来看，占比较大的行业有金融租赁、投资管理、批发贸易、专业咨询、房地产、交通运输六类。从行业分类看，项目数最多的为批发贸易业，占自贸区区域扩展后新设企业数的一半以上；合同外资金额最大的为金融租赁业，占自贸区区域扩展后吸引合同外资的近一半。

2. 外商投资相关管理制度和程序改革进展

《进一步深化中国（上海）自由贸易试验区改革开放方案》中明确提出："对外商投资准入特别管理措施（负面清单）之外领域，按照内外资一致原则，外商投资项目实行备案制（国务院规定对国内投资项目保留核准的除外）；根据全国人民代表大会常务委员会授权，将外商投资企业设立、变更及合同章程审批改为备案管理，备案后按国家有关规定办理相关手续。"

2016 年 4 月，国务院批复了商务部提出的《服务贸易创新发展试点方案》，同意在天津、上海、海南、深圳、杭州、武汉、广州、成都、苏州、威海和哈尔滨新区、江北新区、两江新区、贵安新区、西咸新区等省市（区域）开展服务贸易创新发展试点，推进服务贸易领域供给侧结构性改革，健全服务贸易促进体系，探索适应服务贸易创新发展的体制机制和政策措施，着力构建法治化、国际化、便利化营商环境，打造服务贸易制度创新高地。依照《服务贸易创新发展试点方案》的要求，各地政府在坚持深化简政放权、放管结合、优化服务等改革领域将围绕培育主体、探索新模式、提升服务贸易便利化水平、优化政策支持等方面积极开展相关试点。

（二）广东自贸区

2014 年 12 月，国务院决定设立中国（广东）自由贸易试验区（以下简称广东自贸区），广东自贸区涵盖三个片区：广州南沙新区片区（广州南沙自贸区）、深圳前海蛇口片区（深圳前海自贸区）、珠海横琴新区片区（珠海横琴自贸区），总面积 116.2 平方公里，面向港澳台深度融合。其中，南沙新区片区将面向全球进一步扩大开放，在构建符合国际高标准的投资贸易规则体系上先行先试，重点发展生产性服务业、航运物流、特色金融以及高端制造业，建设具有世界先进水平的综合服务枢纽，打造国际性高端生产性服务业要素集聚高地；前海蛇口片区将依托深港深度合作，以国际化金融开放和创新为特色，重点发展科技服务、信息服务、现代金融等高端服务业，建设中国金融业对外开放试验示范窗口、世界服务贸易重要基地和国际性枢纽港；横琴新区片区将依托粤澳深度合作，重点发展旅游休闲健康、文化科教和高新技术等产业，建设成为文化教育开放先导区和国际商务服务休闲旅游基地，发挥促进澳门经济适度多元发展新载体、新高地的作用。

1. 服务业开放措施和进展

根据《中国（广东）自由贸易试验区建设实施方案》内容，广东自贸区在服务业开放先行先试方面重点围绕打造粤港澳深度合作示范区以及深化金融领域开放创新两大方面进行设计和布局。

（1）打造粤港澳深度合作示范区。广东自贸区要求在 CEPA 框架下，在广度上拓宽粤港澳合作领域，进一步取消和放宽港澳投资者准入限制；在深度上创新粤港澳合作机制，在规则标准对接、项目资金互通、要素便捷流动等方面先行先试，打造粤港澳联手参与国际竞争的合作新载体，即对港澳服务提供者设计开放度更高的合作平台和制度体系，在负面清单的制订、规划布局服务业集聚区和产业基地以及促进市场对接和要素便利化流动三大方面出台相应的措施。

一是制订对港澳投资者的特别负面清单。在落实总体方案对港澳扩大开放措施的基础上，推动在金融服务、交通航运服务、商贸服务、专业服务、科技服务等领域取得突破。在现有对全球投资者负面清单的基础上，梳理对港澳服务提供者更开放的措施，在 CEPA 框架下制订港澳投资负面清单。

二是规划布局针对港澳投资者的现代服务集聚区和产业发展基地。优化广东自贸试验区区域布局，在南沙新区片区探索引入港澳规划设计，粤港澳联合开发建设现代服务业集聚区；前海蛇口片区实施深港合作"万千百十"工程，建设香港优势产业十大聚集基地；横琴新区片区建设粤澳中医药产业园，建设特色产业聚集区。加强与港澳科技合作，在广东自贸试验区积极承接和孵化港澳科技项目，推动粤港澳合作共建科技成果转化和国际技术转让平台，引进技术评估、产权交易、成果转化等科技服务机构，建设战略性新兴产业研发基地。支持粤港澳企业、高校、科研院所在广东自贸试验区联合组建人才创新创业基地、开展联合技术攻关、协同创新和科研成果转化。

三是先行先试推进服务行业管理标准和规则衔接。借鉴港澳服务行业协会管理机制，探索与港澳的行业管理标准和规范相衔接，强化行业自律。探索与港澳在货运代理和货物运输等方面的规范和标准对接，推动港澳国际航运高端产业向内地延伸和拓展。针对与港澳市场监管执法标准差异问题，研究制订与港澳市场经营行为差异化责任豁免目录。推动跨境数字证书在政务、商务领域的应用。

四是促进内地与港澳市场对接和要素流动便利化。首先，支持港澳专业服务业拓展内地市场。支持港澳检验、检测、计量、会计、律师、建筑设计、医疗、教育培训、育幼等专业服务机构在广东自贸试验区集聚发展。推动粤港澳检验、检测、计量三方互认，逐步扩大粤港澳三方计量服务互认范畴，探索推行"一次认证、一次检测、三地通行"，并适度放开港澳认证机构进入广东自贸试验区开展认证检测业务。允许港澳服务提供者发展高端医疗服务，率先开展粤港澳医疗机构转诊合作试点。设立港澳独资外籍人员子女学校，将其招生范围扩大至在广东自贸试验区工作的海外华侨和归国留学人才子女。允许港澳服务提供者在广东自贸试验区设立自费出国留学中介服务机构。支持在广东自贸试验区内设立的港澳资旅行社经营内地居民出国（境）（不包括中国台湾地区）团队旅游业务。其次，促进粤港澳专业人才集聚。争取国家授权允许港澳律师、会计师、建筑师率先直接在广东自贸试验区内从事涉外涉港澳业务，并逐步扩展职业资格认可范围。探索通过特殊机制安排，推进粤港澳服务业人员职业资格互认，研究制订支持港澳专业人才便利执业的专项支持措施。探索在广东自贸试验区工作、居住的港澳人士的社会保障与港澳有效衔接。争取广东自贸试验区内地人才赴港澳"一签多行"。建设粤港澳（国际）青年创新工场、前海深港青年梦工场、横琴澳门青年创业谷等创业基地，为港澳专业人才创新创业提供孵化器服务。促进粤港澳服务要素便捷流动。推动粤港澳投融资汇兑便利化，促进粤港澳三地跨境支付服务，实现粤港澳资金更加便捷流动。支持建设广东自贸试验区至中国国际通信业务出入口局的直达国际数据专用通道，降低广东自贸试验区与港澳的通信资费水平，建设与港澳互联互通的信息环境。加快研究制订便利澳门机动车进出横琴的工作方案，积极争取实施相关便利进出政策。探索建立广东自贸试验区游艇出入境便利化监管模式。指导推动粤港澳游艇"自由行"试点工作。

（2）深化金融领域开放创新。围绕人民币国际化、资本项下放开、利率和汇率市场化改革，积极推进广东自贸试验区在跨境人民币业务创新、促进投融资及汇兑便利化、深化粤港澳金融合作、打造全国性和区域性重大金融平台等方面先行先试，建设人民币离岸业务在岸结算交易中心，构建以人民币结算为主的大宗商品和碳要素交易平台，探索金融产品交易的负面清单管理措施，巩固和提升粤港澳区域在人民币国际化中的战略地位，构建与国际规则接轨的金融服务体系（见表7–5）。

表7–5　广东自贸区金融领域创新内容

方案任务	内　　容
建立本外币账户管理新模式	创新本外币账户设置、账户业务范围、资金划转和流动监测机制，构建符合广东自贸试验区实际的本外币账户体系，支持市场主体通过广东自贸试验区本外币账户开展跨境投融资创新业务。探索形成境内境外互动、本币外币互动、内企外企互动的人民币离岸业务在岸结算交易中心
打造粤港澳人民币业务合作示范区	推动人民币作为广东自贸试验区与港澳、国外跨境大额贸易和投资计价、结算的主要货币。支持符合条件的港澳金融机构在广东自贸试验区内以人民币开展新设、增资或参股广东自贸试验区内金融机构等直接投资活动，便利和推动广东自贸试验区内的港澳资金融机构使用人民币资本金开展日常经营活动，为广东自贸试验区内企业和个人提供便捷的人民币计价结算服务。探索开展境内金融机构与港澳地区同业之间的贸易融资等信贷资产的跨境转让人民币结算业务，拓宽人民币跨境金融交易渠道。支持广东自贸试验区内证券公司、基金管理公司、期货公司、保险公司等各类非银行金融机构按照相关规定与港澳地区开展跨境人民币业务

续表

方案任务	内　　容
推动跨境人民币融资	支持广东自贸试验区内企业用好用活现行政策，通过境外放款、跨境借款、跨国企业集团跨境双向人民币资金池等方式开展双向人民币融资。鼓励广东自贸试验区内银行开展境外项目人民币贷款。研究探索广东自贸试验区内银行、非银行金融机构和企业与港澳地区开展跨境双向人民币融资。允许广东自贸试验区内银行按照实际需要在一定额度内与港澳同业开展跨境人民币借款等业务
加强与境外及港澳金融市场合作	支持广东自贸试验区内具有直接投资业务的港澳企业在境内资本市场发行以人民币计价的债券，并筹集资金以支持广东自贸试验区内投资项目的建设。支持符合条件的广东自贸试验区内企业在香港发行以人民币计价的股票，推动相关政府部门简化广东自贸试验区内企业在境外发债的审批流程和手续，争取提高企业的发债规模。支持广东自贸试验区内企业将发行股票和债券所筹本外币资金根据广东自贸试验区内企业自身经营和管理需要调回广东自贸试验区内使用。允许广东自贸试验区内机构在境外发行本外币债券
放宽金融机构准入限制	允许符合条件的外国金融机构设立外商独资银行，允许符合条件的外国金融机构与中国公司、企业出资共同设立中外合资银行。适时在广东自贸试验区内试点设立有限牌照银行。积极争取降低港澳资保险公司进入广东自贸试验区的门槛，支持符合条件的港澳保险公司在广东自贸试验区设立分支机构，对进入广东自贸试验区的港澳保险公司分支机构和港澳保险中介机构，适用与内地保险机构和中介机构相同或相近的监管法规。推动港澳资机构设立合资证券公司和合资基金管理公司
放宽港澳金融服务业务范围	在 CEPA 框架下，推动广东自贸试验区公共服务领域的支付服务向粤港澳三地银行业开放，允许广东自贸试验区内注册设立的、拟从事支付服务的港澳资非金融机构，依法依规从事第三方支付业务。探索研究港澳地区符合条件的金融企业作为战略投资者入股广东自贸试验区的企业集团财务公司，支持资质良好的信托公司在广东自贸试验区开展业务
开展以资本项目可兑换为重点的外汇管理改革试点	积极争取开展资本项目可兑换外汇管理改革试点。广东自贸试验区内试行资本项目限额内可兑换，符合条件的广东自贸试验区内机构在限额内自主开展直接投资、并购、债券工具、金融类投资等交易。深化外汇管理改革，直接投资外汇登记下放银行办理，外商直接投资项下外汇资金可意愿结汇，进一步提高对外放款比例。发展外币离岸业务，支持商业银行在广东自贸试验区内设立机构开展外币离岸业务，允许广东自贸试验区内符合条件的中资银行试点开办外币离岸业务

方案任务	内　容
深化跨国公司本外币资金集中运营管理改革试点	放宽跨国公司外汇资金集中运营管理准入条件，对广东自贸试验区内跨国公司取消跨境收支规模限制，允许符合条件的跨国公司备案开展外汇资金集中运营管理业务。进一步简化业务管理程序，允许银行为跨国公司办理集中收付汇、轧差结算等经常项目外汇收支。在现行跨国企业集团跨境人民币资金集中运营政策的基础上，进一步降低业务准入门槛，简化办理条件，便利更多跨国企业集团在广东自贸试验区开展跨境双向人民币资金池业务
完善公共服务领域和个人跨境金融服务	支持与港澳地区开展个人跨境人民币业务创新。积极推动个人本外币兑换特许机构、外汇代兑换点发展，便利港币、澳门元在广东自贸试验区兑换使用。推动广东自贸试验区公共服务领域的支付服务向粤港澳三地银行业开放，逐步推进粤港澳三地支付服务同城化建设。推动广东自贸试验区公共服务领域的支付服务执行统一标准，打造金融IC卡刷卡无障碍示范区，率先实现金融服务和社会服务"一卡通"
建设全国性重大金融创新平台	积极争取在广东自贸试验区设立以碳排放为首个品种的创新型期货交易所，探索和研发其他新型期货交易品种。争取国家支持，推动省内大型金融机构、投资基金和科技企业共同发起设立服务科技创新创业企业的金融机构。推动在广东自贸试验区探索开展股权众筹试点，为中小微企业提供融资服务。争取在广东自贸试验区内推动设立银行卡清算机构
建设区域性重大金融创新平台	支持在南沙新区片区发起设立大宗商品仓单登记交易中心，发展大宗商品仓单的登记、管理和交易。在前海蛇口片区设立广东自贸试验区金融仲裁中心。推动全国中小企业股份转让系统（新三板）有限公司在广东自贸试验区横琴新区片区设立新三板区域中心。推动广东金融资产交易中心升级为国际金融资产交易中心，积极探索开展跨境金融资产交易业务。研究设立横琴国际知识产权交易中心，重点探索知识产权金融创新以及跨境知识产权交易等特色业务。争取尽快研究设立创新型互联网保险平台，设立再保险中心和深圳保险交易所

资料来源：《中国（广东）自由贸易试验区建设实施方案》。

2. 外商投资相关管理制度和程序改革进展

根据《广东省企业投资项目负面清单管理工作方案》，通过1～2年的试点，在全省范围内对企业投资项目实行清单管理，建立健全与负面清单管理制度相适应的投资管理制度、行政审批制度、商事制度、市场监管制度、企业信息公示制度和信息共享制度、公平竞争审查制度等，为全国实行统一的市场准入负面清单制度探索路径、积累经验、提供示范。根据该方案的具体分工要求，广东省级部门要求于 2016 年 2 月前按照方案要求，从以下五个方面完善相关制度。

（1）完善企业投资项目负面清单管理制度。规范负面清单管理制度下的准入方式，对列入负面清单的项目分别实行禁止准入、核准准入，对负面清单以外的项目区别不同情况实行承诺准入和告知性备案。按照简政放权的原则，根据改革总体进展、结构调整、法律法规修订等情况适时调整负面清单。各地对负面清单确需进行调整的，必须报省政府批准。

（2）改革企业投资项目行政审批制度。全面清理涉及企业投资项目管理的地方法规、规章、规范性文件以及各类变相行政审批，及时加以修改、废止或提出修改、废止的建议，按规定程序报批调整。对属于企业经营自主权的事项以及法律法规没有设定为审批或行政许可的事项，一律予以清理取消。对清理后确需保留的企业投资项目行政管理事项，要按照简化手续、优化程序、在线运行、限时办结的要求，建立标准明确、程序严密、运作规范、制约有效、权责一致的管理制度，在省、市、县三级实现统一事项清单、统一审批标准、统一项目编码、统一网上办理。

（3）建立完善企业投资项目管理系统。依托广东省网上办事大厅，从 2015 年 3 月 1 日开始，在全省范围全面实行企业投资项目网上备案。按照国家要求，加快推进企业投资项目核准相关审批事项并联办理，同一阶段同一部门实施的多个审批事项一次受理、一并办理。按照全面覆盖、全系统共享的要求，加快建立"统一规范、并联运行，信息共享、高效便捷，阳光操作、全程监督"的企业投资项目管理系统。企业投资项目管理事项，除涉密事项和确需纸质化办理的事项外，通过网上办事大厅全程办理，省、市、县各级政府、各个部门的审批信息互联互通和共享互认，实现所有审批事项"一网告知、一网受理、一网办结、一网监管"。

（4）建立健全与实行负面清单管理相适应的各项制度。建立健全与实行负面清单管理相适应的投资管理体制、行政审批制度、商事制度、市场监管制度、企业信息公示制度和信息共享制度、公平竞争审查制度等。制订保障各类市场主体平等进入特许经营领域的具体办法。加强社会信用体系建设，健全守信激励和失信惩戒机制，将良好的信用状况作为企业投资准入的必备条件。做好相关政策法规及专项工作的衔接，处理好负面清单与权力清单、责任清单的关系，确保负面清单与权力清单中涉及企业投资的行政审批事项相衔接。加快与负面清单管理制度相适应的地方法规立法工作，确保管理措施职权法定、事中和事后监管有法可依。

（5）建立企业投资项目纵横联动监管机制。各地级以上市政府、省各有关部门要强化监管意识，完善监管机制，创新监管办法，提高监管能力，强化对准入后市场行为的全过程监管，不留真空，不留死角，不留盲点，确保负面清单以外的事项放得开、管得住。根据"各司其职、依法监管"的原则，按照"重心下移、横向到边、纵向到底"的要求，建立纵横联动协同监管机制，加强对企业投资活动的事中和事后监管。制订出台企业投资项目监管办法，明确监管主体、监管内容、监管方法、监管程序和处罚措施。充分发挥发展规划、产业政策、技术标准的约束和引导作用，构建法律约束、行政监督、行业规范、公众参与和企业诚信自律有机结合的监管格局。强化行业自律、公众参与和社会监督，形成政府监管与行业自律、社会监管的合力。

（三）天津自贸区

1. 天津自贸区服务业开放措施和进展

2014 年 12 月 12 日中央决定设立天津自由贸易试验区（以下简称天津自贸区），试验区总面积为 119.9 平方公里，主要涵盖三个功能区：天津港片区、天津机场片区以及滨海新区中心商务片区。天津自贸区内的三大区域各有基本定位与功能：东疆保税港区主要着眼于航运、物流、仓储等功能；空港保税区则是先进制造业的集聚区；滨海新区中心商务区则侧重金融、贸易与商务服务业。三个区域力争实现产业相互支撑与功能互补。

在 2016 年 5 月出台的《天津市人民政府办公厅关于加快落实国家自贸区战略的实施意见》中，天津市为对接服务贸易开放措施、提升服务贸易发展水平，明确指出："加快建设国家服务贸易创新发展试点城市，巩固提升运输、旅游等传统服务贸易规模，不断壮大融资租赁等服务贸易优势领域，大力推动金融服务、技术贸易、文化贸易、健康服务等特色及新兴服务贸易加快发展。支持企业提升国际服务能力。巩固信息技术和业务流程外包业务优势，培育一批特色鲜明的中小型服务外包企业；扩大生物医药研发、工程设计、动漫网游研发等高端 KPO（知识流程外包）业务离岸执行额，支持企业向行业服务供应商发展。"

在服务业扩大开放方面，根据 2015 年 4 月出台的《中国（天津）自由贸易试验区管理办法》，天津港片区重点发展航运物流、国际贸易、融资租赁等现代服务业。天津机场片区重点发展航空航天、装备制造、新一代信息技术等高端制造业和研发设计、航空物流等生产性服务业。滨海新区中心商务片区重点发展以金融创新为主的现代服务业。

天津市特别提出放宽教育业外资准入的具体措施，包括加快建设文化服务贸易基地。创新机制引进国外优质教育资源，推动教育部与天津市共建教育国际化综合改革试验区，鼓励创办中外合作经营性教育机构，允许设立外商独资、合资自费出国留学中介机构，接近 CEPA 的开放水平。

在融资租赁这一天津自贸区重点发展的优势金融服务业领域，天津自贸区一方面将上海自贸区方案中融资租赁业所获得的各种政策优惠复制推广到天津，包括下放外资融资租赁公司审批权限、在自贸区内融资租赁公司可开立跨境人民币专户、向境外借取跨境人民币贷款、跨境人民币借款额度采取余额制管理、外商融资租赁企业的外汇资本金实行意愿结汇、融资租赁公司开展对外融资租赁业务时不受现行境内企业境外放款额度限制、允许融资租赁公司兼营与主营业务有关的商业保理业务等。另鉴于天津自贸区的融资租赁业务与上海的融资租赁业务存在较大的不同（前者多是以跨境、大型设备融资租赁为主，而后者的客户多为贸易企业，主要为其提供增值服务），天津自贸区更希望打造一个跨境租赁的"自由港"，发展离岸金融、外汇兑换、交易支付将是创新探索的重中之重。目前，东疆保税港区管委会已经与国内四家具有离岸业务资质的商业银行进行合作，并完成制订离岸金融的试点方案，通过天津市政府向国务院上报了降低行业准入、简化离岸账户审批、拓宽融资渠道、实施资本项目意愿结汇、增加短期外债指标、开展租赁资产交易等进一步推进融资租赁业的方案。

2. 外商投资相关管理制度和程序改革进展

天津自贸区外资开放重点领域为航运服务、商贸服务、专业服务、文化服务、社会服务等现代服务业和装备制造、新一代信息技术等先进制造业。按照负面清单管理模式的要求，对外商投资实行"准入前国民待遇＋负面清单"管理模式，即负面清单之外的领域，按照内外资一致的原则，对外商投资项目实行备案管理。除此之外，天津自贸区还对外资准入领域和限制等适当地放宽，采取了一系列先行先试措施。

（1）在对外资采取的限制措施方面，《中国（天津）自由贸易试验区管理办法》要求适当减少对境外投资者在金融领域的资质要求、股权比例、业务范围等方面的准入限制，旨在减少对外资具体行为的限制，并且鼓励国内外企业在自贸试验区设立地区性总部、研发中心、销售中心、物流中心和结算中心。

（2）在股权比例限制方面，放宽中外合资、中外合作国际船舶企业的外资股权比例限制，允许设立外商独资国际船舶管理企业，允许外商以合资、合作形式从事公共国际船舶代理业务，外方持股比例放宽至51%。

（3）实行具有竞争力的国际船舶登记政策，在落实国际船舶登记制度相关配套政策的基础上，中方投资人持有船运公司的股权比例可以低于50%，充分利用现有中资"方便旗"船税收优惠政策，促进符合条件的船舶在自贸试验区落户登记；推动建立教育国际化综合改革试验区，支持引进境外优质教育资源，开展合作办学。

（4）在外商投资管理制度的完善方面，天津市于2016年4月对设立外商投资融资租赁企业实行备案管理。

（5）完善国际邮轮旅游支持政策，提升邮轮旅游供应服务和配套设施水平，建立邮轮旅游岸上配送中心和邮轮旅游营销中心。

（四）福建自贸区

1. 福建自贸区服务业开放措施和进展

中国（福建）自由贸易试验区（以下简称福建自贸区）范围总面积118.04平方公里，包括平潭、厦门、福州三个片区。其中，平潭片区43平方公里、厦门片区43.78平方公里、福州片区31.26平方公里。按功能定位和区域布局划分，平潭片区重点建设两岸共同家园和国际旅游岛，在投资贸易和资金人员往来方面实施更加自由便利的措施；厦门片区重点发展两岸新兴产业和现代服务业合作示范区、东南国际航运中心、两岸区域性金融服务中心和两岸贸易中心；福州片区重点建设先进制造业基地、21世纪海上丝绸之路沿线国家和地区交流合作的重要平台、两岸服务贸易与金融创新合作示范区。

在扩大服务业开放措施方面，福建自贸区重点就对台服务贸易开放出台了相关特殊举措，推进对台湾地区的深度开放，促进闽台服务要素自由流动。重点在通信、运输、旅游、医疗等行业进一步扩大开放，支持自贸试验区在框架协议下，先行试点，加快实施。对符合条件的台商，投资自贸试验区内服务行业的资质、门槛要求比照大陆企业。允许持台湾地区身份证明文件的自然人到自贸试验区注册个体工商户，不需要经过外资备案（不包括特许经营，具体营业范围由工商总局会同福建省发布）。探索在自贸试验区内推动两岸社会保险等方面对接，将台胞证号管理纳入公民统一社会信用代码管理范畴，方便台胞办理社会保险、理财业务等。探索台湾专业人才在自贸试验区内行政企事业单位、科研院所等机构任职。深入落实《海峡两岸共同打击犯罪及司法互助协议》，创新合作形式，加强两岸司法合作。发展知识产权服务业，扩大对台知识产权服务，开展两岸知识产权经济发展试点。在电信、运输、产品认证、工程技术服务、专业技术服务领域，针对在自贸区内注册企业出台了一批先行先试举措，率先推进与台湾地区贸易投资便利化（见表7-6）。

表7-6 福建自贸区对台服务贸易开放特殊举措

开放领域	先行先试举措
电信和运输服务	允许台湾服务提供者在自贸试验区内试点设立合资或独资企业，提供离岸呼叫中心业务及大陆境内多方通信业务、存储转发类业务、呼叫中心业务、国际互联网接入服务业务（为上网用户提供）和信息服务业务（仅限应用商店）。允许台湾服务提供者在自贸试验区内直接申请设立独资海员外派机构，并仅向台湾船东所属的商船提供船员派遣服务，无须事先成立船舶管理公司。对台湾投资者在自贸试验区内设立道路客货运站（场）项目和变更的申请，以及在自贸试验区内投资的生产型企业从事货运方面的道路运输业务立项和变更的申请，委托福建省审核或审批
商贸服务	在自贸试验区内，允许申请成为赴台游组团社的三家台资合资旅行社试点经营福建居民赴台湾地区团队旅游业务。允许台湾导游、领队经自贸试验区旅游主管部门培训认证后换发证件，在福州市、厦门市和平潭综合实验区执业。允许在自贸试验区内居住一年以上的持台湾方面身份证明文件的自然人报考导游资格证，并按规定申领导游证后在大陆执业。允许台湾服务提供者以跨境交付方式在自贸试验区内试点举办展览，委托福建省按规定审批在自贸试验区内举办的涉台经济技术展览会
建筑业服务	在自贸试验区内，允许符合条件的台资独资建筑业企业承接福建省内建筑工程项目，不受项目双方投资比例限制。允许取得大陆一级注册建筑师或一级注册结构工程师资格的台湾专业人士作为合伙人，按相应资质标准要求在自贸试验区内设立建筑工程设计事务所并提供相应服务。台湾服务提供者在自贸试验区内设立建设工程设计企业，其在台湾和大陆的业绩可共同作为个人业绩评定依据，但在台湾完成的业绩规模标准应符合大陆建设项目规模划分标准。台湾服务提供者在自贸试验区内投资设立的独资建筑业企业承揽合营建设项目时，不受建设项目的合营方投资比例限制。台湾服务提供者在自贸试验区内设立的独资物业服务企业在申请大陆企业资质时，可将在台湾和大陆承接的物业建筑面积共同作为评定依据

开放领域	先行先试举措
产品认证服务	在强制性产品认证领域，允许经台湾主管机关确认并经台湾认可机构认可的、具备大陆强制性产品认证制度相关产品检测能力的台湾检测机构，在自贸试验区内与大陆指定机构开展合作承担强制性产品认证检测任务，检测范围限于两岸主管机关达成一致的产品，产品范围涉及制造商为台湾当地合法注册企业且产品在台湾设计定型、在自贸试验区内加工或生产的产品。允许经台湾认可机构认可的具备相关产品检测能力的台湾检测机构在自贸试验区设立分支机构，并依法取得资质认定，承担认证服务的范围包括食品类别和其他自愿性产品认证领域。在自愿性产品认证领域，允许经台湾认可机构认可的具备相关产品检测能力的台湾检测机构与大陆认证机构在自贸试验区内开展合作，对台湾本地或在自贸试验区内生产或加工的产品进行检测。台湾服务提供者在台湾和大陆从事环境污染治理设施运营的实践时间，可共同作为其在自贸试验区内申请企业环境污染治理设施运营资质的评定依据
工程技术服务	允许台湾服务提供者在自贸试验区内设立的建设工程设计企业聘用台湾注册建筑师、注册工程师，并将其作为本企业申请建设工程设计资质的主要专业技术人员，在资质审查时不考核其专业技术职称条件，只考核其学历、从事工程设计实践年限、在台湾的注册资格、工程设计业绩及信誉。台湾服务提供者在自贸试验区内设立的建设工程设计企业中，出任主要技术人员且持有台湾方面身份证明文件的自然人，不受每人每年在大陆累计居住时间应当不少于六个月的限制。台湾服务提供者在自贸试验区内设立的建筑业企业可以聘用台湾专业技术人员作为企业经理，但须具有相应的从事工程管理工作经历；可以聘用台湾建筑业专业人员作为工程技术和经济管理人员，但须满足相应的技术职称要求。台湾服务提供者在自贸试验区内投资设立的建筑业企业申报资质应按大陆有关规定办理，取得建筑业企业资质后，可依规定在大陆参加工程投标。台湾服务提供者在自贸试验区内设立的建筑业企业中，出任工程技术人员和经济管理人员且持有台湾方面身份证明文件的自然人，不受每人每年在大陆累计居住时间应当不少于三个月的限制。允许台湾建筑、规划等服务机构执业人员，持台湾相关机构颁发的证书，经批准在自贸试验区内开展业务。允许通过考试取得大陆注册结构工程师、注册土木工程师（港口与航道）、注册公用设备工程师、注册电气工程师资格的台湾专业人士在自贸试验区内执业，不受在台湾注册执业与否的限制，按照大陆有关规定作为福建省内工程设计企业申报企业资质时所要求的注册执业人员予以认定
专业技术服务	允许台湾会计师在自贸试验区内设立的符合《代理记账管理办法》规定的中介机构从事代理记账业务。从事代理记账业务的台湾会计师应取得大陆会计从业资格，主管代理记账业务的负责人应当具有大陆会计师以上（含会计师）专业技术资格。允许取得大陆注册会计师资格的台湾专业人士担任自贸试验区内合伙制会计师事务所合伙人，具体办法由福建省制订，报财政部批准后实施。允许符合规定的持台湾方面身份证明文件的自然人参加护士执业资格考试，考试成绩合格者发给相应的资格证书，在证书许可范围内开展业务。允许台湾地区其他医疗专业技术人员比照港澳相关医疗专业人员按照大陆执业管理规定在自贸试验区内从事医疗相关活动。允许取得台湾药剂师执照的持台湾方面身份证明文件的自然人在取得大陆《执业药师资格证书》后，按照大陆《执业药师注册管理暂行办法》等相关文件规定办理注册并执业

资料来源：《中国（福建）自由贸易试验区总体方案》。

在产业布局方面，福建自贸区立足各片区已有产业基础，出台了《中国（福建）自由贸易试验区产业发展规划（2015—2019年）》，对国际商贸、航运服务、现代物流、金融服务、新兴服务、旅游服务等服务业重点领域进行了详细布局和规划，尤其侧重于对台湾地区的产业辐射和对接、要素流动自由化、开放先行先试等领域进行布局（见表7-7）。

表7-7　福建自贸区服务业发展重点

行业		发展重点
商贸服务业	商品交易	开展期货保税交割和贸易多元化业务
	保税展示交易	创新商品交易服务机制，采取"前展后贸"的商业模式，将自贸试验区内外有机融合，推动国际贸易全产业链的延伸与发展
	跨境电子商务	加快推进建设两岸跨境贸易电子商务基地和福州（平潭）海峡两岸电子商务合作试验区建设
	离岸和转口贸易	货物流在外，资金流、订单流在自贸试验区集聚的贸易
	国际企业总部	重点发展全球事业部、管理型总部、营运控制总部、投资类总部、研发类总部、贸易结算类总部、采购销售类总部
航运服务业	港口服务	积极建设智慧港口，推进自动化码头、深水泊位、航道扩建等基础设施项目建设，优化码头功能和岸线功能布局，改善航道锚地设施；改造提升集疏运系统，形成快速疏港通道；整合后方陆域空间，建设相适应的配套堆场，提高港口吞吐能力。加快港口尤其码头企业的转型升级，提升航运物流辐射功能，采用优化作业流程、提高装卸技术、提升管理水平和生产组织能力等手段，进一步提高码头堆场作业效率
	国内外中转服务	开展海运国际快件和台港澳中转集拼等航运服务，在福州保税港区设立汽车整车进口口岸，从事汽车整车进口，开展汽车平行进口。加强与台湾高雄、台中等口岸互联互通和信息共享，发展海峡滚装运输陆海联运。打造以远洋干线为骨干，以东南亚航线、对台支线为特色，以内贸线为补充的集装箱运输体系
	基础航运服务	发展对台船员外派服务，建立海员培养基地；建立和完善海峡两岸航运交易和运价信息发布及报备功能平台
	高端航运服务	重点发展国际船舶运输、国际船舶管理、国际航运经纪、船舶交易、航运咨询、信息服务等高端航运服务业，建设新造船、二手船、废船买卖及船舶租赁等业务的国际性交易平台；吸引国内外知名航运经纪公司、船级社、海事律师事务所等机构设立分支机构，开展航运经纪、船舶价值评估、技术咨询、船舶安全技术评估、航运融资、租赁、法律等咨询业务

续表

行业		发展重点
航运服务业	厦门空港综合服务	重点发展航空货运，航空快递，航材供应、分销、仓储、航空快件国际和台港澳中转集拼等航空运输服务，联动发展公务机服务、航空要素交易、航空信息服务、航空金融等高端航空服务业，建设东南沿海重要的集口岸通关、保税物流、进出口贸易、国际采购分销和配送、国际中转、展示展览商贸等多功能为一体的空港产业区。提高飞机结构维修、发动机、起落架、部附件等维修能力，拓展零部件维修、零部件制造、公务机维修及改装产业，发展高端航空维修产业，建立整合物流、贸易、结算等功能的营运中心，建设国际航空维修基地
现代物流业	国际中转物流	重点发展零星集货、批量集货、整合出货、分批出货、简单加工等多种集货及送货模式；开展进口分拨、出口拼箱、多国拼箱、延迟转运、大宗物品仓库加工和仓储、期货交割等业务；开展国际和台港澳中转集拼业务，建设"国际中转集拼中心"
	港口综合物流	强化保税、堆存、配送、中转、交易、期货保税交割等综合物流功能；推进海运与航空、铁路、公路的物流网络建设，开展储存、装卸、搬运、包装、流通加工、配送和货物信息跟踪等多式联运服务；建设物流（配送）中心、物流公共信息平台、海运快件中心和对台邮件处理中心，构建临港物流产业链；引进台湾保鲜技术，推广高温冷藏、超低温冷冻等各类保鲜新技术，建设区域性国际港口冷链物流基地和进口冷链商品分拨中心
	对台专业物流	重点建设两岸冷链物流中心。实施快速通关模式，以台湾农产品、海产品和食品类为主的专业冷链物流为重点，开展加工、包装、储存、检测、运输和配送物流业务，构建集进口、国内定点采购、储存、交易、展示、配送一体化的冷链物流产业链。建设两岸货物中转中心。探索实施"在线监管、实时验放"的通关模式，加快发展对台生产物流，推进工业企业物流服务外包，大力发展以电子商务为依托、与腹地制造业发展相配套的供应链物流服务，实现闽台制造业与物流业联动发展
金融服务业	跨境金融	推进人民币资本项目自由兑换，汇率和利率自由浮动，加强闽台金融合作，推进两岸社会保险等方面对接，开展社会保险、理财业务等
	航运物流金融	重点发展船舶融资、船运保险、资金结算和航运价格衍生产品和供应链金融。支持平潭、厦门和福州片区设立航运产业基金，对航运企业的在建船舶和购置船舶进行融资
	贸易金融	发展贸易结算、贸易信贷、信用担保、风险管理和财务管理服务
	互联网金融	重点发展支付结算、融资业务和投资理财及保险业务。培育第三方网络支付平台，力争发展成为类似"支付宝""财付通"等的综合性支付平台；发展 P2P 网贷、网络小额贷款公司以及众筹网等；发展金融产品与互联网特点相结合形成的投资理财产品及保险产品

续表

行业		发展重点
金融服务业	融资租赁	重点发展飞机、航空航材、船舶、大型设备、医疗器械等融资租赁,开展对台离岸租赁业务
新兴服务业	制造服务	强化与台湾地区技术人才合作,创新两岸产学研合作机制
	服务外包	推动闽台服务外包产业合作,积极探索"国外发包、台湾接单、自贸试验区服务"的模式;围绕增值电信领域的开放,重点发展电信服务、移动互联和互联网信息服务等,建设两岸数据存储和处理中心,推动设立"离岸云计算中心",开展离岸呼叫中心业务。在业务流程外包方面,重点发展客户服务外包、供应链管理和人力资源职能外包等
	专业服务	重点发展海事仲裁、海事法律咨询等航运专业服务;技术评估、产权交易、成果转化、知识产权等科技服务;商务、管理、投资、IT、规划、工程等咨询专业服务;发展资产评估、会计、公证、鉴定、认证、仲裁、律师、资信调查、人才、建筑业等中介服务;以及第三方产品检验检疫、检验检测服务,推动产品认证服务领域开放,争取设立国家质检中心、检验检疫中心等功能性机构
	文化创意	建设两岸文化产品展示交易中心
	会展服务	重点发展福建品牌展会,打造"海峡"会展品牌
	社会服务	促进台湾生技产品、保健食品、化妆品和科学中药(中药颗粒剂)、一二类医疗器械在福建自贸试验区销售,开展两岸中药材、中成药、新药、保健食品的相互认证
旅游服务业	邮轮旅游	开发"厦门+台湾环岛+香港"等海峡特色邮轮旅游,开发厦门、平潭经台湾至东南亚、日韩、大洋洲等地区的邮轮航线
	文化旅游、滨海旅游	开发特色文化旅游产品
	健康养生	重点发展海峡两岸高端休闲养生度假区,在厦门片区深化两岸养生保健、健康照护等合作,开展承担台湾地区保健食品、化妆品和科学中药、医疗器械进入大陆注册评审、检验、审批等试点工作,促进台湾地区生物技术产业在厦门投资聚集
	旅游商贸	发挥台湾允许马祖岛离岛开发国际旅游的政策优势,在琅岐生态旅游发展区设立口岸离境免税店和台湾小商品交易市场
	体育竞技	重点发展帆船竞技、国际风筝冲浪、横渡海峡、国际自行车赛、两岸马拉松赛、马术、网球职业巡回赛等国际旅游体育赛事

资料来源:《中国(福建)自由贸易试验区产业发展规划(2015—2019年)》。

2. 外商投资相关管理制度和程序改革进展

根据《中国（福建）自由贸易试验区总体方案》（以下简称《福建自贸区总体方案》），在放宽外资准入方面，除了实施自贸试验区外商投资负面清单制度，还明确规定先行选择航运服务、商贸服务、专业服务、文化服务、社会服务及先进制造业等领域扩大对外开放，积极有效吸引外资。降低外商投资性公司准入条件。稳步推进外商投资商业保理、典当行试点。完善投资者权益保障机制，允许符合条件的境外投资者自由转移其合法投资收益。

福建自贸区的特色优势在于推进台商投资便利化，在福建自贸区内对台资实行"准入前国民待遇＋负面清单"管理模式，对台商投资负面清单之外的领域实行备案制，减少和取消对外商投资准入限制，提高开放度和透明度。简化放权，以商事登记制度改革为突破口，推出了一站式服务的商事主体审批"六个一"服务模式。对于台商投资，福建自贸区做了更为优惠的规定。

（1）福建自贸区内注册的台商投资者在适用负面清单上：一是参照外商投资的相关规定，即适用国家《自贸区负面清单》规定。二是适用《福建自贸区总体方案》的相关规定。福建自贸区的台商投资者除了参照国家《自贸区负面清单》执行外，还可以适用《福建自贸区总体方案》的特殊规定。《福建自贸区总体方案》中，对投资于福建自贸区的外商投资有特殊规定：对外商投资准入特别管理措施之外领域，按照内外资一致原则，外商投资项目实行备案制，由福建省办理；但是国务院规定对国内投资项目保留核准的除外。三是适用《海峡两岸经济合作框架协议》的相关规定，即"内地与台湾地区签署的《海峡两岸经济合作框架协议》，适用于自贸区并对符合条件的投资者有更优惠的开放措施的，按照相关协议的规定执行"。

（2）总体看，对于台商投资者，福建自贸区各有关规定是更为优惠的。例如，从事公共国际船舶代理业务的台商持股比例放宽至51%；增值电信业务台资持股比例可以超过50%；允许台湾导游、领队经自贸区旅游主管部门培训认证后换发证件，在福州市、厦门市和平潭综合实验区执业等。在航运服务、商贸服务、文化服务、社会服务及先进制造业等领域，给予台商投资更加宽松的政策。

1. 在航运服务方面

（1）允许设立台商独资国际船舶管理企业。为了提升航运服务功能，积极探索具有国际竞争力的航运发展制度和运作模式，《福建自贸区总体方案》规定，在福建自贸区允许台商独资设立国际船舶管理企业。国际船舶管理企业一般是管理国际船舶运营、船员配备、航线和货物运输等业务的企业。台商独资设立船舶管理企业，持有企业100%的股权，对企业享有绝对的控股权，有利于台商对企业的管理和获取收益。台商设立这类企业，应当依照中国《外商独资企业法》的规定申请设立。只是在自贸区内申请设立的，不须采用核准主义，只要采取准则主义。

（2）台商合资设立国际船舶企业的持股比例放宽。持股比例放宽意味着台商投资国际船舶企业享有更大的权利，拥有更多的收益。在自贸区设立台商合资的国际船舶企业的台资持股比例，福建省和国家的规定是不相同的。根据《福建自贸区总体方案》规定："允许台商以合资、合作形式从事公共国际船舶代理业务，台商持股比例放宽至51%，将台商投资经营国际船舶管理业务的许可权限下放给福建省，简化国际船舶运输经营许可流程。"根据国家《自贸区负面清单》的规定，船舶代理外资比例不超过51%。这里的外资包括了台商投资。可见，《福建自贸区总体方案》的规定比国家《自贸区负面清单》的规定更具有投资灵活性和吸引力。

当然，设立国际船舶管理公司除了持股比例规定外，还应当符合其他方面的规定。例如国际船舶管理公司的设立，要具备以下条件：高级业务管理人员中至少两人具有三年以上从事国际海上运输经营活动的经历；有持有与所管理船舶种类和航区相适应的船长、轮机长适任证书的人员；有与国际船舶管理业务相适应的设备、设施等规定。

（3）台商设立水上运输公司的持股比例增加。与国家《自贸区负面清单》规定相比，《福建自贸区总体方案》规定准许设立的持股比例上升。《福建自贸区总体方案》规定：台商投资设立水上运输公司的持股比例放宽至51%。这样台商投资设立水上运输公司，可以做控股股东，也可以做小股东，加大了投资灵活度和自由度。

国家《自贸区负面清单》第22项规定，设立水上运输公司须由中方控股。这就意味着台商投资只能持有水上运输公司49%股份的权利。即台商投资设立水上运输公司只能做小股东，不能做控股股东，不利于鼓励台商投资水上运输公司。

2. 在商贸服务方面

自贸区内商贸服务行业包括扩大通信、运输、旅游、医疗等行业。在对台服务贸易方面,《福建自贸区总体方案》的规定有新的突破。台商符合条件投资自贸区内服务行业的,在资质、门槛的要求上,比照大陆企业的规定执行。同时,支持自贸区在框架协议下先行试点。

(1) 通信服务方面对台商投资的优惠措施。与国家《自贸区负面清单》规定比较,《福建自贸区总体方案》在通信服务方面给予台商更加优惠的投资政策。总体优惠政策:对符合条件的台商,投资自贸区内服务行业的资质、门槛要求比照大陆企业执行。具体优惠规定如下:①开展增值电信业务的企业,台资投资比例可以超过50%;②设立专门从事基础电信业务的公司,台商投资占有股权或者股份可以持有51%。设立专门从事基础电信业务公司的申请人,应当是从事基础电信业务经营者。如果仅仅适用国家《自贸区负面清单》规定,增值电信业务外资比例不超过50%,这意味着台商投资比例也不得超过50%。同时,还规定设立专门从事基础电信业务的公司,要求国有股权或者股份不少于51%。这样,台商投资电信业务公司,其持股比例最多只能49%。由此可见,《福建自贸区总体方案》规定给予台商更加优惠和更加灵活的投资政策。

(2) 投资旅游行业对台商开放的优惠措施。为了扩大旅游行业对台商开放,《福建自贸区总体方案》规定的旅游行业准入门槛和资质要求,原则上可以按照大陆企业的要求实施。其具体优惠措施包括:①有权经营福建居民赴台湾地区团队旅游业务;②台湾地区导游、领队可以在福建自贸区三个片区执业;③申请领取导游证后在大陆执业。值得强调的是,国家《自贸区负面清单》没有涉及上述的规定。

3. 降低两岸金融合作业务的准入门槛

闽台金融服务业是福建自贸区重点发展的七大产业之一。在三大片区中,福州、厦门市两片区分别明确打造两岸金融创新合作示范区、两岸区域性金融服务中心。台商在福建自贸区投资两岸金融合作业务的,《福建自贸区总体方案》规定了特殊的优惠待遇。

(1) 降低台商投资的银行设立条件。首先,支持在自贸区设立两岸合资银行。两岸合资银行是指由大陆企业和台商企业共同出资设立的银行。最早的两岸合资银行在深圳设立。2008 年 2 月，中国首家由两岸共同出资成立的银行——华一银行正式进驻深圳。目前，福建还没有设立两岸合资银行。其次，支持台资银行在福建省设立分行。台资银行是指台湾地区的银行及其在大陆设立的法人银行，它们可以在福建省设立分行。最后，台商可以参照大陆关于申请设立支行的规定申请设立台资银行的支行。申请设立分行和支行，应当按照中国《公司法》规定的程序办理。由于两岸金融合作降低了准入门槛，福建成为闽台金融合作持续深化的新高地，金融服务业已逐渐成为福建自贸区的投资新热点。福建台资银行从无到有，数量在大陆各省（区、市）中跃居第四位。特别是 2014 年 12 月至 2015 年 5 月，台资银行紧锣密鼓布局福建，在福建省设立分行，极大地促进台资进驻金融领域，成为一时的佳话。例如 2014 年 12 月，台湾合作金库银行福州分行在福州市揭牌；之后的 5 个月，另有三家台资银行相继在福州、厦门市开业。台资银行进驻的步伐突然提速，足以显示自贸区红利被看好。

（2）启动对台跨境人民币贷款业务试点。对台跨境人民币贷款是指符合条件的境内企业从台湾地区经营人民币业务的银行借入人民币资金。符合条件的境内企业是指在自贸区注册成立并在自贸区实际经营或投资的企业。2015 年 7 月，厦门市率先创新两岸金融改革，实现两岸金融合作的突破，启动对台跨境人民币贷款业务试点，设立在厦门市的企业和项目可以从台湾银行业金融机构借入人民币资金，融资成本比境内节约近二成。据统计，截至 2015 年 8 月底，厦门市银行机构通过跨境融资从台湾吸收人民币资金近 80 亿元。同年 9 月，兴业银行厦门分行与台湾上海商业储蓄银行合作，从台湾地区借入跨境人民币贷款 1800 万元，支持福建自贸区厦门片区内的"象屿集团"的经济建设。

（3）降低两岸证券业务合作的准入门槛。《福建自贸区总体方案》在降低两岸证券业务合作的准入门槛方面，提出放宽投资规定的思路。其中，重点是放宽台资金融机构参股自贸区的证券机构股权比例限制。证券机构通常指证券公司，它是依照《公司法》和《证券法》的规定设立并经国务院证券监督管理机构审查批准而成立的专门经营证券业务的有限公司或者股份公司。证券机构的设立涉及证券交易行为和国内股份公司控股权问题，因此，对外资进入证券机构应持谨慎态度。放宽台资金融机构参股自贸区证券机构股权比例限制，也展示了中国对外开放的信心和决心。根据《福建自贸区总体方案》规定，允许符合条件的台资金融机构，按照国内有关规定，在自贸区内新设立两家两岸合资的全牌照证券公司。同时，对投资主体做出具体规定：大陆股东不限于证券公司；允许有两家台商投资企业参与投资。其中一家台资合并持股比例最高可达51%，另一家台资合并持股比例不超过49%。取消大陆单一股东须持股49%的限制。而国家《自贸区负面清单》对外资投资证券公司的规定比较严格，外资包括台资投资证券公司的持股比例不超过49%，并且单个境外投资者持有上市内资证券公司股份的比例不超过20%（包括直接持有和间接控制），全部境外投资者持有上市内资证券公司股份的比例不超过25%（包括直接持有和间接控制）。

此外，《福建自贸区总体方案》还规定，符合条件的台资金融机构按照大陆有关规定在自贸区内设立合资基金管理公司，台资持股比例可达50%以上。国家《自贸区负面清单》则没有这方面的规定。

4. 申请设立商事主体的条件放宽

根据《福建自贸区总体方案》规定，允许持台湾地区身份证明文件的自然人到自贸区注册个体工商户，不需要外资备案手续。但是，不包括特许经营，具体营业范围由工商总局会同福建省发布。但是，根据国家《自贸区负面清单》第120条规定："外商包括台商不得作为个体工商户开展经营活动。同时还规定，外商不得作为个人独资企业投资人、农民专业合作社成员，从事经营活动。"关于台商投资者是否可以为个人独资企业投资人、农民专业合作社成员从事经营活动，《福建自贸区总体方案》也没有明确规定。根据商事主体的性质，台商既然可以注册个体工商户，也应当可以作为个人独资企业投资人，从事经营活动。2010年，福建省人大制定的《福建省实施〈台湾同胞投资保护法〉办法》第7条规定，台湾同胞投资者可以依法采取设立个体工商户、合伙企业的形式进行投资。既然可以采取合伙人的形式投资，也应当可以采用个人独资企业形式投资，二者都可以是承担无限责任的投资主体。至于能否作为农民专业合作社成员进行商事活动，这需要研究。因为农民专业合作社成员必须具有农村居民的身份关系，否则不能成为农民专业合作社成员。

第八章 适应新常态的中国服务业
开放战略选择及政策建议

综上所述，总体来看，服务业扩大开放是大势所趋，不仅是提高中国服务业企业竞争力的长期有效手段，有利于实现中国服务贸易均衡发展，也是中国与国际经贸规则对接，掌握国际投资规则话语权，发挥全球治理影响力的重要抓手。而服务业开放势必要在负面清单管理模式下进一步推进，这对中国外资管理体制的冲击是巨大的。在负面清单的设计中，如何在开放和保护本土企业竞争力之间进行权衡，是服务业负面清单设计面临的较大挑战。尤其是在不符措施的应用方面，如何把握对外资准入的限制，特别是对外资行为的限制程度的高低，是对中国外资管理体制和事中、事后监管能力的极大考验。

第一节 适应新常态的中国服务业开放战略选择

当前中国服务业总体呈现出非均衡发展特点，服务贸易进出口增速较快并伴随着服务贸易逆差年年增长。从细分行业看，部分高附加值行业尚处于竞争劣势，而服务业开放度与中国服务业竞争力之间存在正向相关性，从理论和实证方面为下一步继续扩大开放政策奠定了基础。而需要进一步考虑的是开放的路径、步伐和相应的管理体制改革路径等具体问题，以解决中国外资管理体制下一步如何与国际投资规则对接的问题，并在主动开放的过程中逐步掌握国际投资规则制定的话语权。

一、中国服务业竞争力现状

（一）中国服务贸易非均衡发展的现状

从中国服务贸易进出口结构看，运输、旅游、保险、专有权利使用费和特许费是逆差最大的四大行业，其中，位居逆差前二位的运输、旅游在服务贸易出口和进口中所占比重均较高，但进口比重相对高于出口比重。对于保险和专有权利使用费和特许费服务贸易而言，其在进出口构成中所占比重均较小，并且都呈持续上升趋势。但相对于出口构成而言，保险、专有权利使用费和特许费的进口所占比重不仅较高并且增速较快，反映了这两个行业的供给能力在中国处于逐步发展壮大阶段；但相应的需求增长更快，导致国内服务业企业供给缺口较大。

此外，逆差较大的行业服务业开放度也相对较高。中国服务业开放存在结构性问题，在一些行业外资开放度与其自身发展不匹配，开放不适度，在实际开放进程中经常给予外资企业更多的便利和优惠，外资公司在国内已经基本享有国民待遇，在某些方面甚至享受超国民待遇。从细分行业的层面来看，运输、旅游等行业服务贸易进口的比重相对高于其出口比重，意味着国内服务业需求增速相对较快，导致服务贸易逆差进一步扩大。

（二）中国服务业竞争力现状

通过对反映服务业竞争力的核心指标进行对比可以看出，中国服务业出口市场占有率提升较快，但同时服务贸易出口和进口均大幅提高，并且服务贸易进口增长相对更快，导致中国服务贸易逆差年年扩大。从服务业细分行业来看，中国服务业竞争力仍有待进一步提升，现阶段中国服务业优势集中于运输服务业、旅游、通信服务、建筑服务和政府服务，主要还是集中于资源密集型、劳动密集型、技术含量低和附加值小的传统服务业，技术密集型、附加值高的新兴服务业竞争力较弱，尤其是专利权使用方面劣势明显。与发达国家相比，中国服务业各细分行业中技术密集型领域的竞争力相对较弱。并且，往往服务业竞争力较高的国家，其拥有具竞争力优势的服务部门数量也较多。总体来看，中国服务业竞争力与发达国家相比仍处于明显弱势地位，而在新兴经济体中，中国在部分细分行业中优势较为明显，如建筑服务有发展潜力。

二、扩大服务业开放与提升服务业竞争力的关系

服务贸易开放和服务业外商直接投资、收入水平和经济总量对中国服务业竞争力的提升均具有正向的拉动作用，尤其是服务贸易开放程度、服务业外商直接投资对中国服务业竞争力具有相当显著的拉动作用，服务贸易和外商直接

投资对促进本土企业技术引进和吸收方面起到了明显的作用，提升了企业出口市场占有率。因此，扩大服务业开放的政策基调是不容置疑的。

通过实证分析我们可以进一步看出，经济总量和收入水平对服务业竞争力的拉动作用较为微弱，收入水平与服务业竞争力的提升呈现出负相关性，说明现阶段中国居民收入的增长对促进本国服务业出口的增长作用不大，收入水平的增长可能在一定程度上刺激了对国外服务提供商的需求。这进一步说明，服务业市场开放必须是有序进行的，政策的最终目标必须有利于进一步扩大对本国服务提供商的市场占有率。因此，政策设计应尤其注重在扩大开放的过程中，有利于本国企业引进消化再吸收，提升本国企业自主创新能力，适应不断变化的个性化服务需求，否则，扩大开放的政策目标最终将无法实现。

三、服务业负面清单的设计和服务业外资管理体制核心领域的改革方向

预估中国服务业开放中负面清单的涉及领域，总体思路大致可以从以下两方面进行设计：一是根据服务业细分行业的竞争力国际比较结果看，中国具有优势的行业可以进一步扩大开放，对于处于弱势的行业而言，可以有序控制开放步伐，进行渐进式开放。二是在对接国际规则方面，首先，需要考虑本国各细分行业竞争力、国家安全、产业安全等因素；其次，可以借鉴其他国家尤其是新兴经济体在服务业负面清单的设计方面的经验和做法，一般而言，各国均将关乎国家安全、经济命脉、产业安全的行业列入；再次，对于本国优先发展的战略性新兴产业一般也纳入负面清单，以保护本国在相关产业领域率先形成竞争优势；最后，对于本国尚不具备产业基础又有大量需求的行业，则一般持较为开放和接纳的态度。

另外，从中国服务业开放的自身实践历程看，服务业开放经过 WTO、CEPA、ECFA、多双边投资协定和现阶段国内自贸区改革先行先试等阶段，具备了一定的改革经验，并取得了一定的成效。尤其在 CEPA 框架下，服务业各项开放举措的开放力度已经相对较高，并且在国内四大自贸区改革先行先试的框架下仍在继续推进。从多双边投资协定来看，中国与澳大利亚 FTA 已经采取了负面清单模式，这也奠定了未来中国与周边国家推进贸易投资便利化的基调，即充分与国际现行投资规则接轨，逐步转向负面清单和准入前国民待遇的框架内。

综上所述，未来中国服务业开放政策设计面临两大核心任务，一是服务业外资市场准入负面清单的设计，二是服务业外资管理体制的相应改革。在负面清单设计方面，一方面，从国际规则对接的视角出发，可以参照中国已有的CEPA 框架下开放度较高的举措和做法，进一步将其推广至多双边投资协定或FTA 的谈判和签订过程中；另一方面，在推动国内外资管理体制改革方面，当前国内四大自贸区改革已经形成了诸多可以推广复制的经验，可以进一步推广至全国范围，并与中国在构建周边国家自贸区网络和多双边投资协定体系中相互结合，在主动推进国内相关改革的基础上，逐步在新一轮国际投资规则重构中掌握话语权。

第二节　经济新常态下中国服务业对外开放的基本政策框架

基于前文的分析与主要结论，经济新常态下推进中国服务业进一步扩大开放，需要在构建全方位对外开放新体制机制中做好顶层设计，制订扩大服务业开放的政策措施，并确定有序推进的实施路径。因此，必须进一步明确服务业开放的最终政策目标。当前中国供给侧结构性改革正在积极推进，相关的对外开放体制机制领域的改革也在不断深化，服务业也同样面临供给和需求结构优化问题，即：提升中国服务业企业竞争力，优化中国服务供给和需求结构，实现服务贸易均衡发展，形成开放有序的竞争环境，积极主动引进服务业外资，促进市场竞争和技术引进消化再吸收，提升企业自主创新能力，在一些高附加值的服务业细分行业取得突破。因此，中国服务业扩大开放的思路也可以按照供给侧结构性改革"三去一降一补"的核心任务着手推进：一是要"去产能""去库存"，提升中国服务业供给能力，优化供给结构；二是调整需求结构，促进中国服务提供者"补短板"，将更多的国外需求转向国内，实现服务贸易均衡发展；三是进一步释放企业活力，规范各项管理，同时，为服务业企业提供更多财税金融支持，帮助企业"降成本"，在政策保障方面促进企业提升竞争力。

一、总体思路

中国服务业开放目标一方面要有利于提升本国企业竞争力，另一方面要在外资市场准入方面规范各项管理程序，为内外资企业创造良好的市场竞争秩序和规则，形成可预期的、稳定的、逐步开放的市场环境。因此，中国服务业扩大开放总体思路应从提升本国企业竞争力和对接国际投资规则两个方面来考虑：一方面要为本国服务业企业解除约束，向规范管理和改革创新要效率，并促进企业自身加快转型升级，向技术创新、管理创新等要动力；另一方面要深化改革，扩大开放，以开放倒逼市场化改革的继续深入，在市场配置资源起决定性作用和更好地发挥政府作用中，形成服务业发展的法律环境，促改革、促发展、促创新，坚定不移推进服务贸易自由化和便利化，打破制约服务业开放的体制机制和政策障碍，加大重点行业和关键领域的开放力度，对内开放与对外开放并重，自主开放与协议开放并举，探索"准入前国民待遇"和"负面清单"开放模式，"引进来"与"走出去"相结合，大力发展服务贸易，推进双边、多边、区域的服务业开放与合作，全面提升服务业核心竞争力。

经济新常态下扩大服务业开放应把握如下基本原则。

1. 在扩大开放的同时促进国内企业自主创新能力

提升本国服务提供者的供给能力并实现结构性调整，才能从根本上解决中国服务业企业竞争力不足的问题，并逐渐实现服务贸易均衡发展。

2. 在扩大开放的同时注重国内相关改革同时推进

通过开放倒逼国内相关改革，服务业开放在解决市场准入问题和为服务业发展注入外部活力的同时，还要加大国内服务业改革力度，破除制约服务业和服务贸易发展的国内规制，解决外资准入后各项事中、事后监管不到位的问题，唯有通过改革服务业发展的体制机制，把服务业开放转化为服务业改革的动力，才能激活服务业市场竞争活力。因此，必须把改革与开放结合起来，以开放推动服务业体制机制和管理创新，以开放促发展、促改革、促创新。

3. 逐步实现内外资一致

逐渐解决外资超国民待遇问题以及民营企业和国有企业待遇不一致问题，通过相关体制机制改革逐步实现内外资一致。首先，一些垄断性服务业细分行业要逐步向民营企业扩大开放，在中国企业内部形成公平竞争的良好市场环境，通过引入民营资本和外国资本进入服务业领域，打破服务业的所有制度壁垒，深化服务业改革，提升中国服务业国际竞争力；其次，逐步扩大对外资的开放程度，引入良性竞争，推动中国服务业新业态、新模式的发展。

4. 把握好开放步伐，实现渐进有序开放

一方面，扩大服务业自主开放，对开放行业先后顺序、开放程度、负面清单不符措施、过渡期设置等掌握自主权，根据本国产业竞争力现状和市场情况自主决定开放步伐；另一方面，通过多双边投资协定、FTA 谈判等，先行先试，积累经验，相互开放市场，实现互利共赢、风险可控。首先，加快实施FTA 战略和布局，稳步推进双边投资协定谈判，促进中国包括服务业开放在内的贸易投资自由化。其次，要在多边贸易体系框架内，积极参与多哈回合新议题谈判，特别是要更加积极主动地参与国际服务贸易协定（TISA）谈判，在新规则形成中取得更大话语权。

二、重点任务

首先，以中国服务业对外开放实施供给侧结构性改革"三去一降一补"的核心任务为主线，重点从供给和需求结构调整两方面入手，优化中国服务业企业供给结构，从"去产能""降成本"和"补短板"三方面入手，提升企业自主创新能力，提升供给能力和优化供给结构，发展服务贸易新业态；其次，重点从"补短板""去库存"入手，引导服务需求转向国内；最后，做好相关保障措施，尤其是加大对企业融资支持，同时注重防范金融风险，引导服务业企业"去杠杆"。

（一）提升企业自主创新能力

引进一批国际性跨国服务企业，在开放竞争中形成一批具有核心竞争力的本土大型服务企业集团，培育若干具有国际竞争力的跨国服务公司，应营造市场竞争环境，让所有资本平等参与竞争，破除对外国投资的优惠以及国有企业的垄断。在开放过程中，应减少直至取消对民营资本进入垄断服务业的限制，培育本土竞争者创建一批具有国际影响力的著名服务品牌，建设一批主体功能突出、辐射范围广、带动作用强的服务业和服务贸易发展示范区。

（二）发展服务贸易新业态

李克强总理在 2015 年政府工作报告中首次提出"互联网＋"的概念，精准概括了近两年来服务贸易发展中的新动向。在以互联网为首的技术进步浪潮中，服务贸易领域内的各个细分部门边界开始模糊，逐渐发生交互与融合，从而产生了新兴的产业形式，即服务贸易的新业态，包括跨境电子商务、互联网

金融、现代物流与国际快递等，同时具有技术密集型与知识密集型的特点。这些新业态的迅速发展将对中国服务贸易均衡发展、进一步释放企业活力产生巨大推动，要重点发展新型服务贸易，同时改造升级传统服务贸易；要营造大力促进服务贸易发展的政策环境。推动以技术、业务流程、管理和制度创新为主要内容的服务创新，通过模仿和学习，以及再创新掌握新业态的发展要领，通过新业态下各类新兴服务部门实现"进口替代"，甚至是进一步发挥"出口导向"的服务贸易优势，从而在中长期实现高端服务贸易与货物贸易协调发展。

（三）优化国内服务业消费环境

出台相关消费优惠政策，鼓励服务需求转向国内消费，培育消费热点，扩大消费领域，重视消费热点的培育，引导广大居民在服务消费领域形成更为合理的消费观念。要充分认识到精神、心理消费的合理性，要加大在文化教育方面的投入，要制订并完善有关环境保护和消费者权益保护的法律法规，营造一个良好的消费社会环境。

三、保障措施

（一）提升市场主体内生能力

1. 要加快培育市场主体

（1）加快发展多样化的服务主体，放宽对部分服务领域企业组织形式种类的限制，加快通过税收、信贷等优惠政策，鼓励和引导适合行业发展特性的服务组织发展，加快形成多元化发展的新格局。

（2）加快推进服务领域国有企业改革。加快推进服务领域所有制改革，优化国有经济布局和结构，推动跨地区、跨行业、跨所有制的资产重组和资源整合。垄断性行业在区分和剥离竞争性环节的基础上，逐步引入市场竞争机制，以有效竞争为目标导向，形成兼顾规模经济和竞争活力的市场格局。促进国有企业主辅分离、外包生产性服务业。

（3）加快事业单位改革，促进公共服务与市场化服务并行发展。加快推进服务业市场化进程，将政府提供的公共服务与市场竞争业务进行拆分。

2. 要加大引进服务业先进外资，促进引进消化再吸收

鼓励企业与发达国家高端服务业企业的合作，依托中国工业园区等平台，构建良好的外商投资环境，吸引更高技术附加值的生产环节落户，从而形成良性循环，带动货物贸易与服务贸易结构共同优化，实现整体升级。

（二）推进相关体制机制改革

1. 深入推进自贸区改革，对接国际投资贸易规则新变化

推进国内自贸试验区深化服务业开放试验。上海等自贸试验区应围绕"准入前国民待遇"和"负面清单"加大对服务开放的试验，加快制度创新和风险防范，全面实施外资项目备案制度，改革相应行业法律法规，全面提升政府事中、事后监管能力，积累经验，为今后双边、多边和区域谈判中进行更有针对性的开放创造条件。同时应抓紧在全国范围复制和推广上海自贸试验区在服务业开放方面积累的制度创新成果。未来还要结合各地的环境与条件进行差异化服务业开放试验，从而在全国范围内形成一批自主性的自由贸易园（港）区。推进内地对港澳基本实现服务贸易自由化。2014 年 12 月，《关于内地在广东与香港基本实现服务贸易自由化的协议》和《关于内地在广东与澳门基本实现服务贸易自由化的协议》正式签署。按照"一国两制"原则和 WTO 规则，广东将采取"准入前国民待遇＋负面清单"的模式进一步扩大和深化对港澳地区服务业开放，使广东对港澳地区服务业开放门类提高到 153 个，开放率达 95.6%，通过粤港澳服务贸易合作的深入发展，为实现内地与港澳服务贸易自由化探索新路、积累经验、做出示范。同时，需要排除干扰，持续推动《海峡两岸经济合作框架协议》后续协商谈判，扩大和深化内地对台湾地区服务业的开放。

2. 提升中国在国际投资规则制订中的话语权和影响力

通过积极参与多双边投资协定谈判，提升中国对国际投资新规则制订的影响力，最终引领国际服务贸易新规则的制订。积极主动适应服务贸易自由化新趋势，尽早参与国际服务贸易协定谈判，促进中国服务贸易自由化和投资自由化水平与国际接轨。推动 FTA 谈判，通过中国服务市场的有序开放换取其他国家的对等开放，降低中国服务业企业"走出去"面临的市场准入障碍。加快中美和中欧 BIT 谈判，推动中国与发达国家双边领域的服务业开放取得实质性进展，尽快融入发达国家市场，创新服务业开放新模式。

3. 着力促进服务业监管体制改革与机制创新

（1）要深化服务领域的监管主体及其监管方式改革。根据不同服务业发展的特点和要求，建立包括经济性规制、社会性规制及安全性规制的监管规范

体系，最大限度减少行政性审批，重点加强合规性监管和执法力度。

（2）强化政府公共服务。加强电子政务建设和推进网上办公，加大政府信息公开力度，完善服务业统计制度，加强对服务业发展状况的经常性调查，建立健全服务业发展的监测体系，为服务业和服务市场主体提供高效的政府管理和及时的信息发布。

（3）积极推进监管主体改革。在转变政府监管部门改革的同时，加快推进行业协会、商会转型发展，在专业资质认定、服务资格认可、服务标准的制订、服务行为管理等方面，注重发挥行业协会等中介组织的行业管理作用，加快形成合理有效的社会化管理机制。

（4）加强服务业监管立法，为服务业监管体制和监管方式改革提供强有力的法律保障。

4. 加快转变政府职能和加快推进行政管理体制改革

进一步明确政府的主要职能，使政府从过多、过度、过强介入微观经济领域中退出，从"全能型"政府转向服务型政府。在此基础上加快推进行政管理体制改革，重点推进机构改革，适当对职能进行整合，建立综合性职能的服务业管理机构；理清和整合相关部门职责，明确权力和责任，建立促进服务业发展部门协作和协调机制，理顺各部门之间、中央和地方之间的体制机制。

（三）完善相关政策体系

1. 进一步完善与服务业有关的法律法规体系

（1）出台统一的规范管理外资的基本法，制定统一的《外国投资法》。通过法律明确对外商投资实行"准入前国民待遇＋负面清单"的管理模式，扩大中国对外开放尤其是服务业的进一步开放，同时强化政府投资促进职能和完善对外商投资的事中、事后监管手段。

（2）梳理各项行业前置法律规章。对涉及相关服务行业的法律法规按照开放承诺进行系统梳理和整理。修订行业前置审批环节涉及的法律法规，将其纳入事中、事后监管体系，而不是与外资市场准入相关审批环节进行混淆。废除和修订一些严重过时、不符合开放和发展需求的法律法规，同时根据产业发展制订出有利于服务业进一步开放并对服务业开放风险进行有效预警和监管的法律法规，最终形成符合多边规则的稳定、透明、可预期的法律政策环境。

2. 提高外资准入审批环节的行政效率

依照"权力清单""负面清单"和"责任清单"进一步创新管理体制和管理模式，简政放权，积极探索与国际贸易和投资规则接轨的管理体制，促进外商投资和对外投资管理体制由审批制向备案制转变，推动政府管理由事前审批向事中、事后监管转变，提高行政管理透明度，创造各类主体公平自由、竞争有序的经济运行环境。

3. 构建服务业开放财税金融支持政策体系

加大对重点服务贸易企业和"走出去"企业的支持。立足中国服务产业发展的比较优势和发展潜力，确定中国重点的服务出口行业，给予专门性的支持和促进。如为促进信息服务的发展，政府应在信息服务所需的人才培养和基础设施建设上给予更多的关注。大力发展国际服务外包，培育外贸发展的新增长点。重视对中小企业服务出口的促进。中小企业是服务产业发展的重要主体，中国应对中小企业服务出口促进体系建立给予足够重视，完善相关服务出口促进机构中中小企业服务出口促进职能或建立专门的中小企业服务出口促进机构，形成权威的、全国统一的中小企业服务出口信息服务平台，健全和完善中小企业服务出口促进体系。

参考文献

一、中文部分

[1] 柴静玉. 基于增加值贸易的中国服务业全球价值链国际分工地位探讨 [J]. 商业经济研究, 2016 (2): 131 – 133.

[2] 陈安, 蔡从燕. 国际投资法的新发展与中国双边投资条约的新实践 [M]. 上海: 复旦大学出版社, 2007: 315 – 322.

[3] 陈奇星. 强化事中事后监管: 上海自贸试验区的探索与思考 [J]. 中国行政管理, 2015 (6): 25 – 28.

[4] 陈宪, 黄建锋. 分工、互动与融合: 服务业与制造业关系演进的实证研究 [J]. 中国软科学, 2004 (10): 45 – 56.

[5] 成思危. 从保税区到自贸区: 中国保税区的改革与发展 [M]. 北京: 经济科学出版社, 2003: 45 – 69.

[6] 迟福林. "十三五": 以服务业市场开放为重点的结构性改革 [J]. 行政管理改革, 2016 (2): 4 – 7.

[7] 樊瑛. 中国服务业开放度研究 [J]. 国际贸易, 2012 (10): 5.

[8] 方希桦, 包群. 国际技术溢出: 基于进口传导机制的实证研究 [J]. 中国软科学, 2004 (7): 22.

[9] 郭岚. 上海现代服务经济发展研究 [M]. 上海: 上海社会科学出版社, 2011: 41 – 50.

[10] 官华平, 王莉. 服务业开放度、研发水平与服务外包关系探讨——基于广东的实证研究 [J]. 商业经济研究, 2012 (14): 34 – 40.

[11] 高维和, 孙元欣, 王佳圆. 美国 FTA、BIT 中的外资准入负面清单: 细则与启示 [J]. 外国经济与管理, 2015 (3): 87 – 95.

[12] 高运胜. 上海生产性服务业集聚区发展模式研究 [M]. 北京: 对外经济贸易大学出版社, 2009: 80 – 95.

[13] 韩玉军，刘一娇．中国服务业发展的国际比较［J］．经济纵横，2014（1）：43.

[14] 胡佩霞．首家两岸合资银行入驻深圳［N］．深圳商报，2008 – 02 – 28.

[15] 季剑军，曾昆．服务业对外开放与竞争力关系的研究［J］．经济与管理研究，2016（1）：63 – 69.

[16] 季剑军．服务业开放度与竞争力的国际比较［J］．宏观经济管理，2015（1）：28 – 30.

[17] 金碚．中国经济发展新常态研究［J］．中国工业经济，2015（1）：5 – 17.

[18] 卢进勇，余劲松，齐春生．国际投资条约与协定新论［M］．北京：人民出版社，2007：19 – 20.

[19] 罗踩．制约当前我国居民服务消费增长的因素及政策建议［J/OL］．中国商论，2016（12）．http：//www.cnki.net/kcms/detail/10.1337.F.20160526.0941.002.html.

[20] 李钢．新时期我国扩大服务业开放的战略与实施路径［J］．国际贸易，2015（3）：4 – 9.

[21] 李鸿阶．世界自贸区发展趋势与福建自贸区建设选择［J］．学术评论，2014（4）：37 – 43.

[22] 李俊，李钢，武芳．服务贸易与服务产业的协调：现状、问题与建议［J］．首都经济贸易大学学报，2014（5）：85 – 91.

[23] 李艳丽．中国自贸区战略的政治经济研究［M］．北京：中国经济出版社，2012：67 – 98.

[24] 李扬，张晓晶．"新常态"：经济发展的逻辑与前景［J］．经济研究，2015（5）：4 – 10.

[25] 李勇坚．经济增长中的服务业理论综述与实证分析［J］．财经论丛，2005（9）：78 – 80.

[26] 李勇坚，夏杰长．服务业是节约投资的产业吗？——基于总量与ICOR的研究［J］．中国社会科学院研究生院学报，2011（5）：45 – 59.

[27] 林发新．福建自贸区台商投资与负面清单制度之完善［J］．经济与社会发展，2015（6）：14 – 18.

[28] 林峰，戴磊，林珊．从国际服务贸易摩擦透视自由化谈判的利益差异——兼论中国服务贸易发展的战略选择［J］．亚太经济，2014（6）：44 – 47.

[29] 林晓伟，李非．福建自贸区建设现状及战略思考［J］．国际贸易，2015（1）：11 – 15.

[30] 刘鹭．服务业生产率与服务业发展研究［M］．北京：经济科学出版社，2013：67 – 80.

[31] 刘旭．国际服务贸易协定（TISA）对中国经济的影响及对策建议［J］．全球化，2014（9）：39 – 43.

[32] 刘艳．我国服务贸易进口、服务业FDI与技术进步的关系研究［J］．国际商务研究，

2011（1）：33.

[33] 陆建明，杨宇娇，梁思焱．美国负面清单的内容、形式及其借鉴意义——基于47个美国BIT的研究［J］．亚太经济，2015（2）：55－60.

[34] 陆建人，孙玉红．制订亚太区域多边投资规则探索［J］．亚太经济，2014（6）：7－11.

[35] 罗芳．中国（上海）自贸区、香港、新加坡自贸区物流水平的比较［J］．中国集体经济，2014（8）：29－30.

[36] 罗海成．平潭综合实验区与台湾自由经济示范区对接合作——两岸自贸区合作发展探索［J］．福建行政学院学报，2014（2）：1－7.

[37] 罗月领．中国（上海）自贸区政策创新的路径依赖和路径选择［J］．上海金融学院学报，2013（5）：31－39.

[38] 孟昭丽，陈键兴．两岸首家合资全牌照证券公司有望落户福建自贸区［EB/OL］．http：//e. money. 163. com/docs/10/2015072919/AVNF9VS600253B0H. html#jnewsartkey-word，2015－09－29.

[39] 裴长洪，郑文．中国开放型经济新体制的基本目标和主要特征［J］．经济学动态，2014（4）：8－17.

[40] 裴长洪．负面清单管理模式对服务业全球价值链影响的分析［J］．财贸经济，2014（12）：5－15.

[41] 彭海阳，詹圣泽，郭英远．基于厦门前沿的福建自贸区对台合作新探索［J］．中国软科学，2015（8）：72－86.

[42] 祁欣，孟文秀．全球自由贸易园区发展模式及对比分析［J］．对外经贸实务，2010（6）：33－44.

[43] 裘莹，于立新．"互联网＋"新业态促进中国服务贸易与货物贸易协调发展研究——基于浙江省的经验［J］．宏观经济研究，2015（12）：14－21.

[44] 上海市商务委．中国（上海）自由贸易试验区2014版负面清单解读［J］中国外资，2014（9）：38－41.

[45] 沈铭辉．美国双边投资协定与TPP投资条款的比较分析——兼论对中美BIT谈判的借鉴［J］．国际经济合作，2014（3）：21－25.

[46] 盛斌．天津自贸区：制度创新的综合试验田［J］．国际贸易，2015（1）：4－8.

[47] 盛斌．国际投资协议中国民待遇原则与清单管理模式的比较研究及对中国的启示［J］．国际商务研究，2015（1）：5－17.

[48] 盛斌．迎接国际贸易与投资新规则的机遇与挑战［J］．国际贸易，2014（2）：4－7.

[49] 石良平，姚磊．外国投资法：自贸试验区下一步改革开放的新标杆［J］．学术月刊，

2015 (8): 55 - 59.

[50] 孙元欣. 外资负面清单管理的国际镜鉴: 上海自贸区例证 [J]. 改革, 2014 (10): 37 - 45.

[51] 王冠凤. 上海自贸区新型贸易业态发展及服务功能的拓展——基于平台经济视角 [J]. 现代经济探讨, 2015 (2): 68 - 70.

[52] 王孝松, 张国旺, 周爱农. 上海自贸区的运行基础、比较分析与发展前景 [J]. 经济与管理研究, 2014 (7): 52 - 64.

[53] 王中美. 负面清单转型经验的国际比较及对中国的借鉴意义 [J]. 国际经贸探索, 2014 (9): 72 - 84.

[54] 夏斌. 对上海自贸区的认识与建议 [J]. 全球化, 2013 (11): 40 - 44.

[55] 夏辉, 薛求知. 服务型跨国公司全球模块化与服务业国际转移及其对中国的启示 [J]. 财贸经济, 2011 (3): 81 - 88.

[56] 夏杰长. 推动我国服务业大发展 [J]. 中国人大, 2012 (8): 89 - 90.

[57] 杨帆. 上海自贸区意义究竟何在 [J]. 南方经济, 2014 (4): 94 - 98.

[58] 杨志远, 谭文君, 张廷海. 中国 (上海) 自由贸易试验区服务业开放研究 [J]. 经济学动态, 2013 (11): 58 - 62.

[59] 姚战琪. 中国服务业开放的现状、问题和对策: 基于中国服务业 FDI 视角的研究 [J]. 国际贸易, 2013 (8): 12 - 17.

[60] 姚战琪. 全球价值链下中国工业和服务业"走出去"存在的主要问题及原因剖析 [J]. 国际贸易, 2015 (3): 50 - 54.

[61] 姚战琪. 入世以来中国服务业开放度测算 [J]. 经济纵横, 2015 (6): 20 - 26.

[62] 余斌, 吴振宇. 中国经济新常态与宏观调控政策取向 [J]. 改革, 2014 (11): 17 - 20.

[63] 袁波, 王蕊, 张雪妍. 以自贸区战略促进中国产业发展 [J]. 国际经济合作, 2014 (5): 42 - 46.

[64] 张明, 郭子睿. 上海自贸区: 进展、内涵与挑战 [J]. 金融与经济, 2013 (12): 19 - 22.

[65] 张小明, 张建华. 上海自贸区"负面清单"投资管理模式的国际经验借鉴 [J]. 商业经济研究, 2015 (2): 35 - 36.

[66] 张占斌. 中国经济新常态的趋势性特征及政策取向 [J]. 国家行政学院学报, 2015 (1): 15 - 20.

[67] 周振华. 城市转型与服务经济发展制度环境 [M]. 上海: 上海人民出版社, 2009: 87 - 106.

［68］邹赫，程健．负面清单与上海自由贸易试验区外资管理模式探索［J］．现代管理科学，2015（4）：48 – 50.

二、外文部分

［1］ALAN V DEARDORFF. Comparative advantage and international trade and investment in service［R］//Trade and investment in service：Canada/US Perspectives. Toronto：Ontario Economic Council, 1985：39 – 71.

［2］ALAN V DEARDORFF. International provision of trade services, trade and fragmentation.［J］. Review of International Economics, 2001, 9（2）.

［3］ARNDT S, KIERZKOWSKI H. Fragmentation：new production patters in the world economy［M］. Oxford：Oxford University Press, 2001.

［4］ANTRAS P. Firms, contract, and trade structure［J］. The Quarterly Journal of Economics, 2003（11）：1375 – 1418.

［5］ANTRAS P, HELPMAN E. Global sourcing［J］. The Journal of Political Economy, 2004（6）：552 – 580.

［6］BERNARD HOEKMAN, CARLO A, PRIMO BRAGA. Protection and trade in services：a survey［J］. Open Economics Review, 1997（8）：285 – 308.

［7］BERNARD A B, EATON J, JENSEN J B, KORTUM S. Plants and productivity in international trade［J］. American Economic Review, 2003, 93（4）：1268 – 1292.

［8］BERNARD A B, REDDING S J, SEHOTT P K. Multi – product firms and trade liberlization［R］. Working Paper, 2006：120 – 123.

［9］COASE R. The problem of social costs［J］. Journal of Law and Economics, 1960（3）：1 – 44.

［10］FEENSTRA R C. Integration of trade and disintegration of production in the global economy［J］. The Journal of Economic Perspectives, 1998, 12（4）：31 – 50.

［11］GEREFFI G, HUMPHREY J, STURGEON T. The governance of global value chain［J］. Forthcoming in Review of International Political Economy, 2003, 11（4）：5 – 11.

［12］HARRIGAN JAMES. Technology, factor supplies, and international specialization：estimating the neoclassical model［J］. American Economic Review, 1997, 87（4）：475 – 494.

［13］HELPMAN E. Trade, FDI, and the organization of firms［R］. IAI. Working Paper, 2006.

［14］HELPMAN E, MELITZ M J, YEAPLE S R. Export versus FDI with heterogeneous firms［J］. The Ameriean Economic Review, 2004, 94（1）：300 – 316.

［15］JENSEN M, W MECKLING. Rights and production functions：an application to labour managed firms and codetermination [J]. Journal of Business, 1979 (52): 469 – 506.

[16] JENSEN M, J WARNER. The distribution of power among corporate manager, shareholders, and directors [J]. Journal of Financial Economics, 1988 (20): 3 – 24.

[17] JENSEN M, W MECKLING. Specific and general knowledge, and organizational structure, in L. Werin and H. Wijkander, contract economics [M]. Oxford: Basil Blackwell Publishers, 1992.

[18] KUGLER M. The sectoral diffusion of spillovers from foreign direct investment [R]. Mimeo: University of Southhampton, 2001.

[19] MELITZ M J. The impact of trade on intra – industry real locations and aggregate industry productivity [J]. Economitrica, 2003, 71 (6): 1695 – 1725.

[20] NOORDERHAVEN NIELS. Transaction, interaction, institutionalization: toward a dynamic theory of hybrid governance [J]. Scandinavia Journal Management, 1995 (11): 43 – 55.

[21] PADMANABHAN P, CHO K R. Decision – specific experience in foreign ownership pandestablishment strategies: evidence from Japanese firms [J]. Int. Bus Stud, 1999, 30 (1): 25 – 44.

[22] RAM C A, KELLER W. Estimating the productivity selection and technology spillover effects of imports [R]. NBER Working Paper, 2008.

[23] ROMER P. Endogenous technological change [J]. Journal of Political Economy, 1990 (98): 71 – 102.

[24] ROSEN S. Implicit contracts: a survey [J]. Journal of Economic Literature, 1985 (9): 1144 – 1117.

[25] ROSS S. The economic theory of agency: the principal's problem [J]. American Economic Review, 1973 (63): 134 – 139.

[26] SCHULTZ T. Investing in people—the economics of population quality [M]. Berkeley: University of California Press, 1981.

[27] STIGLITZ J, A WEISS. Credit rationing in markets with imperfect information [J]. American Economic Review, 1981 (71): 393 – 410.

[28] STEPHEN ROSS YEAPLE. Firm heterogeneity, international trade, and wages [J]. The Review of Economics and Statistics, 2003 (8): 726 – 734.

[29] WILSON B D. The propensity of multinational companies to expand through acquisitions [J]. Int. Bus. Stud, 1980 (11): 59 – 65.